Dans l'ombre du tueur

STELLA CAMERON

Dans l'ombre du tueur

BEST SELLERS

éditions Harlequin

Si vous achetez ce livre privé de tout ou partie de sa couverture, nous vous signalons qu'il est en vente irrégulière. Il est considéré comme « invendu » et l'éditeur comme l'auteur n'ont reçu aucun paiement pour ce livre « détérioré ».

Cet ouvrage a été publié en langue anglaise
sous le titre :
BODY OF EVIDENCE

Traduction française de
AUGUSTA RONDEAU

Photo de couverture

© CORBIS / MICHAEL HAGEDORN / ZEFA

83-85, boulevard Vincent-Auriol, 75013 PARIS — Tél. : 01 42 16 63 63
Service Lectrices — Tél. : 01 45 82 47 47
ISBN 978-2-2800-8741-4 — ISSN 1248-511X

1.

Des reflets pourpres teintaient cette fin de journée.

C'était dans ces moments-là qu'Emma se rappelait pourquoi Pointe Judah, petite ville de Louisiane, demeurait le seul endroit où elle se sentait vraiment chez elle.

Bien que le soleil ne soit pas tout à fait couché, les grenouilles avaient déjà entamé leur sérénade et les fleurs embaumaient l'air vespéral de leur parfum entêtant.

Emma courait vite, plus vite qu'elle n'aurait dû. Une réaction provoquée par la colère et le chagrin. Elle sillonnait les trottoirs semés d'ornières des Saules, une résidence inachevée, initialement destinée aux retraités. Elle devait rester concentrée pour ne pas se tordre une cheville.

Elle avait besoin de cette colère.

Car elle n'avait plus le choix : il fallait qu'elle divorce.

— Tu es stupide et tu prends du poids, lui avait assené son mari moins d'une heure auparavant. Je me présente au poste de gouverneur et j'ai bien l'intention de l'emporter, figure-toi. Tu n'as pas intérêt à me faire honte. Ressaisis-toi, nom de Dieu !

Sur ces mots, la plantant là, il était parti pour l'un de

ses sempiternels rendez-vous qui allait encore le retenir une bonne partie de la nuit.

En tant que maire de Pointe Judah, Orville Lachance s'attendait à ce qu'elle affiche en public le sourire radieux d'une épouse modèle, tout en encaissant sans rien dire ses insultes en privé. Lorsqu'il rentrait aux aurores, elle ne cherchait même plus à lui parler. Il se glissait dans le lit en faisant mine de ne pas vouloir la réveiller.

Elle dormait de plus en plus mal, effrayée par cet ennemi allongé à son côté.

Orville lui faisait peur. Il lui inspirait à la fois une crainte profonde et un sentiment de malaise. Lorsqu'il s'était montré violent pour la première fois, elle avait compris à quel point il pouvait être dangereux. A chaque coup de poing rageur sur la télévision, à chaque pile d'assiettes brisée, elle lisait sur son visage que c'était elle qu'il avait envie de frapper. D'ailleurs, c'était déjà arrivé… Dans les semaines à venir, elle devrait faire preuve de la plus grande prudence pour rassembler des éléments contre lui sans éveiller ses soupçons. Maire visant le poste de gouverneur, il n'était pas homme à laisser un scandale mettre fin à ses ambitions.

Plissant les yeux sous le soleil couchant, elle tourna à droite, descendit une pente, puis ralentit légèrement pour courir à petites foulées, les joues rougies par l'effort. La lumière pâle transformait le paysage en une palette de couleurs changeantes.

Elle ôtait ses lunettes de soleil, désormais inutiles, quand elle entendit le bruit d'un moteur derrière elle. Une vieille Cadillac en piteux état la dépassa lentement. La voiture n'avançait pas très droit. Emma distingua à peine le couple assis à l'avant. Sans doute des personnes âgées venues jeter un coup d'œil à la résidence qu'ils croyaient terminée.

Les promoteurs à l'origine de ce projet n'avaient apparemment pas étudié le dossier en profondeur, d'où l'arrêt du chantier. Pointe Judah, la bourgade la plus proche, au bord du bayou, n'avait pas changé depuis son enfance. Elle était loin de tout et l'aéroport le plus proche était situé à plus de cent kilomètres de là.

Pendant un moment, Emma fit du sur-place, sautillant d'un pied sur l'autre, une main au-dessus des yeux. Telles des serres à l'envers, les carcasses de bâtiments à divers stades de finition étaient envahies par la vigne vierge et les bougainvillées mauves, orange et blanches. Des insectes rampaient des pelouses abandonnées sur le trottoir. Emma aperçut un peu plus loin une cabine de toilettes portatives. Elle venait courir là au moins une fois par semaine, mais c'était la première fois qu'elle remarquait sa présence sur les lieux. Les travaux allaient peut-être reprendre.

Un autre joggeur venait vers elle à longues foulées souples. Un homme qu'elle ne connaissait pas, grand et plutôt bien bâti. Elle hésita à se diriger vers lui, puis songea que si elle faisait brusquement demi-tour, il penserait qu'elle le fuyait.

Ce qui serait le cas.

De toute façon, quelle que soit la direction qu'elle choisisse, il n'aurait aucun mal à la rattraper.

Le cœur battant à tout rompre, les poumons brûlants, elle poursuivit donc sa route. L'homme lui lança un « bonjour » jovial auquel elle répondit sur le même ton sans le regarder.

Orville avait-il appris qu'elle venait courir là ? Avait-il deviné qu'elle envisageait de le quitter ? Dans ce cas, avait-il engagé un tueur pour s'occuper d'elle plutôt que de se salir lui-même les mains ?

Une idée pour le moins parano…

Finn Duhon ralentit le pas. La femme qu'il venait de croiser ressemblait beaucoup à Emma Balou pour qui il avait un faible au lycée. A l'époque, c'était une jeune fille studieuse et timide aux cheveux dorés comme le miel.

Secouant la tête, il décida de poursuivre son chemin. Les cheveux excepté, la ressemblance s'arrêtait là. Pourtant, Emma Balou aurait très bien pu devenir cette sportive au corps athlétique.

Ne te retourne pas, se répéta-t-il. Mais il n'était qu'un homme, peut-être même le plus humain des hommes. Aussi revint-il sur ses pas.

La jeune femme courait toujours. Vêtue d'un short et d'un débardeur blanc, elle avait vraiment quelque chose de familier, songea-t-il en l'observant avec attention. Son allure, ses cheveux… Oui, c'était bien elle. De toute évidence, elle avait refoulé la curiosité qu'elle aurait pu nourrir à son endroit, sans doute parce qu'il ne l'avait jamais intéressée.

Décidément, l'absence d'une femme dans sa vie commençait à se faire sentir. A une époque, il avait tendance à se replier sur lui-même en présence des filles, doutant même de leurs motivations à vouloir le fréquenter. Mais la vie avait fait de lui un autre homme.

Il vit Emma jeter un coup d'œil par-dessus son épaule sans ralentir le pas.

Il s'immobilisa, étrangement satisfait. Ainsi, il avait tout de même produit de l'effet sur elle…

*
* *

Emma s'arrêta et se retourna lentement. Immobile, l'homme l'observait en se protégeant les yeux du soleil couchant. Elle surmonta vite son impulsion de s'enfuir à toutes jambes. Si cet homme s'était arrêté, c'était parce qu'il croyait la connaître.

Une impression réciproque, d'ailleurs.

Elle revint sur ses pas, s'arrêta à quelques mètres de lui, puis ôtant ses lunettes, sortit un mouchoir de sa poche pour s'éponger le visage.

— Tu es bien Emma Balou, n'est-ce pas ? demanda-t-il en s'essuyant le front de son avant-bras.

Elle avait épousé Orville Lachance douze ans plus tôt et les seuls à l'ignorer étaient ceux qui étaient partis avant.

S'approchant davantage, elle le dévisagea attentivement. L'homme affichait un sourire radieux. Cheveux noirs coupés court, dents blanches dans un visage bronzé, corps musclé témoignant d'un entraînement physique implacable… Elle reconnut ses yeux noisette, des yeux magnifiques.

— Finn ? Finn Duhon ? Non, impossible ! Je te croyais dans l'armée !

— Je n'y suis plus, maintenant.

L'adolescent timide était devenu un homme séduisant. Très séduisant, même. Mais elle lut dans son regard que la vie ne l'avait pas épargné.

— Tu étais chez les tireurs d'élite, il me semble ?

Il opina.

— C'est ça. Et toi, qu'est-ce que tu deviens ?

Les mains sur les hanches, elle baissa la tête vers ses tennis usées. Une brise tiède vint agiter la porte de la cabine qui se mit à grincer.

— Pas grand-chose, en fait. Après le lycée, je me suis inscrite à l'université Tulane, mais j'ai arrêté en deuxième année. Je tiens une boutique d'objets décoratifs à Oakdale. *La Farfouille*, précisa-t-elle en s'esclaffant. C'est Sandra, ma collègue, qui a trouvé ce nom. On y vend un tas de gadgets insolites, des bibelots, de la vaisselle, des vêtements. Parfois, les clients entrent simplement par curiosité. Bref, ça m'occupe.

Sans toutefois la rendre heureuse, songea-t-il. Dans son expression, son regard, transparaissait une certaine tristesse, voire de la tension. Avisant son alliance, il se demanda pourquoi elle ne lui avait pas dit qu'elle était mariée.

Il aurait aimé lui dire qu'elle était ravissante, mais elle aurait sans doute mal interprété ses paroles. Difficile pour une homme de complimenter une femme sans être soupçonné de mauvaises intentions.

— Ma mère m'a légué sa maison, reprit-il. J'ai décidé de revenir à Pointe Judah pour voir si je pouvais m'y installer définitivement.

Elle rougit.

— Ah oui, ta mère est décédée récemment. Ça m'était sorti de la tête… Je suis désolée. C'était une femme vraiment charmante.

— C'est vrai. Et intelligente, aussi. Il n'y avait pas plus déterminée qu'elle, même dans les moments difficiles.

Emma hocha la tête. Son trouble semblait sincère.

— Je me souviens très bien d'elle.

Elle se rappelait aussi les circonstances de la mort de M. Duhon, quelques mois avant son épouse. Mais Finn n'ayant pas l'air disposé à évoquer ce sujet douloureux, elle se tut.

— C'est gentil. Et tes parents, comment vont-ils ?

— Encore faudrait-il que je sache où ils sont, remarqua-t-elle avec un sourire. Enfin, je suppose qu'ils se portent à merveille. Depuis leur retraite, ils passent leur temps sur les routes à sillonner l'Amérique. Qui aurait pu se douter que mon père, médecin de ville, et ma mère, institutrice, deviendraient adeptes du camping-car ? D'après mon père, rien ne vaut le fumet du bacon grillé au barbecue le matin. Ils adorent contempler le paysage, installés dans leurs fauteuils pliants.

— Ça me paraît plutôt sympathique.

Elle regarda au loin, puis demanda :

— Tu comptes recommencer à travailler dans la finance ? Il paraît que tes parents n'avaient pas beaucoup apprécié de te voir quitter New York pour intégrer l'armée.

— Il n'est pas question que j'y retourne.

A l'époque, il travaillait à la Bourse et dirigeait une équipe de cambistes[1]. Il était très brillant dans son domaine, mais l'argent facile qui en résultait l'avait finalement incité à changer de voie. Son succès suscitait bien trop de convoitises dans son entourage.

Il haussa les épaules.

— Parfois, il faut savoir tourner la page, s'engager sur une autre voie. J'ai l'impression d'être sur le point de la trouver.

Ses paroles paraissaient avoir provoqué un écho en elle, car elle entrouvrit les lèvres et fronça les sourcils. Il s'attendait à ce qu'elle prenne la parole, mais elle se contenta de secouer la tête.

1. Spécialistes des opérations de change.

— Tu es heureuse ? s'enquit-il à brûle-pourpoint, sachant qu'il se montrait indiscret.

— L'est-on jamais ?

Elle éclata d'un rire teinté d'amertume. Ses mèches ondulaient, comme au lycée. Elle avait aussi gardé ce ton blond doré d'adolescente. Quant à ses yeux bleus, ils étaient encore plus vifs.

Autant se jeter à l'eau, songea-t-il.

— Tu viens de commencer ton jogging ? Sinon, on pourrait aller boire un café quelque part… Tu me raconterais les derniers potins du coin. Il faut que je me mette au courant de ce qui se passe en ville, maintenant que je suis de retour. Tu es venue en voiture ?

Libre à elle d'accepter ou de refuser. Et de lui apprendre qu'elle était mariée.

— Je n'ai pas de voiture. J'aime courir longtemps.

Il suivit son regard vers la vieille Cadillac qui rebroussait lentement chemin.

— Ces gens doivent être perdus, commenta-t-il.

Le véhicule accéléra légèrement en arrivant à leur hauteur. Finn s'esclaffa.

— J'imagine que nous sommes le spectacle le plus intéressant qu'ils aient vu dans le coin.

D'un geste brusque, Emma le saisit par le bras et l'attira en arrière. La voiture semblait se diriger droit sur eux. Corrigeant sa trajectoire au dernier moment, le conducteur, qui portait des lunettes à verres épais, heurta les toilettes de chantier de son pare-chocs. La cabine chancela. Puis il accéléra et gravit la pente.

Emma regarda la voiture s'éloigner d'un air songeur, puis se tourna vers lui.

— J'aimerais beaucoup boire un café avec toi. N'ayant

jamais fait partie des cercles autorisés, nous aurions un regard extérieur sur tout ce qui agite notre bonne vieille petite ville. Malheureusement, je n'ai pas beaucoup de temps à t'accorder.

— Pas de problème. Ma voiture n'est pas loin, de toute façon.

La cabine se balançait toujours d'avant en arrière. En entendant la porte s'ouvrir, ils tournèrent la tête d'un même mouvement.

Une tête de femme apparut, puis un torse bascula vers l'ouverture, révélant un dos nu et des cheveux clairs maculés d'une matière sombre. Les épaules restèrent coincées entre les montants de la porte.

Etouffant un cri, Emma se précipita en avant.

— Recule, Emma ! lança Finn machinalement. Je m'en occupe.

Elle ne broncha pas, ne détourna pas les yeux, ne hurla pas. Mais son visage devint livide.

— Appelle le 911, lui ordonna-t-il. Et ne touche à rien.

Il s'approcha de la cabine. Les derniers rayons du soleil éclairaient la porte en fibre de verre et la peau blême de la morte. Le reste de cette scène d'horreur était plongé dans le noir.

Ignorant ses recommandations, Emma vint se placer derrière lui.

— Je n'ai pas de portable, avoua-t-elle, la gorge nouée. Qu'est-ce qui s'est passé ?

— Ne regarde pas. Au moins, tu ne seras pas traumatisée. Je t'en prie, recule. Tiens, prends mon téléphone.

Il prit son portable accroché à sa ceinture et le lui tendit. Elle le prit sans toutefois s'éloigner.

— Elle est peut-être encore vivante, avança-t-elle. Il faut lui prendre le pouls.

Se penchant, il posa les doigts sur le cou blême. La femme était assise sur les toilettes, les jambes bizarrement repliées et le torse rejeté en arrière, contre l'encadrement de la porte. Sur la peau pâle ruisselait un liquide sombre autre que du sang. Les seins généreux, maculés de cette substance, conféraient à la scène une impression de désespoir.

— Elle n'a plus de pouls, déclara-t-il en s'écartant. Ne prenons pas le risque de détruire des indices.

— Pourquoi le corps ne tombe-t-il pas de la cabine ?

Elle tenta de le contourner, mais il la retint par le poignet. Au regard noir qu'elle lui lança, il la lâcha immédiatement.

En se penchant à l'intérieur pour observer le reste du cadavre, elle se figea. Ses lèvres se mirent à trembler et des larmes coulèrent sur ses joues. Frémissant de tout son être, elle garda les mains crispées dans son dos. Puis elle se retourna violemment, en proie à une violente nausée. Elle vomit sur le trottoir.

Haletante, un mouchoir sur la bouche, elle bredouilla :

— Denise…

Elle tomba à genoux en appuyant sur les touches du téléphone. Quand la police décrocha, elle prit une profonde inspiration et réussit à articuler :

— Denise Steen est morte. Je crois qu'elle a été assassinée.

Tandis qu'elle leur donnait l'adresse, Finn se pencha vers la morte. Son corps reposait dans une posture grotesque. On avait coincé sa main gauche entre elle et la lunette des toilettes. C'était son propre poids qui l'avait empêchée de basculer, jusqu'à ce que la cabine se mette à chanceler. La matière qui dégoulinait de sa tête et le long de son corps maculait également ses jambes.

— On dirait de la sauce au chocolat.

— Oh non, murmura Emma lorsqu'il s'écarta enfin du cadavre. Denise était une femme bien… Qui a pu lui faire ça ?

Le corps glissa des toilettes pour se retrouver assis par terre, un peu tordu. Une cerise confite d'un rouge obscène était posée sur le nombril.

Emma laissa échapper un hoquet horrifié.

— Ce type est un malade…

2.

Emma jeta un coup d'œil nerveux à l'horloge. Assise dans le bureau du commissaire Billy Meche, elle discutait avec Finn et tous les deux s'efforçaient de se remémorer les détails de leur macabre découverte. En revoyant l'image de Denise affalée dans la cabine, elle ne put retenir un frisson.

— Ça va ? s'enquit Finn.

— Oui, oui.

Jamais elle n'oublierait cette scène d'épouvante. Denise était très mince et le coulis qui recouvrait son dos, ses épaules, sa poitrine, lui donnait l'air d'une guimauve enrobée de chocolat.

— En fait, non, avoua-t-elle en secouant la tête. Ça ne va pas du tout. Je ne me suis jamais sentie aussi mal. Denise était mon amie. Un malade l'a tuée, l'a mise dans cette cabine immonde en la plaçant délibérément dans cette posture grotesque, avant de la barbouiller de sauce au chocolat…

— Arrête d'y penser, la coupa-t-il en lui prenant la main. Peu à peu, les souvenirs s'estompent, tu verras. Il est préférable de ne pas chercher à revoir ces images.

— Tu parles comme un psy.

— Mais non.

Il s'exprimait comme un homme qui avait connu des champs de bataille gorgés de sang, encore hanté par des visions d'horreur.

— Tu n'as rien remarqué, à propos de cette sauce ? demanda-t-elle.

Il hocha la tête.

— Elle n'était pas tout à fait sèche.

— On a raté le tueur de peu.

— Peut-être qu'on ne l'a pas raté. Peut-être qu'il était là, tapi dans l'ombre, à attendre que quelqu'un passe et ouvre la porte de la cabine.

Elle se pencha en avant et contempla le motif vert tacheté du carrelage abîmé. Malgré l'air conditionné, un filet de sueur coulait dans son dos.

— Il voulait peut-être voir la réaction de la personne qui découvrirait le cadavre. Il a aimé ça, je le sens.

— Si tu dis vrai, il a pris un énorme risque, remarqua Finn. Soit il a un culot monstre, soit il est assez cinglé pour se croire invincible.

Marquant une pause, il chercha son regard et reprit :

— Emma, il faut absolument que tu prennes du recul. Il est encore trop tôt pour oublier, mais si tu te focalises là-dessus, si tu reviens sans cesse sur ces images, à te poser mille et une questions, tu es mal partie.

— Tu as vu des horreurs quand tu travaillais pour l'armée, n'est-ce pas ?

Il pinça les lèvres sans répondre et détourna les yeux.

Désireuse de changer de sujet, elle contempla le gobelet de café qu'elle tenait entre les mains.

— Le café est bon, commenta-t-elle. C'est étonnant.

C'était la première fois qu'elle mettait les pieds dans

un poste de police, or elle avait toujours entendu dire que l'on y servait du jus de chaussettes.

— Pas mauvais, admit-il. Mais si on nous garde encore longtemps, nous allons avoir besoin de plus qu'une tasse.

Machinalement, elle consulta l'horloge une nouvelle fois. Tout ce qu'elle voulait, c'était rentrer à la maison avant Orville.

— Les policiers t'ont appelée Mme Lachance, reprit Finn. Ton mari était au lycée avec nous ? Ce nom ne me rappelle rien, mais je ne connaissais pas tous les élèves, bien sûr…

— Non. Orville n'est pas originaire de la région.

Elle n'avait aucune envie de parler de lui.

— Que fait-il, dans la vie ?

C'était une question banale. Alors, pourquoi cette montée de colère ?

— Il est promoteur immobilier. C'est aussi le maire de Pointe Judah.

Finn fronça les sourcils, puis claqua des doigts.

— Mais bien sûr ! Orville Lachance ! Ma sœur Eileen m'a parlé de lui. Il se présente au poste de gouverneur, non ?

— C'est dans ses intentions, en effet.

— Tu veux que je l'appelle ? Il aimerait sûrement te soutenir dans ce moment difficile.

Horrifiée à l'idée qu'un inconnu appelle son mari pour lui demander de s'occuper d'elle, elle ne sut que répondre.

— Non, euh… C'est gentil… Mais il est en réunion, bredouilla-t-elle finalement. Ça va. Je suis un peu choquée, mais c'est normal, vu les circonstances.

Il sourit et parut se détendre un peu.

— Bien sûr. Je ne voudrais pas t'effrayer, mais tu devrais peut-être te montrer plus prudente, désormais. Ferme les portes à clé quand ton mari est absent. Verrouille les portières de ta voiture. Scrute les alentours dans la rue ou en montant en voiture. Et pas seulement ce soir. Il faut que tu t'habitues à tout vérifier, à être vigilante.

— Merci, dit-elle, la gorge nouée.

Il avait raison, même si cela ne lui plaisait guère.

— Ne t'inquiète pas, reprit-il. Il y a un tas de gens qui veilleront sur toi.

Elle opina sans répondre. Il n'avait pas réussi à la rassurer.

— Ils nous ont interrogés séparément, tout à l'heure. Sûrement pour comparer nos deux versions.

Elle s'éclaircit la gorge. Elle doutait fortement de l'implication de Finn, mais sa réaction à une question directe pouvait être intéressante.

— Tu crois qu'ils soupçonnent l'un de nous ?

— Non, je ne crois pas. C'est la procédure normale. Nous ne serions pas ici ensemble s'ils pensaient que l'un de nous en sait plus qu'il n'en dit.

Emma fit pivoter sa chaise. La porte du bureau était ouverte et des voix leur parvenaient depuis la réception. Hormis les festivités traditionnelles de septembre, il ne se passait pas grand-chose à Pointe Judah à cette période de l'année. Du moins, pas pour la plupart des gens. Certains avaient coutume de passer au poste histoire de boire un café et de prendre connaissance des avis de recherche placardés à l'entrée. Mais ce soir, le tapage qui emplissait le poste de police ne pouvait provenir que d'un attroupement, un phénomène plutôt inhabituel à cette heure tardive.

A travers le brouhaha des voix, elle entendait plus

précisément les intonations aiguës de femmes criant pour obtenir l'attention des agents.

Encore plus nerveuse, elle jeta un autre coup d'œil à l'horloge. Pourvu qu'elle puisse rentrer chez elle avant qu'Orville apprenne ce qui s'était passé. Elle ne donnait pas cher de sa peau s'il était amené à venir la chercher au poste. Bien sûr, il ne perdait jamais patience en public, mais s'il sentait que sa réputation était en péril, cela suffirait sûrement à...

— Denise était une amie de longue date ? demanda Finn, la coupant dans ses pensées.

— Non, depuis deux ou trois ans seulement. Elle est venue de Lafayette pour travailler au journal local. Il n'y avait qu'elle, Rusty (le propriétaire du *News*) et l'imprimeur. Elle a fini par faire des choses qu'elle n'aurait jamais pu faire ailleurs. Au départ, elle était venue pour un an, mais elle est restée. Elle faisait partie d'un club féminin appelé Les Secrets d'Angela — enfin, le Club des Secrets. J'en suis membre, moi aussi. C'est un groupe bien établi, où les femmes peuvent se confier sans craindre le jugement des autres. Nous nous intéressons à toutes sortes de sujets, des progrès de la médecine aux derniers régimes en vogue, en passant par la gymnastique. Nous pouvons aussi prendre un bain d'algues, si nous le souhaitons. Denise nous faisait rire. Elle était formidable. Et elle savait écouter les autres. Quand l'une d'entre nous avait besoin d'une oreille attentive, c'était à elle qu'elle s'adressait.

Finn leva les yeux au ciel en faisant la moue, avant de la regarder d'un air penaud.

— Désolé, c'est un réflexe.

— Je te pardonne. Enfin, je crois. Tu es bien tel que les

hommes d'ici. Ils considèrent tous notre club comme un groupe de bonnes femmes débiles.

Il y eut un silence. Apparemment, le sujet était clos. Un autre coup d'œil à l'horloge, puis elle lâcha :

— Ça fait deux heures que nous sommes là. Je suppose que nous pouvons partir, non ?

— Je ne pense pas que le commissaire apprécierait notre départ, remarqua Finn. Il nous a demandé d'attendre.

Croisant les jambes, il se mit à agiter le pied en rythme. Les paupières à moitié baissées, elle laissa son regard glisser de ses pieds à ses cuisses fuselées sous son short, puis à son corps musclé, et une émotion particulière l'envahit. Cela faisait bien longtemps qu'un homme ne l'avait pas troublée de cette façon. Son couple si complexe monopolisait toute son énergie, au point qu'elle en avait oublié qu'elle était une femme capable de désir et désirable. Certes, son trouble était un peu excessif, mais il s'expliquait par son manque d'assurance en cet instant précis. En réalité, elle avait besoin de la force qui émanait de lui, rien de plus.

Finn se leva et se mit à faire les cent pas. Comment se faisait-il qu'Emma n'ait pas gardé un souvenir plus vivace de lui, depuis le lycée ? se demandait-il. D'accord, il avait une année d'avance sur elle et était parti faire ses études sur la côte Est, grâce à une bourse d'études. Mais tout de même, il aurait dû la marquer davantage.

Emma ne le quittait pas du regard. En quinze ans, l'adolescent s'était mué en un homme dont chaque pas faisait saillir les muscles. Elle sentit une brûlure familière naître dans ses yeux. Ces dernières années, les efforts qu'avait déployés Orville afin de lui faire perdre toute confiance en elle l'avaient peu à peu privée de tout intérêt pour les hommes. Jusqu'à présent. Quelle tristesse d'avoir aimé un homme à ce point pour en arriver à le haïr !

Elle crispa les doigts.

— Donc, on ne peut pas partir ?

Orville apprendrait bien assez vite ce qui s'était passé, mais elle préférait désamorcer tout de suite sa colère en s'expliquant de vive voix. Elle se voûta légèrement. Une fois de plus, il allait lui en vouloir pour avoir attiré sur elle ce qu'il appelait une « attention négative ».

Finn s'était perché sur le bureau du commissaire, face à elle.

Elle ne savait plus où poser les yeux.

— Je n'aime pas cet endroit, lâcha-t-elle, histoire de parler.

— Tu veux dire que tu n'aimes pas les murs beiges et les stores marron ? Et ces fenêtres haut perchées ? fit-il en riant. Je suis sûr que c'est sans doute pour empêcher les dingues de se défenestrer.

Elle ne put retenir un tremblement involontaire.

— Ne dis pas ça.

— Je regrette, mais c'est la vérité. Ecoute, Emma, nous avons assisté à une scène horrible que nous ne sommes pas près d'oublier. Il faut faire preuve de courage pour s'en sortir.

— Je ne suis pas une mauviette.

— Je sais.

Il y eut un autre silence. Finn la considéra un moment avant de reprendre la parole.

— Tout à l'heure, tu as accepté de boire un verre avec moi, mais tu as ajouté que tu n'avais pas beaucoup de temps. Quel est le problème ? Ça fait des heures que tu es partie de chez toi, maintenant.

— J'ai mes habitudes, répondit-elle, ce qui était vrai. Je vais au magasin de bonne heure et j'ai besoin de beaucoup de sommeil. Demain, on nous livre une nouvelle machine à espresso.

Elle se prit le visage dans les mains et ferma les yeux. Pourquoi l'ennuyer avec les détails insignifiants de sa vie ? Tout cela n'avait aucun intérêt.

Quand elle rouvrit les paupières derrière ses doigts, elle ne put retenir un frisson. Finn l'examinait ouvertement, suivant la ligne de ses courbes, avec le regard d'un homme attiré par une femme.

Il ne manquait plus que ça ! Cet homme qu'elle trouvait sexy en diable semblait lui aussi sensible à ses charmes, au moment précis où elle était le plus vulnérable…

Comment pouvait-il avoir de telles pensées alors qu'ils venaient à peine de découvrir un cadavre ?

Fascinée, elle ne détourna pas les yeux assez vite lorsqu'il remonta jusqu'à son visage. Il esquissa un sourire dénué de remords, creusant des fossettes sur ses joues. Puis il arqua les sourcils. Ses prunelles noisette en disaient long sur l'intérêt qu'il lui portait. Pourtant, il savait depuis l'arrivée de la police qu'elle était mariée.

Il soutint son regard sans broncher, comme s'il se considérait en droit de la fixer ainsi, puis s'esclaffa doucement.

— Je suis pris en flagrant délit, admit-il, la voix un peu rauque. Tu ne vas quand même pas me reprocher de comparer l'Emma d'aujourd'hui et celle d'il y a quinze ans. Tu es mariée depuis longtemps ?

— Douze ans.

— Il était déjà maire ?

— Non.

Malgré elle, elle répondait à toutes ses questions.

— Et toi, tu es marié ? Tu as des enfants ?

Il ne portait pas d'alliance, mais cela ne signifiait rien.

— Non. Tu t'es mariée après ta deuxième année à Tulane ? C'est dommage que tu aies laissé tomber tes études… Comment tes parents ont-ils réagi ?

Elle contempla un instant le bureau du commissaire sur lequel régnait un désordre indescriptible. Ces questions la mettaient mal à l'aise.

— Ils ont tout fait pour me convaincre de continuer. Mais, tu sais, toutes les femmes ne sont pas taillées pour mener une brillante carrière. S'occuper d'un foyer peut être agréable, et j'ai la boutique, maintenant. Elle me prend pas mal de temps.

— Qu'est-ce que tu étudiais à Tulane ?

— Le marketing. Plus modestement, ce que j'ai appris me sert à la boutique.

— Tu as des enfants ?

Elle sentit son cœur se serrer. Cela ne le regardait pas.

— Non.

— Ton Orville a réussi, on dirait.

— En effet.

Elle se tourna vers lui et contempla ses épaules larges avant de reporter son attention sur son visage.

— Orville a quinze ans de plus que moi et ça fait longtemps qu'il est installé dans son métier. Nous nous sommes rencontrés à Pointe Judah, un peu par hasard, alors qu'il achetait un terrain. Il en a fait un golf. Ensuite, il est venu me chercher à La Nouvelle-Orléans. Il avait décidé de se fixer à Pointe Judah. Il voulait que je reste proche de mes parents.

— J'allais te demander pourquoi tu n'avais pas repris tes études après ton mariage, mais je suppose qu'être la femme du maire est trop accaparant. Et si Orville devient gouverneur, tes responsabilités vont s'accroître également.

Il s'en voulut un peu de son ironie à peine voilée et ajouta d'un ton plus léger :

— Enfin, j'imagine que c'est flatteur, pour toi aussi.

Elle ne répondit pas. Elle n'exprimait pas de colère, simplement de la résignation. A dire vrai, elle semblait de plus en plus abattue. Il l'observa en silence un moment. Lachance avait bon goût : c'était une femme superbe. Quand elle avait vingt ans, il devait baver devant elle, fier comme un coq à l'idée de la cueillir en pleine jeunesse.

— Je m'étonne que ton mari ne soit pas encore là, remarqua-t-il, désireux d'en apprendre davantage sur leurs relations. Il ne sera sûrement pas ravi d'apprendre ton séjour au poste de police.

— Tu me prêtes ton portable ?

Il le lui tendit et évita de la regarder durant l'appel. Elle composa un numéro, puis appuya sur une série de touches. Sans doute consultait-elle son répondeur. Elle raccrocha si vite qu'il en conclut qu'il n'y avait aucun message, et lui rendit son portable avec un soupir. De soulagement ?

— Mon père était commissaire avant Billy Meche, reprit-il, histoire d'entretenir la conversation.

— Je m'en souviens. Il… Il a… eu un accident. Désolée, je ne devrais pas en parler. Ce doit être dur de perdre ses deux parents comme ça.

Il émit un grognement. Les gens ne s'imaginaient pas

combien c'était dur. D'autant que si le terme d'accident était parfois utilisé pour évoquer la mort de son père, il était inexact.

Finn déroula discrètement son épaule gauche un peu douloureuse. La traînée rouge qui s'étendait du milieu de son dos jusqu'à son épaule n'était pas belle à voir et il préférait désormais les T-shirts aux débardeurs, de peur d'effrayer les enfants.

Le commissaire Billy Meche réapparut dans la pièce et referma la porte. Ses cheveux roux grisonnants étaient coupés en brosse et sa moustache frétillait sur son visage rubicond.

— Une sale affaire, marmonna-t-il en s'asseyant derrière son bureau. Si vous voyiez ce qui se passe à la réception... On n'est pas sortis de l'auberge. Tout le monde veut me raconter ce qu'il a vu ou entendu, ce qu'il sait sur Denise Steen. Les tuyaux affluent de toutes parts, mais je doute qu'ils vaillent quoi que ce soit.

Finn surprit le trouble d'Emma. Elle avait peur de quelque chose, mais de quoi ?

— Je me demande comment les gens sont déjà au courant, remarqua-t-elle. Cette résidence pour personnes âgées se trouve à cinq kilomètres de la ville. Et je n'ai croisé personne, à part Finn.

— Les nouvelles vont vite, par ici.

— Ça fait partie des choses qui ne changeront jamais, renchérit Finn.

— Un de mes hommes est allé voir Rusty Barnes, au journal. Il a craqué. Pourtant, il n'est pas du genre à se laisser aller.

— Il aimait Denise, observa Emma doucement. Il voulait être plus qu'un employeur pour elle.

Billy posa sur elle un regard perçant.

— Et elle, qu'en pensait-elle ?

Emma serra les poings.

— Denise était une femme indépendante. Je crois qu'elle n'était pas disposée à assumer la responsabilité d'un partenaire.

— Ils étaient amants ?

Elle attendit un peu trop longtemps avant de répondre.

— Je ne sais pas, lâcha-t-elle enfin. Ça ne me regardait pas.

En effet, songea Finn avec amusement. Pourtant, il ne doutait pas une seconde que Rusty et la victime aient été très proches, et qu'elle le savait.

Quelqu'un frappa à la porte. Le policier qui entra semblait à peine sorti de l'enfance.

— Mme Forestier insiste pour que vous lisiez ça, chef, annonça-t-il.

Emma fit mine de se lever.

— Vous voulez que nous sortions ?

— Ne bougez pas, bougonna Billy en prenant la feuille que lui tendait son agent. Lobelia Forestier, la présidente de la chambre de commerce… A quoi bon avoir une chambre de commerce, je vous le demande ! Quel commerce ? A part les gens qui passent à Oakdale pour faire des courses, nous recevons une vingtaine de touristes par an, au bas mot. Et ils ne s'arrêtent que pour faire le plein avant de partir s'amuser ailleurs ! Cette Lobelia règne sur son petit monde en restant assise dans son bureau panoramique avec vue sur la place. Un bureau… La chambre des bavardages, oui ! Ce n'est même pas bien payé, comme boulot, parce qu'on n'a pas les moyens de la payer à ne rien faire.

Le jeune policier s'éclaircit la gorge et désigna la porte de la tête.

Billy se leva d'un bond.

— D'où vous sortez, Sampson ? Fermez donc cette foutue porte !

Sampson obéit. De toute évidence, il aurait préféré se trouver ailleurs.

Billy se rassit dans son fauteuil et enfourna des pastilles à la menthe avant de poursuivre sa lecture, le souffle court.

Après un moment, il releva les yeux sur Finn qui se mordillait un ongle.

— Je ne vois pas où il aurait pu dissimuler un fusil, marmonna-t-il en avisant son short et son T-shirt. Un tireur d'élite ? Je m'en doutais.

— Je l'étais, mais j'ai laissé tomber, comme pas mal d'autres choses, d'ailleurs.

— Eh bien, vous serez ravi d'apprendre que Mme Forestier et sa cour ont résolu l'énigme. Vous avez tiré sur Mme Steen par la porte ouverte de la cabine, puis vous êtes parti en courant vers Mme Lachance. Après avoir caché le fusil, bien entendu.

Finn jeta un coup d'œil à Emma sans répondre. Les sourcils froncés, elle entrouvrit les lèvres.

— D'une part, la porte de la cabine était fermée. D'autre part, s'il y avait eu un coup de feu, je l'aurais entendu. Ces gens s'ennuient. Ils n'ont rien d'autre à faire.

— Mme Forestier a organisé une battue pour retrouver le fusil, leur apprit Billy d'un ton morne. Ils nous l'apporteront dès qu'ils auront mis la main dessus.

Emma eut une moue de dédain et Finn sourit tandis que Billy se tournait vers Sampson.

— Vous remercierez Mme Forestier de ma part, grommela-t-il. Et dites-lui qu'il s'agit d'une scène de crime officielle et qu'elle n'a pas le droit de s'en approcher. Profitez-en pour lui rappeler qu'un assassin est dans la nature et que nous ignorons où et quand il réapparaîtra.

— Elle voudrait vous parler avant de partir.

Billy leva les yeux au ciel.

— Dites-lui que le préfet de police est là et qu'il veut ma peau parce que je n'ai pas réussi à élucider ce dossier tout seul. Réglez-moi ça.

Sampson disparut à la hâte. Les yeux fixés sur la porte, Finn fouilla dans ses souvenirs. Quel effet cela faisait-il d'être aussi jeune ?

— On va vous faire sortir par-derrière, tous les deux, reprit Billy. Madame Lachance, un agent va vous raccompagner en voiture.

— Je la raccompagne, intervint Finn, regrettant aussitôt son empressement.

— Je vous conseille de surveiller vos arrières, Finn. C'est difficile à dire à ce stade de l'enquête, mais il est possible que quelqu'un en ait après vous. Quant à vous, madame Lachance, je m'inquiète pour votre sécurité. Il va falloir que j'en discute avec le maire.

Elle opina d'un air neutre. Finn admira sa force de caractère.

— Denise Steen n'était guère appréciée dans cette ville, commenta Billy, presque pour lui-même. Elle écrivait un tas de choses qui mettaient les gens en colère.

— Elle était appréciée, protesta Emma en se penchant vers lui. Denise disait et écrivait ce en quoi elle croyait. Et elle ne léchait pas les bottes de ceux qui prennent des grands airs. Eux ne l'aimaient pas, parce qu'ils avaient peur d'elle. Mais les gens bien l'adoraient.

— Malheureusement, elle s'en est pris à certains salauds, peu désireux de voir leurs sales petites magouilles étalées au grand jour… Vous faites partie du club, non ?

Elle le foudroya du regard. Finn se tourna vers elle. Il n'était de retour en ville que depuis quelques jours, et si rien ne semblait avoir changé, tout était différent.

— Que voulez-vous dire ? demanda-t-elle du bout des lèvres.

Billy parut se radoucir.

— Calmez-vous, Emma. Nous nous connaissons depuis longtemps, vous et moi, bien avant votre mariage avec notre grand réformateur. Et vous savez très bien de quel club je veux parler.

— Et vous, vous savez très bien que j'en suis membre, répliqua-t-elle, un peu sèchement. Notre groupe est très uni et je n'aime pas votre façon d'en parler, comme s'il s'agissait d'un club pas très net. Le Club des Secrets regroupe des femmes qui se soutiennent entre elles, rien de plus.

— Mais vous encouragez certaines à défier maris et petits amis, insista-t-il. Vous les formez à s'affirmer, à prendre confiance en elles. Vous leur apprenez qu'elles peuvent devenir ce qu'elles rêvent d'être, du moment qu'elles sont motivées.

— C'est exact. Nous nous aidons mutuellement. Notre devise, c'est que personne n'a le droit de nous rendre malheureuses.

Son tour était venu de mettre ses convictions en pratique.

— Denise aussi était membre du club, n'est-ce pas ?

Avec l'impression d'être prise au piège, Emma haussa les épaules, résignée.

— Elle ne venait pas souvent, mais elle était membre, en effet. Elle partageait recettes et astuces avec nous, nous montrait des exercices de gymnastique qui nous faisaient rire, dessinait des silhouettes à l'aide de bâtons. Elle parlait maquillage, soins du corps — bains de boue au piment pour adoucir la peau, masques au concombre pour illuminer le teint, bains de pieds au lait chaud. Elle expliquait comment savoir dire non… Bref, elle nous donnait toutes sortes de tuyaux.

— C'est bien ce que je pensais. Et il ne vous est jamais venu à l'idée que certains hommes n'apprécient pas que vous mettiez de telles idées dans la tête de leur épouse ou de leur petite amie ?

Elle sentit le regard de Finn se poser sur elle.

— Peut-être. Mais notre seul objectif est l'entraide, rien de plus. Il n'y a rien de malveillant dans tout ça. Jamais nous n'avons cherché à briser des couples.

Pourtant, c'était là qu'elle avait pris conscience qu'elle ne pouvait plus rester avec Orville.

— Ce n'est pas l'avis de bien des hommes de cette ville, observa Billy. Notamment ceux dont la femme est beaucoup moins docile, désormais.

— Dans ce cas, nous avons réussi notre mission, décréta-t-elle en se levant avec détermination. Les hommes qui pensent ça manquent d'assurance et cherchent à humilier leurs femmes par tous les moyens. Un homme sûr de lui aime avoir une épouse à sa hauteur.

Les yeux marron de Billy se mirent à pétiller.

— Prenez garde, Emma. Je sais que tout cela est très

innocent, mais j'espère que Blanche, ma femme, ne voudra jamais adhérer.

Elle se rassit.

Finn laissa échapper un petit rire qu'il réprima vivement, de peur qu'elle le considère comme un macho de la pire espèce. Ce qui était faux.

A la réception, le vacarme s'intensifia brusquement.

— Laissez-moi passer ! lança une voix masculine.

En l'entendant, Emma écarquilla les yeux, puis agrippa les accoudoirs de son siège.

La porte s'ouvrit brutalement sur un homme grand, blond, aux yeux bruns — bien trop séduisant, songea Finn. Après avoir fait son entrée, l'homme se retourna et attrapa la porte comme s'il allait la claquer violemment. Il se retint, au prix d'un effort manifeste, et la ferma d'un geste ferme qui fit néanmoins voler les documents posés sur le bureau.

— Emma, commença-t-il, qu'est-ce que tu fais là, à attirer l'attention sur toi ? C'est incroyable ! Je ne peux pas te laisser une minute sans que tu te retrouves embarquée dans une sale histoire !

Avant que quiconque ait pu intervenir, elle répondit :

— Je me suis trouvée au mauvais endroit au mauvais moment, Orville. Ce sont des choses qui arrivent.

Les mains sur les hanches, il s'approcha.

— Il a fallu que tu découvres un cadavre… Bon sang, mais qu'est-ce que tu fabriquais sur ce chantier désert ?

Finn eut soudain envie de le frapper. De toute évidence, Orville Lachance maîtrisait difficilement sa colère. Sa tension était palpable et, malgré son masque de froideur, il ne laissait aucun répit à sa femme qui, depuis sa découverte, n'en menait pas large.

Lachance avait une quinzaine d'années de plus qu'elle, et cela commençait à se voir. Sa mâchoire naguère volontaire s'affaissait et des rides striaient désormais les coins de ses yeux. Quant à sa silhouette, elle dénotait un manque certain d'exercice physique et un goût marqué pour la bonne chère.

— Je t'ai posé une question, chérie, insista-t-il en se penchant vers elle.

Billy croisa le regard de Finn et secoua doucement la tête. Tant pis. Si Lachance osait poser la main sur elle, Finn le corrigerait comme il le méritait.

Mais elle bondit de son siège et recula de quelques pas.

— J'ai reçu un choc, expliqua-t-elle. Je ne peux t'expliquer à quel point je suis bouleversée. Billy avait des questions à me poser, mais je crois qu'il me laissera rentrer à la maison, maintenant.

— Rappelle-moi le nom de l'endroit où le meurtre a eu lieu.

— Les Saules. Une résidence pour retraités qui n'est pas term…

— Je sais. Ce que j'ignore, c'est ce que tu faisais là-bas. Tu as une salle de gym à la maison, qui m'a coûté une fortune. Tu n'as qu'à t'en servir.

— Je m'en sers ! Mais, parfois, un peu d'air frais fait du bien. Tu sais combien j'aime courir.

— Sers-toi de la salle de gym, répéta-t-il plus bas.

Quiconque assistait à la scène aurait pu croire qu'il se montrait plein de sollicitude envers sa jeune épouse. Mais son attitude masquait autre chose. De la haine ? Un comportement bien étrange, en tout cas.

Il remarqua enfin la présence de Finn.

— Qui êtes-vous ? Qu'est-ce que vous faites là ?

— C'est Finn Duhon, répondit Billy. Le fils de Tom Duhon. Il a passé un certain temps dans l'armée.

Serrant les lèvres, Finn lui tendit la main que Lachance serra à peine.

— Donc, Eileen Moggeridge est votre sœur… Elle a épousé ce bon à rien de Chuck. C'est sans doute une bonne chose qu'il soit aussi souvent absent de la maison pour travailler sur ses puits de pétrole. D'après ce que je sais, leur fils Aaron est bien parti pour suivre ses traces. Il ne va pas tarder à se retrouver derrière les barreaux, je vous le dis. Votre père doit se retourner dans sa tombe !

Finn maîtrisa la colère qui montait en lui.

— Vous ne vous êtes pas trompé de prénom, mais le reste n'est que rumeurs.

— Tu ne devrais pas tenir de tels propos, Orville, intervint Emma, rouge d'embarras.

— Peut-être, admit son mari en haussant les épaules. Désolé de vous avoir offensé. J'ai aussi entendu dire que l'armée était devenue trop dure pour vous et que c'était pour ça que vous aviez décidé de partir.

Finn se mordit l'intérieur de la joue jusqu'au sang. Cet imbécile ne se rendait pas compte que, s'il continuait ainsi, il risquait de finir en bouillie ?

— Vous devriez éviter d'écouter les ragots. Ça risque de vous valoir de gros ennuis.

— Je vous ai demandé ce que vous faisiez là. Avec ma femme.

— Je bavardais avec Emma quand le cadavre… Nous avons découvert le corps dans les toilettes du chantier. Votre femme a subi un grand choc.

Lachance crispa les mâchoires. Il se tenait bien droit, réprimant tant bien que mal sa fureur.

— Vous bavardiez avec Emma au milieu d'un chantier abandonné ? Je rêve !

— Je t'en prie, Orville, je t'expliquerai tout ça quand nous serons seuls, l'implora-t-elle, la gorge nouée. Billy, pouvons-nous sortir par la porte de service ?

— J'ai encore des questions à poser. Billy, il est hors de propos que vous réinterrogiez ma femme.

— Pourtant, il le faudra, riposta Billy.

Lachance rougit et croisa les bras sur son torse.

— Auriez-vous oublié à qui vous vous adressez ? rugit-il avant de se reprendre à grand-peine. Désolé, Billy. Quand on m'a parlé de ce cadavre et de la présence de ma femme au poste de police, mille scénarios me sont venus à l'esprit… Bon, j'organiserai une conférence à la mairie demain matin, histoire de rassurer tout le monde. Qui a répondu à l'appel d'urgence ? Je suppose que Duhon ou toi, Emma, avez appelé les secours ?

— Viens, Orville, on s'en va, dit-elle en se tournant vers lui. Je répondrai à toutes tes questions à la maison.

Billy avait ouvert une porte située au fond de son bureau. Elle s'y dirigea et s'arrêta sur le seuil.

— Billy, Finn, merci de vous être occupés de moi. Je peux revenir autant de fois qu'il le faudra dans l'intérêt de l'enquête. Tu viens, chéri ?

Orville lui emboîta lentement le pas, visiblement à contrecœur.

Après leur départ, les deux hommes restèrent silencieux un instant.

— Vous croyez qu'il risque de lui faire du mal ? s'enquit Finn, brisant le silence.

Billy se gratta la tête, puis farfouilla sur son bureau à la recherche de quelque chose.

— Seigneur, si seulement je n'avais pas arrêté de boire… Où sont mes pastilles à la menthe ?

Il trouva la boîte sur son bureau.

— Billy ? insista Finn.

— Il est trop calculateur pour faire une chose pareille, assura Billy en fourrant un bonbon dans sa bouche. Il était très énervé, ce soir, c'est tout.

Finn considéra la porte d'un air songeur. Il n'était guère convaincu.

3.

La maison des Lachance, une bâtisse de plain-pied, se dressait sur un parcours de golf appartenant à un petit cercle d'hommes très riches. *Chez Orville*, c'était ainsi qu'Emma avait toujours considéré la propriété, qui appartenait entièrement à son mari. Selon les termes du contrat de mariage, elle n'aurait aucune part ou bénéfice dans les biens immobiliers de son mari et ne toucherait qu'une allocation, rien de plus. A moins qu'elle ne mette au monde un enfant. Malheureusement, son unique grossesse s'était soldée par une fausse couche.

Quant à la boutique d'Oakdale, elle avait dû prendre un crédit pour démarrer, mais c'était Orville qui réglait le loyer et en était le gérant officiel. Finalement, elle ne possédait rien. Lors de leur mariage, il lui avait promis qu'il modifierait leur contrat de mariage au bout de quelques années de vie commune, mais il n'avait plus jamais évoqué le sujet.

Le père d'Emma avait essayé de la convaincre du manque d'engagement d'Orville. Seulement, elle avait fait la sourde oreille, refusant d'écouter quiconque mettait en question l'amour inconditionnel de son mari.

Assise sur le siège passager de la Mercedes, Emma

regardait sans les voir les lampes qui bordaient l'allée. Elle réfléchissait. L'idée de quitter Orville et de subvenir à ses propres besoins la hantait, d'autant qu'elle s'en savait capable.

Hormis son job à la boutique, elle n'avait jamais vraiment travaillé. Elle pourrait bien sûr reprendre entièrement les rênes de la boutique, mais privée d'allocation, elle ne gagnerait pas assez pour prendre en charge et le loyer et ses frais quotidiens. La meilleure chose à faire, c'était d'abord de rompre avec Orville, puis de s'installer dans la maison de ses parents et de trouver un emploi. Dès leur retour, elle déménagerait. Qui sait, peut-être même pourrait-elle alors reprendre ses études…

Lorsque Orville se gara enfin dans le garage entre sa Corvette et son bateau, il n'avait toujours pas prononcé un mot. Durant tout leur trajet, elle s'était tenue à l'écart, le ventre noué par l'angoisse. Puis elle s'était persuadée, devant son silence, qu'il avait saisi la gravité du choc qu'elle venait de subir. Sans doute allait-il s'adoucir…

— Je suis désolée si cette nouvelle t'a bouleversé, commença-t-elle en se tournant vers lui. Moi aussi, je suis encore sous le choc. Je sais que c'est peu probable, mais j'ai peur que l'assassin veuille maintenant se débarrasser de moi pour s'assurer que je ne raconterai rien d'important…

— Tout ça est entièrement ta faute ! La femme du maire ne fait pas son jogging sur un chantier désert, en tenue légère, pour y retrouver un ancien petit ami !

Elle en eut le souffle coupé.

— Orville, tu es fou ! Je me souviens à peine de Finn. Et d'ailleurs, nous ne sommes jamais sortis ensemble. Il a quitté Pointe Judah un an avant moi pour faire ses études dans l'Est. D'après ce que je sais, il a très bien réussi en affaires, puis s'est distingué dans l'armée. C'est très dommage que tu l'aies insulté, tout à l'heure. Les gens d'ici le considèrent comme un homme bien et il pourrait se révéler un ennemi redoutable durant ta campagne. Si tu continues à raconter des bêtises sur lui, c'est toi qui te couvriras de ridicule.

Orville leva un bras pour la frapper. Au dernier moment, il se ravisa et abaissa lentement son poing serré. Puis, sans un mot, il descendit de voiture. Elle resta sur son siège, le cœur battant. Il l'avait déjà battue auparavant, en veillant toujours à ne laisser aucune trace visible sur elle. Elle avait eu de la chance, ce soir.

A cet instant, elle sut avec certitude qu'elle demanderait le divorce dès qu'elle aurait un projet concret. Son mari la maltraitait et lui faisait peur. Alors, pourquoi rester avec lui ? Dire qu'elle l'aimait tant lors de leur mariage…

Récemment, elle avait rencontré un avocat que lui avait conseillé un membre du Club des Secrets, et elle l'avait beaucoup apprécié. Il serait facile de reprendre contact avec lui pour démarrer la procédure.

Rassérénée, elle descendit de voiture et rejoignit son mari dans la maison.

— Ecoute-toi un peu, Orville, lui lança-t-elle. Une de mes amies vient de mourir assassinée, j'ai eu la malchance de trouver son cadavre, et toi, tu ne te soucies que de ta réputation ! Tu es d'un égoïsme incroyable !

— C'est toi qui es égoïste. Après tout ce que j'ai fait pour toi, tu me traites comme un moins-que-rien ! Si tu ne fais pas attention, je vais devoir mettre notre mariage en question.

Je t'en prie, fais-le.

— Si c'est ce que tu souhaites, je le comprendrai, répondit-elle en simulant une certaine tristesse. Nous pourrions nous arranger pour que le public n'en sache rien avant les élections. Si c'est ce que tu veux, bien sûr.

Orville en resta bouche bée.

Le plantant là, elle traversa le vestibule et gravit les deux marches menant au vaste salon aux tons beiges qu'elle détestait tant. Le décorateur qu'Orville avait engagé était, paraît-il, le meilleur de La Nouvelle-Orléans, mais à voir ce qu'il avait fait chez eux, elle avait quelques doutes. S'approchant de la baie vitrée, elle contempla les reflets turquoise de la piscine. Les frondes des palmiers en pots dessinaient des ombres sur le dallage blanc tout autour.

Les pas rapides d'Orville résonnèrent sur le sol. Elle frémit. Pas moyen de lui échapper. Il la saisit par le bras si fort qu'elle étouffa un cri de douleur. Puis, la faisant pivoter vers lui, il la projeta contre un mur, tout près d'une vitrine remplie de bibelots de valeur.

— C'est la dernière fois que tu me parles sur ce ton ! gronda-t-il, fou de rage. Si je te dis de sauter, tu sautes. Tu étais une minable et je t'ai offert une vie de rêve. Je t'ai achetée, je t'ai traitée comme une reine. Tu m'appartiens !

— Je refuse de me disputer avec toi. Lâche-moi, s'il te plaît. Si tu veux trouver une solution civilisée à ce problème.

Il la secoua et l'approcha plus près de son visage.

— J'aurais pu te faire passer pour une imbécile devant Billy et ton ami. Je me suis retenu pour t'épargner. Maintenant, je le regrette.

— Tu t'es retenu parce que tu ne veux pas que les

gens sachent que tu me maltraites, riposta-t-elle en se raidissant.

Comme elle l'avait prévu, il la frappa sur la nuque.

— Salope !

Elle refoula ses larmes, refusant de lui faire le plaisir de lui montrer son humiliation.

— Tu veux en parler ? Ou bien tu préfères quitter la maison, le temps de te calmer ?

— Quitter ma propre maison ? Vraiment, tu rêves ! Je…

— Soit nous discutons, soit l'un de nous s'en va.

Il ouvrit la bouche, sans doute pour l'invectiver de plus belle, mais la referma lentement.

— Tu n'es plus toi-même, remarqua-t-il, un rictus un peu stupide sur les lèvres.

— Je suis aussi fidèle à moi-même que je peux l'être après le choc que je viens de recevoir. Je revois sans cesse l'image de mon amie assassinée, dans cette posture obscène. Tu n'as pas exprimé la moindre compassion pour elle. De plus, nous vivons désormais dans une ville où un assassin se promène en liberté. Tu te rends compte qu'il peut rôder n'importe où, s'attaquer à n'importe qui ? martela-t-elle, histoire de changer légèrement de sujet. D'ailleurs, ce serait bien que tu prennes la parole pour éviter la panique. La nouvelle a dû faire le tour de la ville.

— Tu n'as pas à me dire comment faire mon boulot, répliqua-t-il sèchement en consultant sa montre. Je compte discuter de ça avec Billy. Moins on en révélera, mieux ce sera. Au besoin, je dirai quelques mots demain matin aux habitants. Quant à l'assassin, ne t'en fais pas, il ne t'arrivera rien. Le problème, c'est que tu ne penses qu'à ta petite personne.

Elle ne réagit pas devant son ironie à peine voilée. Ils en avaient assez dit pour ce soir et elle sentait la fatigue l'envahir, suite à toutes les émotions qu'elle venait de vivre.

— Denise Steen était une garce, poursuivait-il. Je ne voulais pas sa mort, mais elle l'a bien cherché. Elle agaçait beaucoup de monde. A force de mettre des idées dans la tête des femmes, elle créait des ennuis à leurs maris. Et aux hommes en général.

Emma avait mal à la tête, mais elle se garda de porter la main là où il l'avait frappée. Elle s'assit sur un fauteuil en forme de raie manta. La vitrine savamment éclairée scintillait derrière Orville, dans le salon plongé dans la pénombre. Apparemment, il attendait une réaction de sa part. Il pouvait attendre longtemps, songea-t-elle, décidée à l'ignorer.

— Tu n'adresseras plus la parole à ce Duhon, décréta-t-il.

Elle décida de le laisser délirer.

— Tu m'entends ?

Maintenant, il pouvait l'accuser de ne pas l'écouter. Tant pis.

— Nom de Dieu, Emma, j'ai dû interrompre une réunion importante pour venir à ton secours !

— Je n'avais pas besoin de ton aide, rétorqua-t-elle de façon à mettre les points sur les i. Retourne donc à ta réunion qui n'est sûrement pas encore terminée. Mais avant de partir, sache que Denise était simplement un membre du Club des Secrets. Ce n'était pas elle qui avait fondé ce groupe ou qui l'administrait, mais Angela. Denise était si occupée qu'elle ne passait pas souvent.

— Tu cherches encore à m'énerver ! s'exclama-t-il en

s'échauffant. Je te rappelle que je me présente au poste de gouverneur. Si je m'y prends à l'avance, c'est parce que j'ai un long chemin à parcourir, de nombreux contacts à nouer et des pattes à graisser. J'ai un tas de choses importantes à faire et il n'est pas question que tu me gênes dans mon action, c'est bien compris ?

Comme elle ne disait rien, il émit un grognement de dédain.

— Je me demande si je peux encore te permettre d'appartenir à ce club. Tu y consacres trop de temps. Les Secrets… Autant brandir une pancarte clamant « A bas les hommes » !

— Nous ne détestons pas les hommes. Nous recherchons le bonheur, c'est tout. Et puis il est agréable de passer quelques heures dans un cadre serein et rassurant.

A quoi bon s'expliquer. De toute façon, il ne l'écoutait jamais.

— Je n'en doute pas, mais je ne veux plus que tu y ailles, trancha-t-il froidement. Il fut un temps où tu ne me tenais pas tête, où tu restais à ta place. C'était avant que ces frustrées te mettent ces idées folles en tête. Laisse-moi te rappeler que tu n'as rien d'une femme d'affaires, indépendante et autonome. Tu es une épouse du Sud, mariée à un homme très en vue. C'est moi, ton seul travail. C'était notre accord. Ta boutique, ce n'est pas un travail, c'est un passe-temps.

Elle se leva. Après leur rencontre, quand il l'avait persuadée d'arrêter ses études, il n'était question que d'amour, de fonder un foyer, une famille. Et elle l'avait cru.

— Je dois prendre une douche et me changer, articula-t-elle, le cœur rempli de haine.

— Tu ne quitteras pas cette pièce tant que je ne t'en aurai pas donné l'autorisation !

Elle sentit ses jambes trembler et se tourna vers lui.

— Au fait, je voulais te demander… Il paraît que tu fais partie d'un groupe, toi aussi. La Bande de Pat, je crois. Vous vous réunissez sans doute chez Patrick Damalis. Ce club est-il réservé aux hommes ?

L'expression d'Orville se ferma. Aussitôt, elle regretta d'avoir évoqué la Bande de Pat. Et si quelqu'un avait des ennuis à cause d'elle ?

— J'ignore où tu en as entendu parler, mais j'ai bien l'intention de le découvrir. Il s'agit en effet d'un groupe d'hommes qui discutent affaires. Ne t'en mêle pas.

— Je m'en garderai bien, assura-t-elle avant d'ajouter avec un calme feint : Très bien, je crois pouvoir être partie d'ici dans quelques heures. Après tout, il n'y a pas grand-chose qui m'appartienne dans cette maison.

— A commencer par ta voiture, fulmina-t-il.

— Cette voiture est à moi. C'est un cadeau d'anniversaire de la part de ton père.

Elle avait pris un coffre-fort à la banque pour y déposer les papiers de sa Lexus, ainsi que plusieurs autres objets précieux, dont des bons du trésor hérités de sa grand-mère.

Orville s'approcha d'elle. Le cœur battant, elle dut lutter pour ne pas reculer.

— Où irais-tu ? Tu n'as pas assez d'argent pour quitter la ville.

Il avait raison, mais elle ne manquait pas de courage et de détermination.

— Je trouverai un emploi. Je suis sûre qu'on recherche des serveuses motivées dans la région.

Elle considéra le piano blanc cassé qu'il avait acheté peu avant leur mariage parce qu'il aimait faire étalage de ses talents de musicienne, et poursuivit :

— Et puis je pourrais jouer du piano par-ci, par-là. Je le faisais quand j'étais à la fac, et les gens appréciaient. Quant à un endroit où aller, je compte m'installer chez mes parents.

— Quoi ? Dans ce taudis ? Tu es complètement folle !

— Leur maison n'a rien d'un taudis. J'adore cet endroit et c'est là que je vais aller.

Se redressant fièrement, il la domina de toute sa hauteur.

— Tu ne supportes pas la solitude. Surtout la nuit. Ça te fait peur.

— Tu crois que je n'ai pas surmonté cette phobie, depuis le temps ? répliqua-t-elle en s'esclaffant. Tu me laisses seule chaque soir !

A ces mots, il parut enfin comprendre qu'elle ne plaisantait pas et explosa.

— Il est hors de question que tu me fasses honte dans tout Pointe Judah ! hurla-t-il. J'ai des relations, je veillerai à ce que tu ne trouves jamais de travail… Ah, c'est ce type, hein ? Ce héros de guerre, ce soi-disant homme d'affaires… De quel genre d'affaires s'occupe-t-il, au juste ? Il croit pouvoir débarquer comme ça, tel un seigneur sur son cheval blanc, pour faire de tes nuits de véritables marathons sexuels ? Quel con ! Tu ne comprends pas qu'il te prend pour une femme riche et que c'est pour ton argent qu'il te veut ? Tu ne touches qu'une pension misérable. Une pension dont tu ne verras plus la couleur si nous nous séparons !

Elle secoua la tête avec dédain.

— Bien sûr, j'avais raison, railla-t-il. Je vais m'occuper de lui, tu vas voir ! Je vais lui faire payer ta trahison encore et encore. Ah, il va regretter d'être revenu dans cette ville !

— Mon pauvre Orville, tu racontes vraiment n'importe quoi. Tu menaces un homme que je n'ai jamais vraiment connu quand nous étions au lycée. Un homme que j'ai à peine reconnu en le revoyant pour la première fois depuis des années. Vas-y, ridiculise-toi si ça te chante ! Ce sera très efficace pour ta campagne !

Il s'assit, visiblement calmé.

— Il faut que je réfléchisse.

— Dans ce cas, je te laisse à tes réflexions.

Il leva les yeux vers elle. Etait-il vraiment calme ou masquait-il sa colère ?

— Ne pars pas…Je t'en prie, reste avec moi. Je refuse de divorcer. Jamais, tu m'entends ?

Normal, il avait besoin d'elle pour son image.

— C'est toi qui as abordé ce sujet, remarqua-t-elle.

— J'étais furieux, c'est tout.

Il posa sur elle ce regard triste qu'il affichait sur commande.

— Tu te souviens de notre rencontre ?

— Pitié ! Ça remonte à plus de douze ans, et il s'en est passé des choses, depuis.

— Pour toi, peut-être, dit-il, les yeux humides. Moi, je m'en souviens comme si c'était hier. Tu étais un rêve devenu réalité.

La parfaite petite épouse d'un homme politique.

Il tendit une main vers elle. Elle l'observa froidement.

— S'il te plaît, chérie, implora-t-il en lui faisant signe d'approcher. Je ne comprends pas ce qui me prend, parfois. Mes paroles dépassent mes pensées.

Elle ne bougea pas. Son cœur trop tendre avait été son point faible durant toutes ces années de mariage et, cette fois, elle était bien décidée à ne pas céder. Se levant, Orville voulut la prendre dans ses bras, mais elle recula d'un pas. Toucher une main si prompte à la frapper l'insupportait.

Il leva vers elle un regard implorant.

— Je sais que je m'emporte facilement, mais tu ne vois pas que si je suis si enragé, ce soir, c'est parce que j'imagine ce que j'aurais ressenti si c'était toi qui avais été assassinée ?

Non, elle ne voyait pas.

— Cette campagne me rend nerveux. Je tiens à ce poste, car je sais que je peux apporter de bonnes choses à mes concitoyens. Le problème, c'est que toutes ces réunions me tuent.

— Dans ce cas, laisse tomber, rétorqua-t-elle.

Qui allait croire une seconde qu'Orville Lachance visait le poste de gouverneur pour faire le bien autour de lui ?

Une nouvelle lueur apparut dans son regard, mais il réprima vite sa colère.

— C'est mon devoir, se justifia-t-il. Tout comme il est de ton devoir de rester près de moi chaque jour. Nous sommes mari et femme. Sans toi, il me manquerait une partie de moi-même. Reste avec moi, chérie. Je suis un peu à côté de la plaque, mais tu dois m'accorder du temps. Si tu veux, nous pourrions consulter quelqu'un qui nous aiderait à avoir un enfant.

Elle ne répondit pas. Depuis des mois, il se comportait

comme s'il la trouvait physiquement repoussante. Et sa fausse couche remontait à dix ans.

— Emma, j'organise une fête le quatorze. Je sais que c'est un peu précipité, mais je sais aussi que s'il y a quelqu'un qui pourra tout organiser à merveille, c'est bien toi. Tu ne vois donc pas combien j'ai besoin de toi ? Et toi, de moi ? Il te faut quelqu'un de fort. Je le suis.

— Quel genre de fête ?

— Il n'y aura pas trop d'invités, mais c'est très important. Des donateurs aux poches bien remplies. Une trentaine de couples, peut-être. Ce serait bien qu'elle ait lieu ici. Je peux te fournir une liste demain matin.

Une fois encore, il consulta sa montre.

— Je veux une fête somptueuse, quelque chose d'imposant. Nous allons leur soutirer des dollars à la pelle.

— Donne-moi la liste et je me chargerai de l'organisation, capitula-t-elle, de guerre lasse.

— Tu n'oublieras pas de citer ton nom sur les invitations ?

Au moins, elle avait réussi à ébranler sa belle assurance.

— Les invitations seront impeccables, mais je dois savoir exactement ce que tu as en tête. Envoie-moi un e-mail.

Il se leva.

— Merci, dit-il. Je suis heureux que nous puissions surmonter cette petite crise. Je vais faire des efforts pour éviter tout malentendu entre nous, à l'avenir. Nous avons encore un long chemin à parcourir. Trouve-toi la robe la plus sexy de la planète.

Elle détourna le regard. Et dire qu'il croyait sincèrement avoir résolu leurs problèmes ! Seules comptaient ses ambitions politiques. Du moment qu'elle en avait conscience, elle ne lui ferait pas de tort.

Des coups résonnèrent à la porte d'entrée. Orville fronça les sourcils.

— Je m'en occupe, déclara-t-il en se dirigeant vers la porte. Reste en retrait, ne te montre pas, pour ta sécurité.

Elle le regarda ouvrir la porte, immobile.

Sur le seuil se tenaient Angela, la fondatrice du Club des Secrets, accompagnée de Frances Brussard, Holly Chandall et Wendy Saunders, membres du groupe.

— Monsieur le maire, commença-t-elle en inclinant la tête, veuillez excuser notre intrusion, mais nous sommes venues réconforter Emma. Et nous-mêmes, par la même occasion.

Emma s'approcha, ayant peine à croire qu'Angela soit venue jusque-là. Depuis l'incendie de sa cuisine qui l'avait défigurée des années plus tôt, cette dernière ne se montrait presque jamais hors de chez elle. Grande, très pâle, avec de longs cheveux blonds, elle avait d'affreuses traces de brûlure sur la joue, qu'elle tentait de masquer en ramenant des mèches sur son visage. Les marques de brûlure s'étendaient jusque sur ses mains et elle ne quittait jamais ses mitaines roses réalisées au crochet. Ses cordes vocales aussi avaient subi des dommages. Son timbre était rauque, guttural, et lorsqu'elle était nerveuse, il lui arrivait de perdre complètement la voix.

Toutes les quatre arboraient le peignoir rose de leurs réunions. D'ordinaire, ces peignoirs restaient au club, mais de toute évidence, elles étaient trop bouleversées pour avoir pensé à se changer avant de venir.

Emma fondit en larmes. Ses amies l'enlacèrent en pleurant elles aussi. Tant pis pour Orville qui les observait.

— Nous savons ce qui s'est passé, déclara Angela, les yeux rougis. C'est horrible, ce qui est arrivé à cette pauvre Denise… Et il a fallu que ce soit toi qui découvres le cadavre !

— C'est aussi ce que je me suis dit tout d'abord, mais finalement, il valait mieux que ce soit moi plutôt que des inconnus.

— D'après Rusty, commença Holly de son débit rapide, Denise travaillait sur un article consacré à quelqu'un qui ne voulait pas voir son nom dans les journaux et qui l'a éliminée pour éviter sa publication.

Un foulard rose et blanc noué dans ses cheveux auburn, elle semblait très angoissée. A son côté, Frances, des perles colorées dans ses tresses brunes, hocha la tête. C'était une femme sensée mais dotée d'un goût déplorable en matière d'hommes.

— Ça me paraît évident. Wendy pense que nous devrions aller parler à la police. Ils n'ont peut-être pas envisagé cette piste.

— Oh, ils l'ont envisagée, intervint Orville. D'ailleurs, c'est la seule explication qui tienne la route.

— Vous avez raison, admit Wendy. Pourquoi faut-il toujours que je soupçonne les gens de ne pas voir ce qui saute aux yeux ?

Emma croisa le regard d'Angela et y décela une lueur complice. Elles connaissaient très bien l'origine du manque d'assurance de Wendy.

Orville s'éclaircit la gorge, puis prit la parole du ton pontifiant qu'il aurait employé pour une conférence de presse.

— Mesdames, je vous remercie d'être venues prendre des nouvelles d'Emma. Votre sollicitude lui a fait beaucoup de bien. Ce drame l'a bouleversée, naturellement, mais elle va vite se remettre. Maintenant, rentrez chez vous et veillez à fermer toutes vos portes à clé. On ne sait jamais. Essayez de dormir, car demain, nous devrons répondre à bien des questions. Vous êtes venues ensemble ?

L'expression durcie, Angela le regarda droit dans les yeux.

— Nous sommes venues dans ma voiture, merci, répondit-elle froidement.

Son peignoir de soie, d'un rose plus intense que les autres, virevolta autour d'elle tandis qu'elle se dirigeait vers la porte.

Orville ouvrit le battant.

— Soyez prudentes. Frances, vous présenterez mes hommages à votre maman.

Les quatre femmes prirent congé en marmonnant un « au revoir » poli. Emma se dit que son mari n'était décidément qu'un hypocrite condescendant.

— Je suppose qu'elles pensaient bien faire, commenta-t-il dès qu'ils se retrouvèrent seuls. Pourquoi diable étaient-elles affublées de ces affreux peignoirs roses ?

— Nous les portons lors des réunions. En signe de solidarité et parce qu'ils sont confortables. Et puis le rose rend les femmes plus belles.

Il lui répondit d'un sourire teinté de ce qui aurait pu être de la pitié.

— Tu n'as pas besoin de rose pour t'embellir, déclara-t-il.

Il y eut un silence, puis il ajouta :

— Tu es la plus belle femme que j'aie jamais vue.

Il devait savoir que son ton sonnait faux. Ils étaient si mal à l'aise, dès qu'ils se retrouvaient ensemble…

— Merci, fit-elle simplement en détournant les yeux. Je vais aller prendre ma douche, maintenant.

Et elle en profiterait pour commencer le deuil d'une amie chère.

— Bonne idée. Ensuite, va te coucher. Je vais sans doute devoir m'expliquer en retournant à ma réunion. Ça fait un moment que l'on m'attend. J'essaierai de ne pas te réveiller en rentrant.

4.

Ce n'est que lorsque Emma fut sous la douche, qu'elle commença à se détendre. Elle laissa le jet d'eau chaude cascader sur sa tête et lui masser le dos. En se lavant les cheveux, elle ne put réprimer une grimace de douleur. Une bosse était apparue là où Orville l'avait frappée.

Comment osait-il prétendre qu'elle avait besoin de lui parce qu'elle avait peur de rester seule la nuit ? Cela faisait des années qu'il semblait ne même plus remarquer sa présence. Un visiteur sous son propre toit, voilà ce qu'il était. Il passait enfiler des vêtements propres et déposer son linge sale. Ce soir, elle resterait seule, une fois de plus.

Brusquement, elle eut envie de passer la nuit dans la maison de ses parents, la maison de son enfance.

De retour dans sa chambre, elle enfila un T-shirt et un sweat-shirt noir par-dessus.

La sonnerie du téléphone résonna, la faisant sursauter. Elle porta la main à son cœur.

— Du calme, marmonna-t-elle en décrochant. Allô ?
Rien.

— Allô ?

Toujours rien. Enervée, elle ne put s'empêcher de lancer un « Allez au diable ! » rageur avant de raccrocher.

Elle songea un peu tard qu'il s'agissait peut-être du tueur. Auquel cas, elle n'avait pas dû améliorer beaucoup son cas à ses yeux…

Résolue à quitter cette maison au plus vite, elle jeta pêle-mêle dans un sac le nécessaire pour une nuit. Elle ne prit pas le temps de se sécher les cheveux. Tant pis. Orville ne lui avait-il pas rappelé qu'elle n'avait personne à impressionner ?

En descendant dans la cuisine, elle se munit de quelques provisions qu'elle glissa dans son sac. Elle rédigea également un mot à l'intention d'Orville, indiquant qu'elle serait de retour au matin, puis l'accrocha à la porte du réfrigérateur. Quand il rentrait, son premier geste était de prendre une bière. Aucun risque qu'il manque son message.

Eteignant les lumières, elle se rendit dans le garage où était garée sa Lexus. La banquette arrière et le coffre étaient chargés de colis destinés à la boutique. Il faudrait qu'elle y aille tôt le lendemain si elle voulait avoir le temps de tout déballer avant l'ouverture.

Elle tenait la boutique avec Sandra Viator, l'une de ses meilleures amies. La jeune femme était mariée depuis quelques années à Carl, un associé d'Orville, et les deux couples se fréquentaient régulièrement, peut-être un peu moins qu'autrefois. Ils avaient souvent été les témoins malheureux de la cruauté d'Orville envers Emma. Carl s'efforçait de veiller sur elle sans provoquer la rage de son associé, tandis que Sandra lui servait de confidente.

Commerçante-née, la jeune femme n'avait pas son pareil pour rendre le magasin attrayant. La vitrine ornée de bouquets de fleurs séchées enrubannés, de paquets-cadeaux, de tasses de café fumant et d'alligators souriants, suscitait la curiosité et les passants entraient souvent jeter un coup d'œil. Sans elle, Emma le savait, la boutique n'aurait pas été la même.

Elle savait aussi qu'après le divorce, il n'y aurait plus de boutique…

Chassant ces sombres pensées, elle monta en voiture et appuya sur le bouton actionnant l'ouverture de la porte. Ses doigts tremblaient. L'appel qu'elle avait reçu l'avait troublée et elle n'avait plus qu'une idée en tête : rentrer chez ses parents et se mettre à l'abri.

Elle insérait la clé dans le contact quand elle s'aperçut que la porte ne s'ouvrait pas.

Elle appuya plus fort sur le bouton. En vain.

Descendant de voiture, elle alla brancher l'alarme de la maison. Ils utilisaient rarement ce système et elle devinait qu'Orville aurait une drôle de surprise en rentrant, à moins de réagir promptement. Mais peut-être comprendrait-il pourquoi elle avait pris cette précaution. Entre le tueur qui rôdait et les doutes d'Orville à son sujet, elle se devait d'être prudente.

Elle se précipita vers la Corvette, dont les clés restaient en permanence sur le tableau de bord. Elle s'assit derrière le volant et appuya sur le bouton.

La porte située devant la Corvette s'ouvrit aussitôt.

Emma la referma. Seule sa voiture était coincée dans le garage. Etrange coïncidence…

Que faire ? Il était hors de question qu'elle prenne le volant de la Corvette. Orville deviendrait fou.

Se rappelant le tableau de commandes qu'elle n'avait jamais eu à utiliser, elle descendit de la Corvette et se dirigea vers un boîtier métallique accroché au mur. Elle observa les différentes touches. En mode « veille », les portes restaient fermées. Et justement, la touche correspondant à la porte de sa voiture était en mode « veille ».

De toute évidence, Orville avait tout fait pour qu'elle ne quitte pas la maison. Dommage pour lui, il avait toujours sous-estimé ses facultés intellectuelles.

Le coup de téléphone. A ce souvenir, elle frémit et monta vite à bord de sa Lexus. Après avoir verrouillé les portières, elle appuya de nouveau sur le bouton d'ouverture de la porte. La porte du garage s'ouvrit enfin.

Et si cet appel était destiné à savoir si elle était encore dans la maison ? L'intrus se serait ensuite glissé dans la maison puis dans le garage pour tenter de l'empêcher de s'en aller… Dans ce cas, il aurait largement eu le temps de s'attaquer à elle. Sauf s'il l'avait entendue brancher l'alarme, se soit ravisé et ait décidé de la laisser partir avant de s'éclipser en toute discrétion…

Qu'il s'agisse d'un tueur ou d'un cambrioleur, elle n'avait aucune intention de s'attarder pour vérifier si l'on s'était introduit chez elle.

Appuyant sur l'accélérateur, elle s'éloigna dans la nuit noire et chaude. La rue était plongée dans la pénombre et, à mesure qu'elle prenait de la vitesse, le paysage devint flou. Dans ce quartier résidentiel aux maisons rares mais imposantes, il n'y avait aucun éclairage public. Les résidents se chargeaient eux-mêmes de l'éclairage de leur propriété.

Mieux valait passer par le centre-ville, décida-t-elle en regardant de tous les côtés. Rien. Pas un mouvement.

Devait-elle avertir Billy Meche ? Un simple appel anonyme justifiait-il une plainte ? Son imagination se montrait parfois trop fertile.

Le tableau de bord indiquait minuit passé. Elle avait le

souffle court. Les battements effrénés de son cœur résonnaient dans ses oreilles et sa conduite nerveuse n'aidait pas à apaiser la migraine qui lui martelait le crâne depuis des heures.

En dix minutes, elle atteignit les abords de la ville. Elle ralentit en s'engageant dans Main Street, bien mieux éclairée, bordée de boutiques et de bureaux.

Un néon en forme de cochon clignotait sur la devanture de la boucherie. Quelques guirlandes de Noël dont plusieurs ampoules étaient grillées pendaient misérablement dans la vitrine de la mercerie de Kay. Dans la journée, on y remarquait même des toiles d'araignée. Devant chez Buzz, un bar très prisé, deux voitures de police bloquaient la sortie du parking. Plusieurs personnes gisaient à terre tandis que les policiers, appuyés sur leurs voitures, attendaient qu'ils se calment pour les emmener au poste.

En atteignant le centre-ville, Emma contourna la place. Un rideau métallique cachait la vitrine de l'épicerie. Leurs propriétaires, Sadie et Sam Moss, étaient adeptes de la sécurité. Cela faisait plusieurs générations que la famille Moss tenait ce commerce et le nom des premiers propriétaires était encore peint sur la devanture en lettres d'or. Il ne changeait pas, quel que soit le véritable prénom des propriétaires du moment. Par chance, Sam Moss, l'un des descendants, avait épousé une dénommée Sadie plus de vingt-cinq ans plus tôt, de sorte que les noms correspondaient de nouveau.

Juste avant le carrefour de Main Street et de Rice Street, une voiture était arrêtée au bord du trottoir. Emma retint son souffle. Le bar d'Ona se trouvait non loin de là. A trois ou quatre kilomètres sur la rue s'élevait le manoir de style Tudor de Patrick Damalis, un établissement somptueux qui pouvait couvrir n'importe quel événement. Les clients affluaient de très loin pour y organiser mariages, réceptions, réunions et autres banquets. Sans doute la Bande de Pat s'y réunissait-elle aussi, bien au chaud dans un salon privé. L'établissement proposait la meilleure carte de la ville, un peu étonnant dans une région où les plats à base de saucisses et de pommes de terre étaient considérés comme le fin du fin, sans oublier les traditionnels *calas*, beignets de riz enrobés de sucre glace.

La voiture arrêtée au stop n'était pas une Mercedes et son conducteur n'était pas Orville. Le couple assis à l'avant s'embrassait avec passion. Emma les devina en pleins ébats. Sans doute avaient-ils serré le frein à main et n'étaient-ils pas près de rentrer.

Elle repartit aussi vite que possible, des images plein la tête. Orville se livrant à des activités secrètes dans ce club pour hommes dont personne n'osait parler. Denise, telle qu'elle avait été, confiante et souriante, puis grotesque mannequin désarticulé dans la mort. Finn Duhon avec son sourire craquant, ses fossettes, ses longs cils bien fournis…

Elle tourna les boutons de l'autoradio jusqu'à ce qu'une chanson de Mario Frangoulis l'aide à maîtriser les divagations de son imagination. Reportant son attention sur la route, elle longea les maisons situées derrière le quartier commercial, puis dépassa le parc de caravanes installé sur un terrain bordant le bayou Nespique, avant de bifurquer sur une route sinueuse. Ses parents aimaient la tranquillité. Leur maison était bâtie en retrait de la civilisation, dans les bois. Emma plissait les yeux pour mieux voir la route. Conduire s'était fait périlleux. A chaque virage, les phares de la Lexus rencontraient un mur d'arbres, annonçant un nouveau virage.

Pourvu que j'arrive saine et sauve à destination, songea-t-elle, remettant en question sa décision.

Au moins connaissait-elle la route comme sa poche. Elle roulait lentement alors qu'elle brûlait d'accélérer. En atteignant une fourche, elle tourna à droite sans ralentir. Elle négocia la manœuvre sans dévier de sa trajectoire.

Au terme d'une longue descente, elle jeta un coup d'œil machinal dans son rétroviseur et faillit manquer un chemin à sa gauche. Des phares venaient d'apparaître derrière elle.

Pauvre idiote, tu n'es pas la seule à emprunter cette route.

Déconcentrée par la musique, elle éteignit l'autoradio. Elle négocia encore trois virages et reconsulta le rétroviseur quand la route cessa de tourner. Les phares étaient toujours là. Plus près.

Elle accéléra, prenant de l'avance sur l'autre véhicule. Mais dès qu'elle ralentit, les phares se rapprochèrent.

En s'engageant dans le premier chemin transversal, elle saurait si elle était suivie.

Et si elle roulait jusqu'à la ville suivante ?

Elle pouvait aussi rentrer chez elle et s'y barricader.

Elle appuya sur l'accélérateur, faisant voler des gravillons autour d'elle. La route était droite, mais assez irrégulière.

Brusquement, des arbres apparurent devant elle. Elle voulut freiner, un peu tard. Elle appuya à fond sur la pédale de frein. Les roues arrière de la Lexus dérapèrent sur le gravier, mais elle réussit à reprendre le contrôle.

Cette fois, elle n'eut pas besoin de regarder dans le

rétroviseur : les phares brillaient dans la nuit, éclairant l'intérieur de sa Lexus. Elle fut prise de sueurs froides.

Maîtrisant son début de panique, elle crispa les mains sur le volant et se prépara à une nouvelle accélération.

Le véhicule qui la suivait accéléra et se porta à sa hauteur. Un gros pick-up. Du coin de l'œil, elle vit une lampe s'allumer dans la cabine.

A contrecœur, elle se força à regarder le conducteur.

Finn Duhon !

Manquant de s'étouffer, elle le vit abaisser sa vitre et lui faire signe de l'imiter. Elle obéit.

— Ralentis ! hurla-t-il, sa voix se perdant à moitié dans le vent. Tu vas te tuer !

Elle leva le pied de l'accélérateur. Tous deux perdirent de la vitesse.

— Je m'inquiétais pour toi ! Ton mari t'a laissée toute seule et tu es partie en trombe. Je vais t'escorter jusqu'à ta destination pour m'assurer que tout va bien.

— Conduis plutôt du bon côté de la route ! répliqua-t-elle en regardant devant elle.

C'était sa faute si elle avait roulé à toute vitesse.

— D'accord, acquiesça-t-il. Tu vas chez tes parents, c'est ça ?

— Oui.

— Je passe devant toi. Avec un peu de chance, tu arriveras là-bas vivante.

Il lui fit un signe de la main auquel elle répondit. Si son cœur avait retrouvé un rythme presque normal, elle avait encore mal à la tête.

Bientôt, il tourna dans l'allée qui menait chez les Balou. En s'arrêtant non loin de lui, elle marqua une hésitation.

Que sais-je de cet homme, au juste ?

5.

Emma était mariée.

Finn savait qu'il s'aventurait en terrain glissant, mais après tout, il ne tenait qu'à lui de conserver avec elle des rapports amicaux.

Dans ce cas, pourquoi avait-il épié sa maison jusqu'à voir Lachance partir tout seul, puis l'appeler pour être sûr que tout allait bien, avant de la suivre jusqu'ici ?

Parce qu'il avait détesté Lachance dès le premier regard. Parce qu'il le soupçonnait de ne pas être digne d'Emma, de ne pas être le mari qu'elle méritait. Parce qu'il regrettait de ne pas pouvoir être aussi proche d'elle qu'il l'aurait souhaité, au point d'être à la torture. Parce que les Lachance n'avaient rien du couple modèle et qu'il n'y avait aucun mal à attendre en coulisses, au cas où ils se sépareraient.

Toutes ces raisons étaient honnêtes, mais il y avait autre chose : au poste de police, il avait éprouvé plus que de l'antipathie pour Lachance. Cet homme avait le don de lui mettre les nerfs à fleur de peau. Billy Meche était peut-être trop habitué à lui pour remarquer quoi que ce soit, mais Finn avait ressenti à son contact une répulsion mêlée de méfiance, la même répulsion qu'il ressentait en présence de vipères.

Une fois garé devant la galerie qui entourait la maison, il coupa le moteur. Un double lampadaire, dont une ampoule était grillée, projetait un rai de lumière circulaire. Emma s'arrêta dans l'allée. Finn ne quittait pas son 4x4 des yeux, percevant même le ronronnement du moteur.

Pourquoi ne se méfierait-elle pas à l'idée de se retrouver seule avec lui dans cet endroit désert ? Après tout, elle ne le connaissait pas. De plus, il l'avait suivie. Sans doute était-elle en train de le juger pour meurtre, voire de le condamner.

Au risque de se faire réprimander, il composa le numéro de Billy Meche.

— Meche, lâcha-t-on à l'autre bout du fil.

— J'ai besoin de vous, expliqua Finn. J'ai suivi Emma Lachance jusqu'à la maison de ses parents, pour m'assurer qu'elle y serait en sécurité…

Furieux, Billy l'interrompit.

— Vous avez fait quoi ?… Mais pourquoi, bon sang ?

— Je vous expliquerai plus tard.

— Où est son mari ?

— Je l'ignore. Elle est seule. Moi aussi. Ce n'est que de la sollicitude entre voisins, rien de plus.

Menteur.

Billy ne reprit pas tout de suite la parole.

— Vous avez raison, nous en reparlerons plus tard.

— Emma est au courant de ma présence, mais elle est enfermée dans sa voiture, moteur allumé. Vous croyez qu'elle a peur de moi et qu'elle est sur le point de s'enfuir ?

— Vous le savez aussi bien que moi. Vous avez le béguin pour elle ou quoi ?

Il considéra son téléphone, intrigué.

— J'aimerais que vous lui disiez qu'elle peut me faire confiance. Elle a apparemment l'intention de passer la nuit ici et j'aimerais inspecter la maison avant qu'elle s'y installe.

— O.K. Vérifiez les lieux, puis rentrez vite chez vous. Evitez d'en découdre avec son mari.

— Ecoutez, je n'ai pas le temps maintenant, mais je vous demanderai de plus amples informations à ce sujet, promit-il. Pour en revenir à ma venue ici, n'oubliez pas que la maison de mes parents n'est pas très loin et que j'y habite. En venant de la direction opposée, la maison des Balou se trouve sur mon chemin. Bon, il faut que je trouve un moyen de lui passer ce maudit téléphone.

— Vous ne veniez pas de l'autre direction, grommela Billy. Et vous êtes passé devant chez vous en vous rendant chez elle.

Finn ne discuta pas. Plus ou moins convaincu qu'Emma prendrait la fuite, il ouvrit sa portière et sortit dans la lueur aveuglante des phares. Il brandissait le téléphone dans sa main en priant pour qu'elle ne le prenne pas pour une arme. Il espérait aussi qu'elle ne s'affolerait pas au point d'appuyer sur l'accélérateur sans réfléchir. Il ne voulait pas mourir sous les roues de sa Lexus.

Prudent, il porta l'appareil à son oreille.

— Je marche droit vers ses phares. Je vais poser le portable sur son capot puis remonter dans ma voiture. Avec un peu de chance, elle vous répondra.

— La prochaine fois qu'il vous viendra l'idée de

mettre votre vie en péril pour un coup de fil, prévenez-moi, O.K. ?

— C'est ce que je fais, non ? répliqua-t-il avec un sourire. Ne quittez pas. C'est parti.

Il posa l'appareil sur le capot de la Lexus et le désigna à Emma, avant de regagner son pick-up.

— Me voilà de retour dans la jungle, dit-il pour lui-même.

Un vent tiède soufflait parmi les pins, tout autour de la maison, et sa chemise lui collait à la peau. En songeant à la femme imprévisible dans l'autre voiture, il accéléra le pas. Ses muscles s'étaient noués, sa cicatrice, tendue.

Ils se trouvaient dans la jungle du Salvador, et Emma Lachance était sur le point de l'attaquer à coups de machette ou à l'aide d'une lance destinée à la chasse au gros gibier.

Il claqua vivement sa portière derrière lui. Presque aussitôt, les phares de la Lexus s'éteignirent. En baissant sa vitre, Finn entendit des pas sur le gravier puis un petit rire. Emma prononça des paroles qu'il ne saisit pas. Il fut un peu agacé de la voir prêter une oreille attentive à Billy alors que lui ne suscitait chez elle que de la méfiance.

— Au revoir, conclut-elle enfin.

S'approchant du pick-up, elle lui rendit son portable.

— Billy te souhaite une bonne nuit, annonça-t-elle, avant de grimacer avec embarras.

— Bonsoir, Billy, dit-il dans l'appareil. Merci pour votre aide.

— Un seul faux pas avec Emma, et vous êtes grillé dans la région, Duhon, grommela Billy en guise d'avertissement.

— Si vous le dites.

— Finn !

— J'ai été scout. Dormez tranquille. Demain, la journée risque d'être longue.

Finn raccrocha et remit son téléphone dans sa poche.

— C'était quoi, cette grimace ? s'enquit-il.

— Je me sens ridicule. J'ai réagi avec excès. Mais je crois que, même si j'avais déjà vu ta voiture, je me serais demandé si c'était bien toi qui me suivais.

Il descendit de voiture et la prit par les épaules.

— Tu as eu peur de moi, c'est ça ?

— C'est ça.

— Donc tu es une femme intelligente, conclut-il. Tu ne me connais pas. Il est normal que tu t'inquiètes des raisons qui m'ont poussé à te suivre jusqu'ici. Je vais tout t'expliquer. En quittant le poste de police, j'ai décidé d'aller jeter un coup d'œil autour de ta maison. Ne me demande pas pourquoi, mais je me sens un peu responsable de toi. Sans doute à cause de l'épreuve que nous venons de partager.

Elle avait levé la tête vers lui, mais à ces mots, elle détourna les yeux.

— J'ignore pourquoi je ne me suis pas contenté de continuer mon chemin. En rentrant, ton mari n'a pas refermé la porte du garage et j'ai tenu à m'assurer qu'il ne repartirait pas.

Fronçant les sourcils, elle affronta son regard.

— Quand il est parti…

Il fit la moue.

— J'aurais dû m'en aller, mais au lieu de ça, je t'ai appelée, histoire de vérifier que tu allais bien. Je regrette de t'avoir raccroché au nez comme un gamin, après le départ précipité de ton mari.

Elle ne releva pas ce commentaire à propos d'Orville.

— Tu crois que quelqu'un cherche à me faire du mal ? demanda-t-elle.

Il ne répondit pas, pétrifié à cette seule idée.

— Finn ? Tu m'as fait une peur bleue, tu sais. En te reconnaissant, je me suis demandé ce que tu fabriquais ici. D'ailleurs, je ne comprends toujours pas. Billy affirme que tu possèdes une sorte de sixième sens qui te permet d'anticiper les ennuis.

Il remercia en pensée Billy et se promit de lui offrir un verre un jour.

— Peut-être, répondit-il d'un ton faussement léger. Mais ça n'a rien à voir avec le vaudou ou la magie noire, je te rassure. Je ne suis même pas sûr des raisons qui m'ont incité à te suivre jusqu'ici.

Elle sourit. Ses yeux se remirent à pétiller.

— Allez, avoue, tu as des pouvoirs surnaturels !

— Ce doit être ça.

Le trouble qu'il ressentait en sa compagnie ne ressemblait à rien de ce qu'il connaissait. Il n'avait pas simplement les jambes en coton, son corps tout entier semblait en proie à l'émotion.

— Tu as l'intention de passer la nuit ici ? s'enquit-il en s'efforçant de garder son calme. Si tel est le cas, Billy m'a autorisé à inspecter la maison avant de m'en aller.

Une proposition raisonnable et innocente.

Elle haussa les épaules.

— Je t'ai fait perdre assez de temps. Ne t'inquiète pas pour moi, je prendrai soin de fermer toutes les portes à clé.

— Quand j'ai une idée dans la tête, il est difficile de

la déloger, insista-t-il avec un sourire. Je vais d'abord remplacer cette ampoule grillée. Où est la clé ?

Elle regagna vivement la Lexus et revint avec un sac dans chaque main, en plus de son sac à main. Elle lui tendit un trousseau de clés.

— C'est celle qui est attachée à un bout de ficelle.

A voir Finn ouvrir vivement toutes les portes comme pour débusquer un quelconque intrus, Emma avait l'impression d'être en pleine zone de combat. Elle le suivit à l'étage sans le quitter d'une semelle.

Soudain, il se figea et leva une main en guise d'avertissement. Elle lui rentra dedans malgré elle.

Il se retourna pour lui murmurer à l'oreille :

— Inutile de me couvrir. Je m'en sortirai très bien.

— Je suis un peu lâche, avoua-t-elle en claquant des dents. J'ai peur de rester toute seule.

— Dans ce cas, pourquoi es-tu venue ici seule ? Et en pleine nuit ?

— C'est ma maison. Tout se serait bien passé si tu ne m'avais pas fait peur.

— Désolé, s'excusa-t-il, un peu penaud. Bon, je vais sortir mon arme, au cas où j'aurais vraiment entendu quelque chose.

Elle l'attrapa par la ceinture.

— Quoi ? Qu'est-ce que tu as entendu ?

— Chut ! murmura-t-il en brandissant son arme.

Au risque d'être ridicule ou de passer pour une froussarde, elle ne lâcha pas sa ceinture. Il avait troqué son short et son T-shirt de jogging pour une chemise et un pantalon. De toute évidence, il avait pris le temps de rentrer chez lui pour se changer. Signe que son inquiétude à son égard ne lui était pas apparue d'un seul coup.

Elle avait entendu parler de ces moments de panique que l'on connaît parfois à contretemps. En toute logique, elle n'avait pas à être vexée parce qu'il avait pris son temps avant de la prendre en filature.

— Rien à signaler, déclara-t-il posément en allumant la lumière. Je vais vérifier les serrures et te laisser tranquille.

Elle sentit son estomac se nouer.

— Tu prendras bien un café avant de repartir. Je parie que tu n'as pas dîné.

— Ça va, dit-il en descendant les marches. Je vais réparer la lampe extérieure.

Sans qu'elle puisse le retenir, il sortit pour revenir quelques minutes plus tard.

— Il suffisait de revisser l'ampoule, annonça-t-il.

— Il est hors de question que je te laisse repartir avant de t'avoir offert un café. Je ne veux pas prendre le risque que tu t'endormes au volant.

Et surtout, elle ne connaîtrait plus une seconde de tranquillité après son départ.

Il y eut un silence, et elle ajouta avec sincérité :

— Merci. Ta sollicitude me touche beaucoup, tu sais.

— Tu es mal à l'aise à l'idée de rester seule ici ?

Il l'observa de plus près. Sa tenue de sport lui allait à merveille et ses cheveux tombaient en cascades sur ses épaules.

— J'espère que tu es rassurée, parce que tout est normal. J'aurais sans doute dû rester en dehors de tout ça et ne pas t'inquiéter.

— Ça va, assura-t-elle avec détermination. Il le faudra bien, de toute façon.

— Ce qui signifie ?

Elle secoua la tête en rougissant.

— Ça signifie que j'ai certains principes. Je ne cède jamais à la peur, par exemple. Bon, si on le buvait, ce café ?

— Volontiers.

Il rangea son arme. Il s'en voulait terriblement de l'avoir ainsi déstabilisée. Elle tenait à sa présence parce qu'elle avait peur, or ce n'était pas du tout ce qu'il avait en tête.

— La cuisine est ma pièce préférée. Grâce à la climatisation, il y fait toujours bon.

— En effet.

Il la suivait à travers la maison en regardant autour de lui avec étonnement. Bien que meublé d'antiquités, l'intérieur n'avait rien de rustique. Les tableaux accrochés aux murs étaient de qualité, de même que les tapis joliment disposés sur le plancher.

— La maison de tes parents est magnifique. A leur place, je ne sais pas si je la laisserais inhabitée.

— J'y viens souvent, expliqua-t-elle en le précédant dans la cuisine.

Une table en merisier usée par les ans se dressait dans une alcôve, devant une fenêtre. Elle baissa un store en dentelle et fit signe à son invité de s'asseoir.

— Installe-toi. Et si on en venait enfin aux potins évoqués cet après-midi ?

Son léger froncement de sourcils n'échappa pas à Finn. Sans doute se remémorait-elle leur macabre découverte et ce qui en découlait. Il décida de s'attarder aussi longtemps que possible afin de la rassurer.

Son regard se posa sur ses cheveux bouclés, encore humides de son passage sous la douche.

— Tu as bien les cheveux frisés ! s'exclama-t-il en se frappant le front. Voilà ce qui m'a troublé tout à l'heure, quand je t'ai rencontrée. Tes cheveux étaient raides alors qu'ils étaient frisés à l'époque du lycée.

— Eh bien… Je ne veux pas t'embêter avec mes histoires de fer à lisser, mais ce soir, je suis partie en trombe et je n'ai pas eu le temps de les défriser. Je dois avoir une sale tête.

— Ça me plaît. Il m'arrivait souvent d'admirer tes cheveux quand je te voyais. Pourquoi les défriser ? Je sais, ça ne me regarde pas. Je suppose que c'est à la mode.

— Orville me préfère avec les cheveux raides, répondit-elle en sortant le café d'un placard.

Aïe.

— Pour tes études, tu n'es pas partie très loin, observa-t-il, histoire de changer de sujet. Si tu as décidé d'arrêter la fac, c'est parce que Pointe Judah te manquait ?

— Pas vraiment. J'ai abandonné mes études pour me marier. Orville faisait déjà construire une maison ici.

— J'aurais dû rester plus près de chez moi, moi aussi. Mais j'étais persuadé qu'on ne pouvait réussir qu'en fréquentant les meilleures écoles.

— Tu as changé d'avis ? demanda-t-elle en sortant des provisions d'un sac.

— Je n'en suis pas sûr. Je vais devoir réfléchir à la question.

— Pour moi, il était naturel de rester ici.

Chacune de ses réponses en révélait davantage sur elle.

— Et maintenant ?

Elle eut un geste vague.

— Je suis mariée…

Elle faillit continuer, mais se ravisa. Se confier à Finn était facile, trop facile. Elle ouvrit un paquet provenant de chez Sadie et Sam et disposa les pâtisseries sur un grand plat, avant de sortir tasses, couverts et serviettes.

Un sourire au coin des lèvres, Finn compta les gâteaux.

— Dix ! s'exclama-t-il en secouant la tête. Tu es sûre que tu en auras assez pour tenir jusqu'à demain ?

— Je les ai achetés avant de me dire que la fuite était le meilleur moyen de gérer ma colère. Je fais toujours ça quand je suis en colère : j'achète à manger.

Elle s'appuya sur la table, les mains bien à plat, et ajouta :

— Je finis toujours par en donner la majeure partie aux autres, alors ne crois pas que j'avais l'intention de passer la soirée devant la télé à me goinfrer de sucreries.

— Hum, fit-il avec gravité. C'est une idée qui ne me serait jamais venue à l'esprit.

— Il y en a pour toi, bien sûr.

Il s'éclaircit la gorge.

— Tu es sûre de pouvoir me sacrifier un de ces gâteaux à haute teneur en calories ?

— D'après ce qu'on m'a dit, ce n'est pas mon ventre qui grossit, répliqua-t-elle en rougissant.

Un demi-sourire aux lèvres, il cligna des paupières avant de l'observer franchement. Elle ne fut pas dupe une seconde de ces yeux qui s'attardaient sur son visage. A raison, car lorsqu'elle inspira profondément afin de reprendre son souffle, il en profita pour regarder ses seins.

S'il se sentait responsable de sa sécurité comme il

le prétendait, c'était avant tout une femme qu'il voyait en elle. Il n'avait même pas le droit d'y penser, car elle n'était pas libre.

— Tu es gourmande, on dirait, reprit-il sans regarder le plat. Croissants à la cannelle, beignets à la confiture…

— Ce sont des aliments de réconfort, expliqua-t-elle. Parfois, on a envie de se faire du bien. On a l'impression qu'on se sentira mieux après. Dans ces moments-là, quand on est une f… une personne raisonnable, on mange sans culpabiliser.

— Tu as failli dire que ces crises n'arrivaient qu'aux femmes. Tu t'es bien rattrapée. Mais je suis d'accord avec toi, et je ne suis pas le seul. Tu sais, j'aimerais bien que ma sœur Eileen appartienne à un club comme le tien. Elle manque d'amies. Ça lui ferait du bien de rencontrer d'autres femmes.

Le Club des Secrets était assez fermé et tous ses membres se connaissaient depuis longtemps, mais elles n'avaient aucune raison de ne pas accueillir une nouvelle.

— Je parlerai d'elle aux autres. Elle pourrait commencer par participer à une réunion, histoire de voir si ça lui plaît.

— Merci. Au fait, qui a dit que tu étais en train de grossir ? De toute façon, ce ne serait pas un problème.

Seigneur, comment résister à son charme ?

— Je plaisantais, mentit-elle effrontément.

Il prit un croissant à la cannelle. Elle lui tapota la main d'un air taquin en disant :

— Stop ! Ça, c'est pour après.

Il n'osa pas lui demander après quoi. Croisant les bras, il la regarda servir leurs cafés puis emporter sa tasse vers la cuisinière où elle s'affaira. Au bout de quelques minutes, elle déposa un petit sandwich chaud sur leurs assiettes.

— Mange, ordonna-t-elle. Je meurs de faim. Toi aussi, sans doute.

— Des hamburgers saumon-fromage ? avança-t-il en fermant les yeux pour mieux humer les appétissants effluves. Je crois que je reviendrai manger à ta table, ma belle.

Ce terme affectueux n'avait rien de choquant, mais il rouvrit les yeux, atrocement gêné. Bon sang, pourquoi l'avait-il appelée « ma belle » ? Cela signifiait qu'il se sentait bien en sa compagnie, rien de plus. Elle l'avait certainement compris…

Le hamburger était délicieux et il l'avala aussi vite que le café, lui aussi excellent.

Avec un petit air espiègle, Emma lui prit son assiette pour la remplacer par une autre, sur laquelle elle déposa le croissant à la cannelle si convoité. Quand elle eut mis la vaisselle dans l'évier, elle revint examiner le plat de gâteaux d'un œil gourmand et s'humecta les lèvres.

Aussitôt, il eut envie de la prendre dans ses bras.

Elle mordit dans un beignet qui lui laissa un peu de crème au-dessus de la lèvre. Il déglutit péniblement, brûlant d'envie de lécher cette fine moustache blanche.

Tout à coup, elle lui prit la main droite et se pencha pour mieux observer la cicatrice qu'il avait à la base du poignet.

— Qu'est-ce que c'est ?

Comme elle levait les yeux vers lui, leurs visages se frôlèrent. Il ne put s'empêcher d'admirer la finesse de sa peau, la délicatesse de ses sourcils, la longueur de ses cils. Il la laissa observer sa main, mais le regretta bientôt en la voyant au bord des larmes.

— Une lame t'a traversé le poignet, c'est ça ? demanda-t-elle. Quelqu'un t'a enfoncé un couteau dans le poignet… pour t'immobiliser, je suppose.

— Pour être exact, il s'agissait d'une pique en métal, pas d'un couteau. J'ai eu de la chance. Un bon chirurgien a réparé tout ça et mon poignet est comme neuf.

— C'est affreux, murmura-t-elle. Qui t'a fait ça ?

— Bah, c'est du passé… Merci de t'en soucier, en tout cas.

— Tu as toujours été gaucher ?

Décidément, elle était têtue.

— Je suis devenu ambidextre, le temps que ma blessure guérisse.

Elle effleura son poignet du bout des doigts, accentuant son trouble sans le vouloir.

— Je te dois des excuses. Je suis souvent seule, je ne sors pas beaucoup en ville et les gens ne parlent pas librement à la femme du maire. Je savais que ton père était mort par balle, mais ce souvenir ne m'est pas revenu tout de suite.

— Ne t'en fais pas. J'étais à l'étranger à l'époque. C'est pour ma mère et ma sœur que ça a été le plus terrible.

Il n'était pas tout à fait honnête. Car, malgré son absence au moment des faits, il repensait souvent à l'assassinat dont son père avait été la victime.

Emma lui prit le poignet avec une douceur qui lui noua les entrailles.

— Ta mère n'allait déjà pas très bien. Elle n'a pas survécu longtemps à ton père, murmura-t-elle. Mes parents ont été très secoués par cette histoire. Et tu as dû être bouleversé, toi aussi. Je n'imagine pas ce que l'on peut ressentir à perdre deux personnes aussi chères presque en même temps…

— Je me suis remis, mentit-il. Je crois savoir que certaines personnes ne comprennent pas mon attitude et me jugent distant. Ce n'est pas le cas.

— Moi, je comprends que tu n'aies pas envie d'en parler.

— C'est gentil. Attends, ne bouge pas.

Il se pencha pour ôter la crème de sa lèvre supérieure.

— On peut dire que tu sais déguster tes gâteaux, commenta-t-il en se léchant le doigt.

Elle frissonna à le voir ainsi sucer son index, puis sentit une bouffée de chaleur la traverser. S'il avait su ce que ce simple geste suscitait en elle, nul doute qu'il en aurait ri. Seigneur, elle devait être rouge comme une pivoine !

Ils ne savaient plus quoi dire. Elle le regardait ramasser les miettes et les raisins secs dans son assiette pour les glisser dans sa bouche — une bouche ô combien attirante. Si lui aussi avait eu une moustache de crème, elle se serait fait un plaisir d'imiter son geste. Enfin, elle n'aurait sûrement pas osé.

Un raisin sec roula sous l'assiette de Finn. Prenant une profonde inspiration, elle le récupéra.

— Tu en as oublié un, remarqua-t-elle en le lui tendant.

Le sourire qu'il lui adressa lui coupa le souffle. Elle se pencha vers lui pour lui glisser le raisin entre les lèvres, puis s'obligea à le regarder dans les yeux. Si elle n'avait pas été aussi tendue, elle aurait éclaté de rire. Cet homme était le diable en personne. Elle en eut la chair de poule.

Décidément, ils s'aventuraient en terrain glissant. Très glissant, même.

Emma s'approcha de lui imperceptiblement. Puis elle recula sur sa chaise. Son sourire avait disparu comme s'il n'avait jamais existé, mais ses joues étaient rouges.

Le moment était venu pour lui de s'oublier un peu et de lui accorder une porte de sortie, même s'il n'était pas près d'oublier la façon dont elle réagissait en sa présence.

— Bon, conclut-il en consultant sa montre. Il est plus de 2 heures et il faut que je rentre. Ça a été une journée bien étrange.

Il se leva.

— Je ferais bien de vérifier s'il y a quelqu'un chez moi, ce soir.

Zut… Il devait lui donner l'impression d'attendre une visite féminine.

Elle se leva à son tour. De toute évidence, elle imaginait une femme l'attendant dans son lit.

— Mon neveu, Aaron, vient parfois me voir, expliqua-t-il vivement. C'est le fils d'Eileen. Je suis rentré depuis à peine quinze jours, mais, pour une raison que j'ignore, je le comprends mieux que quiconque. Je l'aime bien, ce gosse. C'est un bon garçon, et il risque de surprendre tous ceux qui…

Il était vraiment temps qu'il parte, avant qu'il s'enfonce davantage.

— Orville parle à tort et à travers, intervint-elle avec gentillesse. La plupart du temps, il ferait mieux de se taire. Il va falloir qu'il perde cette habitude de médire. Personnellement, je n'ai jamais rencontré Aaron. Ce qu'Orville raconte sur lui est le fruit de ragots, comme tu l'as dit toi-même. Je suis désolée s'il t'a offensé.

— Tu n'as pas à t'excuser. De toute façon, ce ne sont pas quelques commentaires désobligeants qui vont me tuer.

Cherchant un moyen de soulager la tension qui venait de s'installer entre eux, il attrapa son assiette et sa tasse. Elle lui prit la vaisselle des mains.

— Je t'en prie. Tu es mon invité, et les invités ne font pas la vaisselle. Je suis si contente que tu te soucies de ma sécurité au point de venir veiller sur moi…

Ouf… Il venait de se tirer d'un mauvais pas.

— J'aurais du mal à ne pas me soucier de toi, Emma. Tu es une femme bien, et ça se voit.

A présent, je m'en vais.

Il lui tendit une de ses nouvelles cartes de visite.

— Je te laisse mes numéros de téléphone. Appelle-moi à n'importe quelle heure, en cas de besoin. Même si tu cherches une oreille attentive.

— Merci… Oh, attends ! Je ne vais pas manger tous ces gâteaux. Je suis sûre que ton neveu sera ravi de me donner un coup de main pour les finir. Garde-les au frais, surtout.

Elle rangea les pâtisseries dans leur emballage, sauf une, et lui offrit la boîte en ajoutant :

— Peut-être les partagera-t-il avec toi.

En la voyant sourire, il se détendit. Tout allait bien entre eux.

En regagnant sa voiture, il se remémora leur discussion, les moments de complicité et de tension. Il n'en savait pas plus sur les derniers potins. Ils n'avaient presque pas évoqué le meurtre non plus, et il se demanda pourquoi.

Il voulait prendre connaissance du rapport d'autopsie. Peut-être parviendrait-il à tirer les vers du nez à Billy. D'après ce qu'il savait, les policiers étaient encore en quête d'indices. La scène de crime allait être délimitée avant d'être élargie peu à peu. De son temps, son père aurait travaillé toute la nuit sur cette affaire. Il serait rentré à la maison à l'aube, fourbu, des notes plein son calepin, en réfléchissant à son enquête.

Jetant un coup d'œil par-dessus son épaule, il vit Emma appuyée à l'encadrement de la porte d'entrée. Elle le regardait s'éloigner. Depuis combien de temps une femme ne l'avait-elle pas regardé partir ainsi ? Troublé, il se tourna vers elle et lui fit un signe de la main tout en marchant à reculons. Une attitude stupide, songea-t-il aussitôt.

Un homme avisé se gardait de courtiser une femme mariée.

Lorsqu'il atteignit enfin son pick-up, Emma lui adressa un dernier signe et rentra à l'intérieur.

Il démarra et s'éloigna vivement, regardant sans cesse dans le rétroviseur jusqu'à ce que la maison des Balou ait totalement disparu. Il s'en voulait de la laisser seule, mais il n'avait pas le droit de s'attarder chez elle.

Moins d'un kilomètre plus loin, il se gara au bord de la route et coupa le moteur. Emma l'appellerait-elle en cas de besoin ? Comment le savoir ? Tous les deux avaient découvert le cadavre d'une femme victime d'une mort atroce et le tueur courait toujours. Sans doute ce dernier les surveillait-il étroitement.

Finn n'avait pas peur pour lui-même. Il connaissait la violence et savait très bien se défendre. Contrairement à Emma. Elle n'était pas de taille à résister à un tel agresseur. Et il ne se faisait guère d'illusions : le meurtrier de Denise n'était pas le seul danger qui la guettait. Cela dit, qu'il soupçonne Lachance de maltraitance n'était peut-être qu'un prétexte pour garder un œil sur elle. Il l'avait certes vu à l'œuvre, sans oublier les informations qu'il avait glanées auprès de Billy, mais c'était trop peu pour en déduire quoi que ce soit.

Lentement, il remit le moteur en marche et fit demi-tour. Il se gara à un endroit d'où il pouvait observer la maison des Balou. Billy n'avait pas menti en disant qu'il avait un sixième sens. Son instinct tournait à plein régime. Mieux valait ne pas lâcher Emma d'une semelle tant qu'il n'aurait pas la certitude qu'elle ne courait aucun risque. Et peu importaient les problèmes qu'il risquait de créer.

6.

Il ne manquait plus que ça ! songea Emma en tremblant de tous ses membres.

Elle était impliquée dans une affaire de meurtre avec un homme qu'elle avait retrouvé moins de vingt-quatre heures auparavant et qu'elle ne connaissait pas ou presque.

Et il l'avait courtisée. Pire encore, il lui avait fait des avances à peine voilées. Pourtant, il savait qu'il n'en avait pas le droit. Pas plus qu'elle n'aurait dû l'encourager…

En rangeant la cuisine, elle songea à manger le gâteau qu'elle avait gardé, mais résista à la tentation. Elle sourit au souvenir des compliment de Finn sur sa silhouette.

Soudain, elle perçut comme un grattement à la porte du fond. Sûrement Teddy, le chat de la maison. Entrebâillant la porte, elle le laissa entrer et referma vite le battant derrière lui. L'animal s'approcha de sa gamelle d'eau. Presque aussitôt, il se mit à miauler très fort, réclamant à manger. Elle s'empressa de verser des croquettes dans l'autre gamelle, puis le caressa gentiment tandis qu'il se restaurait.

Quelques minutes plus tard, elle se décida à monter à l'étage, s'arrêtant toutes les trois marches pour guetter le moindre bruit suspect. Son bon sens lui disait qu'il n'y avait aucune raison d'avoir peur, mais elle ne pouvait s'empêcher de se concentrer sur la multitude de bruits — craquements, grincements, effleurements — qui résonnaient à ses oreilles. Au sommet de l'escalier, elle ferma les yeux pour identifier un son étrange.

Là, le bruit cessa. Un silence absolu l'enveloppa.

Son T-shirt lui collait à la peau et elle frémit, soudain frigorifiée. Une sensation de froid qui lui venait du plus profond d'elle-même. Il faisait chaud dehors, mais à l'intérieur, l'air conditionné fonctionnait à plein régime.

Une fois sur le palier du premier étage, elle se dirigea vers sa chambre qui donnait sur l'arrière de la maison. Elle ouvrit la porte vivement, comme Finn l'avait fait un peu plus tôt. Depuis toujours, elle s'amusait à se faire peur, ne serait-ce que pour se donner l'impression de ne pas connaître l'angoisse. Mais aujourd'hui, le jeu semblait bien trop réel.

Elle pénétra dans sa chambre, les bras croisés en guise de protection. Peur, elle ? Ridicule ! Si elle ne se maîtrisait pas rapidement, elle allait céder à l'hystérie.

Elle possédait une arme, un minuscule Beretta dont elle avait appris à se servir, mais qu'elle n'avait pas sur elle. Elle se promit de s'en munir, à l'avenir.

Il y eut un bruit sourd sur le palier et elle pivota sur elle-même, le cœur battant à coups redoublés. Plaquée contre le mur, elle se dirigea lentement vers la porte, prête à la refermer d'un coup sec.

Teddy surgit dans la chambre et disparut sous le lit. Emma poussa un profond soupir. Sa migraine avait empiré et elle s'assit sur le lit afin de se détendre.

Toutes les portes de la maison étaient verrouillées, les volets fermés. Il était grand temps qu'elle aille se coucher.

Se levant, elle prit son sac de voyage, une chemise de nuit et un peignoir dans le placard — « au cas où », comme disait sa mère —, puis gagna la salle de bains.

Des carreaux beiges et jaunes tapissaient les murs de la pièce et ces couleurs pimpantes lui firent du bien. Ses parents auraient ri en entendant Orville traiter leur maison de taudis, du moins avant qu'ils perdent patience. Son père, surtout, ne s'était jamais entendu avec lui.

Penchée au-dessus de l'évier, elle voulut se brosser les dents, mais se rendit compte qu'elle n'avait pas de dentifrice. Elle se passa un peu d'eau sur le visage et se regarda dans la glace. Ses cheveux étaient frisés, mais elle les aimait ainsi. Il était temps qu'elle retrouve sa chevelure naturelle.

Elle en était là de ses pensées quand la lampe de la chambre s'éteignit.

Pétrifiée, elle sentit son cœur rater un battement. Elle tenta de se raisonner et, maîtrisant un début de panique, elle se pencha en avant pour fixer la chambre dans le miroir, encore éclairée par la lumière de la salle de bains.

Et celle de la cage d'escalier.

Ne l'avait-elle pas éteinte en arrivant sur le palier ?…

Elle n'eut pas le temps de réfléchir plus avant. Comme surgie de nulle part, une ombre apparut dans le miroir.

Les mains agrippées au bord du lavabo, les genoux tremblants, elle regarda la silhouette avancer dans sa chambre. Un homme. De taille moyenne, pas très mince. Un grand Stetson blanc au bord relevé sur les côtés dissimulait son visage. Il s'arrêta au pied du lit et se tourna vers elle.

Tout en le surveillant du coin de l'œil, elle chercha un objet lourd qui pourrait lui servir d'arme. Elle avait bien ses ciseaux à ongles dans sa trousse de toilette, mais ils étaient trop petits pour être efficace.

L'homme leva une main gantée de blanc en guise de salut, puis glissa la main dans la poche de son jean.

Elle se prépara à recevoir une balle en plein cœur.

Mais l'homme secoua la tête. Ressortant la main de sa poche, il en sortit une enveloppe kraft pliée en deux.

Un mime, songea-t-elle, sans comprendre où il voulait en venir. Elle se sentait au bord de l'évanouissement. Avait-il conscience qu'il risquait de perdre son unique spectatrice ?

Avec mille précautions, elle finit par se tourner vers lui. S'il ne la tuait pas, elle devait mémoriser les moindres détails de sa personne. Un vrai cow-boy, de son chapeau à la pointe de ses bottes en alligator. De son visage, elle ne décelait qu'un menton pointu. Ses lèvres remuaient, comme s'il mastiquait. Peut-être une chique.

Il l'arrêta d'un signe de la main. Le message était clair : elle ne devait pas bouger.

De toute façon, où pourrait-elle aller ?

Il allait la tuer, elle le savait.

Ses tremblements reprirent de plus belle à mesure que l'évidence s'imposait dans son esprit : c'était l'homme qui avait assassiné Denise. Ce ne pouvait être que lui.

— Du calme, murmura-t-il d'une voix caverneuse. Je suis ton ami. Il ne t'arrivera rien. Je vais veiller sur toi. Reste à distance de ce nouvel homme, il peut être dangereux. Je me chargerai de lui, au besoin.

Elle sentit ses jambes flageoler de plus belle tandis qu'il jetait l'enveloppe sur le lit.

— Cache-la. Il y a de quoi te tenir bien au chaud,

là-dedans. Je vais t'aider à te libérer du maire. Ne dis à personne que je suis venu.

Sur ces mots, il quitta la chambre, telle une ombre silencieuse, et l'abandonna là, immobile, trop effarée pour faire un mouvement.

7.

A 4 heures du matin, Emma entendit son portable sonner. Elle tendit la main pour l'attraper.

— Oui ? dit-elle en décrochant.

Pendant les quelques heures où elle était restée seule, elle n'avait pas fermé l'œil. A vrai dire, elle n'avait même pas essayé. Tout ce qui lui arrivait depuis la fin de l'après-midi était tout simplement incompréhensible. Le meurtre, son mystérieux visiteur… Après son départ, elle avait ouvert l'enveloppe et, à sa grande surprise, y avait découvert plusieurs rouleaux de cent dollars. Une vraie fortune.

A l'autre bout du fil, une voix s'éleva, furieuse. Orville.

— Qu'est-ce que tu cherches encore à me faire, espèce de garce ?

— C'est fini. Je n'en supporterai pas davantage de ta part.

Elle lui raccrocha au nez et resta là, claquant des dents. A côté d'elle, Teddy la fixait de ses yeux bleu-vert. Il s'était installé sur les billets et semblait parfaitement à son aise. Elle le caressa un moment et sentit son calme la gagner peu à peu.

Les secondes s'égrenaient comme du sable filant entre

ses doigts. Que devait-elle faire ? Les insultes d'Orville ne faisaient rien pour l'aider à se décider. Tout ce qu'elle savait, c'est que, dès l'aube, elle ferait le tour de la maison en quête d'indices. Par exemple, pour trouver par où l'homme s'était introduit et s'il avait laissé des traces.

Comme elle s'y attendait, la sonnerie du téléphone retentit de nouveau. Orville, bien sûr. Elle avait besoin d'un peu de calme pour remettre de l'ordre dans ses idées et faillit ne pas prendre l'appel. Puis elle se ravisa. C'était à cause de lui qu'elle n'avait pas filé droit chez Billy Meche après son départ. Ce dernier aurait insisté pour le prévenir de ses frayeurs. Or, elle refusait de donner à son mari une raison de la « protéger » — en d'autres termes, de la garder enfermée et sous étroite surveillance.

— Emma ? Tu es là ?

— Oui.

— Je croyais que nous avions conclu un accord : on reste ensemble. Tu me l'avais promis. Mais tu t'es enfuie.

Au moins avait-il cessé de crier et de l'insulter.

— Je t'ai laissé un message. Comme tu n'étais pas à la maison, j'ai eu envie de venir ici. Tu prends tes propres décisions, je prends les miennes, sans te nuire et sans nuire à personne.

— Tu es seule ?

La question la mit en colère. Peut-être que certaines personnes auraient trouvé qu'elle n'avait pas le droit de s'indigner, mais elle était furieuse.

— Je suis avec Teddy, répliqua-t-elle, se demandant s'il se souvenait du nom du chat.

— Très drôle.

Il se le rappelait.

— Ecoute, Emma, tu as fait ta petite crise. Très bien.

Je suis prêt à passer l'éponge. Mais tu n'es pas capable de t'occuper de toi. Je veux que tu rentres à la maison tout de suite.

— Je rentrerai plus tard dans la journée, après être passée à la boutique. Si ta liste d'invités est sur mon ordinateur, je m'occuperai de tes invitations pour la soirée.

Elle se tut. Garderait-il son calme si elle lui parlait de l'intrus ?

— Très bien, chérie. C'est très gentil de ta part, dit-il avec un rire forcé. La liste sera prête. Bon, eh bien, à plus tard… Tu as verrouillé toutes les portes, au moins ?

— Oui.

— Alors, sois prudente, d'accord ?

Ta sollicitude me touche, songea-t-elle avec amertume.

— A plus tard, Orville.

Et elle raccrocha avant qu'il se mette à lui faire du charme.

Reposant le téléphone à côté d'elle, elle reprit le cours de ses pensées. Un homme la harcelait, un homme sans doute amoureux d'elle. Elle n'avait pas le choix, il fallait qu'elle en parle à quelqu'un. Plus de deux heures avaient passé depuis la visite du cow-boy et il était trop tard pour composer le numéro d'urgence de la police.

A qui pouvait-elle se confier ? A Sandra Viator ? Non, il ne valait mieux pas. En lui demandant de rester discrète, elle la mettrait dans une position délicate vis-à-vis de son mari. Carl risquerait de se sentir trahi s'il découvrait que sa femme lui avait caché quelque chose. Et s'il venait à apprendre la vérité, il se sentirait obligé d'avertir Orville, ce qui rendrait ce dernier fou de rage. Mettre Sandra dans la confidence n'était vraiment pas une bonne idée.

Finn, alors ? Lui était objectif. Il avait assez de sang-froid et d'expérience pour bien la conseiller. Et puis, sa réputation était sans tache, voire plutôt élogieuse dans la région, quoi qu'en pense Orville. Oui, Finn était peut-être la personne la mieux placée pour l'aider.

S'agenouillant sur le lit, elle prit sa carte de visite et composa rapidement son numéro fixe, avant de trouver une bonne raison de changer d'avis.

Répondeur.

Elle essaya le numéro de portable. Finn décrocha presque aussitôt.

— Duhon.

— Euh, désolée, bredouilla-t-elle, au bord de la panique. Je… je me suis trompée de numéro.

Elle raccrocha vivement et resta assise sur le lit, les mains crispées sur son portable.

Brusquement, la sonnerie du téléphone la fit sursauter. Elle observa l'écran, s'attendant à y lire le nom d'Orville, mais il s'agissait d'un numéro masqué. Elle attendit que les sonneries cessent.

Ce n'était pas forcément le mystérieux cow-boy. Un tas de gens préféraient masquer leur numéro.

Les sonneries reprirent.

Hésitante, elle finit par décrocher.

— Oui ? murmura-t-elle.

— Qu'est-ce qui se passe, Emma ?

En reconnaissant la voix de Finn, elle sentit le soulagement la submerger.

— Il s'est passé quelque chose, mais en fait, euh… je crois qu'il vaut mieux que tu restes à l'écart.

— Je suis déjà impliqué, remarqua-t-il. Alors, arrête de tourner autour du pot et raconte-moi tout.

— Je vais bien. Je ne devrais pas…

— Allez, Emma !

— Quelqu'un est entré dans la maison par effraction.

Voilà, c'est dit.

— Mais il est parti sans me faire de mal, enchaîna-t-elle. Je n'ai pas averti la police sur le moment et, comme c'est arrivé il y a plus de deux heures, c'est trop tard, maintenant. Tu dois me trouver complètement idiote, mais je ne sais pas quoi faire.

— Où es-tu ?

— Enfermée dans ma chambre avec le chat.

— Je suis à quelques minutes de chez toi. Reste enfermée dans la chambre jusqu'à mon arrivée.

Sur ces mots, il coupa la communication.

Elle ferma les yeux. La situation venait d'empirer. Et risquait de continuer à se dégrader.

— Viens, Teddy, dit-elle en le serrant dans ses bras.

Comme toujours, le chat prit un air agacé. Il parut même froncer les sourcils.

— J'ai vraiment tout foiré, mais je n'ai plus le choix. J'espère juste que Finn sera d'accord pour que je ne prévienne pas Billy…

Les deux premières minutes lui parurent une éternité. Au bout de trois minutes, elle entendit le bruit d'un moteur. Comment Finn allait-il entrer si elle ne lui ouvrait pas ?

Elle se précipita au rez-de-chaussée et ouvrit la porte d'entrée au moment même où il se penchait vers la serrure, un objet à la main.

Il se redressa et la poussa à l'intérieur sans ménagement.

— Je t'avais dit de ne pas quitter ta chambre, grommela-t-il en glissant l'objet dans sa poche.

— Comment as-tu fait pour arriver si vite ?

Il ignora sa question.

— Tu aurais dû rester à l'étage.

— Je me suis dit que tu n'apprécierais pas d'être coincé dehors.

— Je ne serais pas resté dehors, répliqua-t-il en tapotant sa poche d'un air entendu.

Elle fronça les sourcils.

— Tu allais crocheter la serrure, n'est-ce pas ? Tu n'es pas censé faire ça.

— C'est pourtant ce que je comptais faire. Tu n'as qu'à me dénoncer, si tu veux.

Elle se sentit ridicule et secoua la tête.

— Excuse-moi, Finn. J'ai du mal à réfléchir, avec tout ce qui m'arrive. Je suppose que tu as déjà pratiqué ce genre de choses. Dans ton travail, je veux dire.

— En effet, admit-il avec un sourire. Tu es sûre que la personne qui est entrée chez toi est bien ressortie ?

— En fait, non, murmura-t-elle.

— C'était un homme ?

— Oui. Une sorte de cow-boy un peu bizarre.

Elle frémit. Finn ne perdit pas de temps à lui demander des explications.

— Tu sais comment il est entré ?

Elle secoua négativement la tête.

— Très bien, fit-il en allumant une lampe torche. Avant toute chose, il faut que je trouve cette issue. Je te ramène dans ta chambre.

— Non.

— Oh si ! Si ça se trouve, ton cow-boy traîne encore

dans la maison. Il est hors de question que tu prennes des risques.

— Je ne veux pas rester seule dans cette chambre.

Il prit une grande inspiration. Les femmes se montrent parfois déraisonnables, surtout quand elles ont peur. Mais à ce moment précis, il avait besoin de toute sa concentration et la présence affolée d'Emma ne l'aiderait pas à bien faire son travail.

— Calme-toi, Emma, dit-il d'un ton apaisant. Je vais t'accompagner là-haut pour m'assurer que tout va bien.

— Alors, donne-moi une arme.

— Tu perds la tête, ma parole ! s'exclama-t-il.

Puis, comprenant qu'il n'aurait pas le dernier mot, il ajouta avec un soupir :

— Bon, très bien, tu peux rester avec moi.

— Je suis prête. Tu es armé, n'est-ce pas ?

Il ne répondit pas. Des oreilles ennemies écoutaient peut-être leurs propos.

— Ne prononce plus un mot, murmura-t-il. Reste près de moi mais pas trop, et garde les yeux ouverts. Je ne veux pas que tu te retrouves prise en otage.

— Tu peux compter sur moi, répondit-elle tout bas.

En passant la maison au peigne fin, il avait dû rater un détail et cela le contrariait d'autant plus que, par le passé, il avait souvent été amené à faire des fouilles de ce type. A l'époque, sa vie même en dépendait, quand l'ennemi se cachait dans l'ombre des bâtiments. Ce genre d'erreur pouvait être fatal. Il l'avait été à d'autres, dans les repaires des rebelles salvadoriens.

Aujourd'hui, il se trouvait dans une habitation, pas dans une antre révolutionnaire. Les pièces semblaient normales. Pas de portes dérobées cachées derrière un rideau ou dans un placard. Pourtant, il prit son temps et glissa les doigts le long des murs en quête d'une issue secrète, d'un loquet. Il fallait bien que l'intrus ait trouvé une entrée cachée.

En sentant la présence toute proche d'Emma derrière lui, il ne put réprimer un sourire. Ses collègues de l'armée se seraient bien amusés de le voir dans cette situation. Elle lui tapota le dos. Il fit aussitôt demi-tour. Surprise, elle recula d'un pas, les yeux si écarquillés qu'il les voyait sans peine dans l'obscurité.

— Quoi ? gronda-t-il. Le fait de me toucher comme ça aurait pu te valoir une balle dans la peau !

Il en faisait un peu trop, mais peu lui importait. Il avait besoin de concentration.

Dès qu'il se fut retourné, elle le tapota encore dans le dos. Cette fois, il la prit par les épaules.

— Tu es dingue ou quoi ?

— Tu ne me tirerais pas dessus, de toute façon, répliqua-t-elle d'une voix faussement assurée. Ecoute, je viens de me rappeler un détail. Je crois savoir ce que tu cherches et où ça se trouve.

— Vraiment ?

— Suis-moi.

— Non, l'arrêta-t-il en la saisissant par le bras. Reste à ta place, derrière moi. Dis-moi simplement où aller.

Elle eut une moue de dédain.

— Dans la cuisine.

— On y va.

Prudent, toujours à l'affût, il gagna la cuisine, Emma sur ses talons. Une fois dans la pièce, elle s'éloigna de lui pour ouvrir la porte du cellier.

— J'ai déjà regardé là-dedans, remarqua-t-il.

— Tu n'as pas vu l'essentiel — enfin, si mon père ne l'a pas condamné. Il y a un passage secret, ici. Maman harcèle mon père pour qu'il le condamne, mais lui trouve ça très original. Quand je suis partie de la maison, maman n'avait pas encore obtenu gain de cause.

Elle s'approcha des étagères, passa la main entre des boîtes de conserve et actionna un mécanisme. Bientôt, un bruit métallique se fit entendre. Les étagères pivotèrent.

— C'est bien par là qu'il est passé, commenta-t-elle. Regarde.

— Bon sang, pourquoi installer une porte dérobée derrière les étagères d'un cellier ?

— Ce passage existait déjà quand mes parents ont acheté la maison.

— De toute évidence, ils ont effectué de nombreux travaux de rénovation. La maison avait un autre aspect, autrefois.

— Comment le sais-tu ?

— Je passais beaucoup de temps à t'observer. Et nos deux familles, même si elles n'étaient pas très proches, se respectaient. Je me souviens d'être venu plusieurs fois avec mes parents, expliqua-t-il. Pour en revenir à cette issue secrète, pourquoi ton père ne l'a-t-il pas condamnée, finalement ? Tu es sûre que ton inconnu est bien passé par là ?

Elle hocha la tête et posa la main sur le loquet.

— La porte est ouverte. Jamais mes parents ne l'auraient laissée ouverte. Il y a deux verrous : un à l'intérieur et l'autre à l'extérieur. Je ne sais pas comment ce type a trouvé le moyen d'ouvrir le verrou intérieur.

— Je t'en prie, n'y touche pas, la pressa-t-il. Il reste peut-être des empreintes.

Elle referma le verrou et baissa les mains. Puis elle observa Finn de biais, l'air désolé.

— Je l'avais déjà touché, de toute façon. Et je ne pouvais pas le laisser ouvert, non ?

— Hmm… A présent, je t'écoute. Raconte-moi ce qui s'est passé.

Il la suivit dans la cuisine où elle alluma la lumière avant de lui faire face.

— Ça va te paraître bizarre, commença-t-elle, embarrassée. J'en arrive même à me demander si je n'ai pas tout imaginé.

— Mais non. Tu aimerais que ce ne soit qu'une illusion, voilà tout.

— Tu as raison. Je suis un peu perdue.

— Assieds-toi et raconte-moi tout.

— Je veux d'abord te montrer quelque chose. Là-haut.

En silence, ils gravirent l'escalier et Emma précéda Finn dans sa chambre. Le chat était encore allongé sur le lit.

— C'est Teddy, expliqua-t-elle. Il profite de ma présence ici.

— C'est un chat ou un caniche ?

— Très drôle. Il s'agit d'une race qui a les poils naturellement frisés. Enfin, il n'est pas de race pure. Regarde un peu tout cet argent.

— Et alors ?

— Il n'est pas à moi. C'est l'inconnu qui me l'a laissé.

Finn leva un sourcil. Elle avait allumé les lampes de chevet et les ombres jouaient sur son visage grisé par un début de barbe. Elle détourna les yeux.

— J'étais dans la salle de bains en train de me laver

les dents quand la lumière de la chambre s'est soudain éteinte. Un type déguisé en cow-boy est apparu. Il s'est approché du lit, puis m'a laissé une enveloppe bourrée de billets. Finn, j'ai cru mourir de peur.

— Ça a dû être affreux.

Sa sollicitude semblait sincère au point qu'elle en eut les larmes aux yeux. Après des années d'indifférence de la part de son mari, elle s'émouvait facilement lorsqu'un homme faisait preuve de gentillesse ou de compassion à son égard.

— Je ne l'ai pas vu de façon distincte, poursuivit-elle en secouant la tête. Il portait une veste en jean, un jean, des bottes en alligator et un grand Stetson blanc au rebord relevé sur les côtés. Il avait aussi des gants en cuir blanc avec des franges.

Finn s'assit au pied du lit et lui fit signe de prendre place à côté de lui.

Elle hésita.

— Je promets de ne pas abuser de toi, même si l'idée ne me déplairait pas, la rassura-t-il avec un large sourire.

Elle le regarda soulever une liasse de billets du bout du doigt.

— Il doit bien y en avoir pour dix mille dollars, estima-t-il en survolant le tas du regard.

— Qui pourrait bien me remettre une telle somme ? Et pourquoi ?

— Il t'a dit quelque chose ? Ce type ne t'a quand même pas donné dix mille dollars sans explication.

Elle se sentit soudain accablée d'un grand poids. La fatigue commençait à sérieusement la miner.

— Il a affirmé être mon ami, répondit-elle prudemment.

— Tu as reconnu sa voix ?

— Non. Je ne le connaissais pas.

— Qu'a-t-il dit d'autre ?

Finn l'interrogeait de façon presque mécanique, comme un inconnu. Elle haussa les épaules, se demandant ce qu'elle pouvait lui révéler sans prendre de risques.

— Qu'il veillerait sur moi et sur ma sécurité. C'est à peu près tout.

— Qu'en penses-tu ?

— Je ne sais pas vraiment. Mais j'ai mes raisons de ne pas vouloir que l'affaire s'ébruite. C'est pour ça que je n'ai pas prévenu Billy.

— Tu te rends compte que tu vas tout de même devoir lui en parler, n'est-ce pas ? insista-t-il en la regardant dans les yeux. Réfléchis un peu à l'enchaînement des événements. Ton amie est assassinée hier après-midi et, quelques heures plus tard, un cinglé s'introduit dans ta maison, avec ce cadeau de choix. Et tu ne m'as pas encore tout dit.

Une boucle de cheveux tomba sur son visage. Elle l'écarta d'un geste, puis continua à passer machinalement la main dans ses cheveux.

Il lui prit la main pour l'arrêter.

— Décidément, tu es un vrai paquet de nerfs ! s'exclama-t-il. Allez, arrête de te tripoter les cheveux et dis-moi plutôt tout ce que tu sais.

— Il voulait que je ne parle à personne de sa venue.

— Logique.

Elle se redressa et tenta de plaquer sur son visage une expression déterminée.

— Je crois que je ne risque plus rien, maintenant, assura-t-elle tout en sachant qu'il ne s'en irait pas simplement parce qu'elle tentait de le décourager.

— Formidable. A présent, je veux la fin de l'histoire. Il y a une raison pour laquelle tu n'as pas appelé la police et je veux la connaître.

Elle se prit le visage dans les mains.

— Je ne peux pas, gémit-elle.

— Pourquoi ?

— D'autres personnes risqueraient d'avoir des ennuis.

— Qui ?

— Finn, n'insiste pas, par pitié.

Tout était sa faute. C'était elle qui l'avait appelé, et voilà qu'elle battait en retraite.

Il se rapprocha d'elle.

— Je promets de ne pas te créer d'ennuis, assura-t-il. Allez, je t'écoute.

— Je sais que ça va te faire bondir, mais jure-moi que tu n'iras pas voir Billy si je te demande de ne pas le faire.

— Pourquoi me mettrais-je en colère ?

Orville se met toujours en colère.

— J'ai fait des bêtises depuis le départ et je me sens un peu coupable.

Il posa une main sur sa tête dans un geste apaisant.

— Je ferai de mon mieux pour prendre la bonne décision.

Il va foncer chez Billy Meche.

— Allez, Emma.

Sa main glissa du sommet de sa tête sur sa joue. Elle eut envie de fermer les yeux, de profiter de ce soutien qu'il lui offrait. Et surtout, de ne plus répondre à aucune question.

— Il racontait des choses étranges, lâcha-t-elle enfin. Il m'a dit de me tenir à l'écart du « nouvel homme ». Je suis sûre que c'était à toi qu'il faisait allusion. Selon lui, tu peux être dangereux. Et il a ajouté qu'il se chargerait de toi, au besoin.

Elle déglutit péniblement. Maintenant, elle s'en voulait de ne pas lui en avoir parlé tout de suite.

— Une menace ?

— Oui. J'aurais dû te prévenir après son départ, je suis désolée.

— Ce n'est pas grave, ne t'inquiète pas.

— Je ne vois pas en quoi il pourrait m'aider, comme il me l'a affirmé. Et j'ai peur d'Orville… Ce sera encore pire s'il découvre que j'ai eu d'autres ennuis.

— Que veux-tu dire ?

— Rien, répondit-elle vivement, peu désireuse d'évoquer sa vie de couple.

— Ce type a parlé d'Orville ?

— En quelque sorte.

Comme par miracle, Finn changea de sujet. Il inclina la tête pour l'observer de plus près.

— Tu vas aller dormir quelques heures, puis nous irons voir la police, déclara-t-il. Nous avons déjà attendu un certain temps, donc rien ne presse.

Et si Orville se présentait au poste ? Non. Il n'avait jamais pris autant de peine pour elle. Pourquoi commencerait-il maintenant ? Mais ses amis pouvaient la voir avec Finn et tout lui rapporter…

— Je te remercie de me soutenir autant, mais je peux me rendre en ville toute seule.

— Je te conduirai en ville, insista-t-il.

— Non, vraiment, je… Ce n'est pas une bonne idée.

— Tu as peur que ton mari me voie avec toi ?

Il comprenait trop bien la situation. Il n'avait pas tardé à deviner ce qu'elle lui cachait.

— A vrai dire, Orville a tendance à s'énerver facilement. Je ne veux pas endurer une épreuve de plus.

Si elle ne cessait pas de se dérober, il ne parviendrait jamais à réunir assez d'éléments contre Lachance.

— J'ai l'impression que ton mari n'est pas d'un grand soutien, avança-t-il.

— Ce n'est rien. Tout va bien.

— Tant mieux. Je lui dirai que j'habite non loin d'ici et…

— Je t'en prie, n'en fais rien. D'accord ?

Il posa sur elle un regard perçant.

— Je te promets de ne rien dire.

Il était prêt à lui dire tout ce qu'elle voulait, si cela pouvait la rassurer. Mais il n'était pas dupe. Lachance n'avait rien d'un enfant de chœur et elle ne devait pas s'amuser tous les jours à ses côtés. De toute évidence, elle le craignait.

— Bon, je vais essayer de dormir un peu. Tu peux…

— Je dormirai sur le canapé du salon, la coupa-t-il. Repose-toi bien.

Dans le salon, il ôta sa chemise et s'allongea sur le canapé, dos au mur, histoire d'avoir une vue d'ensemble sur la pièce.

Inutile de se précipiter au poste de police, songea-t-il. Ils étaient déjà débordés par leur enquête sur le meurtre de Denise. Certains policiers semblaient manquer d'expérience et Billy devait avoir fort à faire pour garder le contrôle de ses troupes.

Finn remua pour se trouver une meilleure position. Il était fatigué, ses paupières se faisaient lourdes. Mais il possédait la capacité rare de rester éveillé quand il le fallait. Il décida de s'accorder une heure.

Bien qu'épuisée, Emma ne parvenait pas à s'endormir. Les derniers événements tournaient dans sa tête sans relâche et elle avait beau faire, elle n'arrivait pas à penser à autre chose. Blotti près d'elle, Teddy lui léchait l'oreille. Bientôt, il se lassa et se glissa sous les couvertures.

Elle se redressa brusquement.

Selon certaines personnes, le mobile de l'assassinat de Denise avait un rapport avec ses articles compromettants. La police avait-elle déjà fouillé la maison de Denise et les locaux du journal ? En avaient-ils eu le temps ?

Pieds nus, elle se leva et se dirigea vers l'escalier. En haut des marches, elle attendit que ses yeux se soient adaptés à l'obscurité pour descendre. Les premières lueurs de l'aube n'étaient pas encore apparues et un silence total régnait dans la maison.

Dans le salon, elle ditingua la silhouette de Finn sur le canapé. Elle s'approcha sans bruit. Il lui tournait le dos, un bras tombant sur le sol, l'autre sur sa tête. Il avait enlevé sa chemise.

Apparemment, sa blessure au poignet n'était pas la seule chose qu'il ait endurée, constata-t-elle en observant son dos musclé. Une méchante cicatrice partait de sous son omoplate droite pour ramper jusqu'à son épaule gauche.

Emma ferma les yeux et secoua la tête. Une blessure de guerre ? Sans doute. Elle l'imagina, cloué au sol, tandis qu'on cherchait à le tuer. Elle en eut des sueurs froides.

C'était sans doute ce qui expliquait, du moins en partie, son départ de l'armée.

Elle en était là de ses pensées quand il sauta du canapé, l'attrapa d'une main et la coucha avec violence sur le tapis, face contre terre. Elle n'eut pas le temps de comprendre ce qui se passait qu'elle mordait la poussière, les membres douloureusement enfoncés dans le sol.

— Un seul geste et je te tue, gronda-t-il.

Les yeux embués de larmes, elle ne dit rien. De toute façon, elle était incapable de prononcer un mot.

— Ne… Emma ? Bon sang, qu'est-ce qui t'a pris de te faufiler auprès de moi, comme une voleuse ?

La lâchant, il se leva d'un bond et la souleva dans ses bras pour l'installer sur le canapé.

— Oh, Seigneur, tu es blessée ! s'exclama-t-il en allumant la lumière. Ta joue est tout égratignée !

— Mes genoux et mes coudes aussi. Et j'ai mal à l'épaule, comme si elle était déboîtée. J'ai une cheville tordue et la nuque endolorie.

Il resta silencieux à l'observer, la tête penchée sur le côté, comme s'il voyait à travers ses vêtements.

Elle croisa les bras sur sa poitrine, gênée à l'idée qu'il puisse deviner son corps.

— Il te reste ton nez, déclara-t-il enfin, pince-sans-rire.

Elle secoua la tête.

— Même pas, lâcha-t-elle avec un soupir dramatique. Mais tu ne l'as pas fait exprès. Tu as gardé de sacrés réflexes de tes années de service dans l'armée.

— Eh oui, ma belle.

Il ramassa sa chemise et l'enfila. Quel dommage de cacher un si beau torse ! songea-t-elle aussitôt. Ses larges épaules et ses bras musclés étaient en parfaite harmonie avec sa carrure imposante. Bien des hommes devaient lui envier ses pectoraux et ses abdominaux. Quant aux femmes, nul doute que toutes se pâmaient face à cette toison brune qui disparaissait sous sa ceinture.

Tu devrais avoir honte, se morigéna-t-elle. *Tu es une femme mariée. Les autres hommes te sont interdits en tant qu'objets de désir. Que disait Orville lorsqu'il bavait sur une ravissante créature ? « Ce n'est pas parce qu'on est au régime qu'on ne peut pas lire le menu. » Très drôle.*

Son mari la dégoûtait. C'était un imposteur.

— Tu sembles être ailleurs, dit Finn.

Elle sursauta au son de sa voix.

— Ta cicatrice dans le dos…

— Une blessure de guerre, c'est tout. Comme tu peux le constater, le type qui voulait me tuer n'a pas fini le boulot, expliqua-t-il en haussant légèrement les épaules. Bon, je vais aller chercher de la glace. Par quoi je commence ? Je te remets l'épaule en place ou je bande ta cheville ?

— Ça va, Finn, j'en ai un peu rajouté, le rassura-t-elle avant de pointer son torse. Dis, si jamais tu croises le fou qui t'a fait ça, fais-moi signe et je viendrai le corriger de ta part.

Il se mit à rire.

Elle se redressa, vexée.

— Qu'est-ce qu'il y a de drôle ? Je suis sincère !

— Je sais, mais tu sembles parfois oublier tes limites. Pourquoi es-tu descendue, d'ailleurs ?

Elle l'avait presque oublié.

— Tu crois que la police a déjà perquisitionné la maison de Denise ?

— Probablement pas. Il doit y avoir les scellés, peut-être un agent en faction. Mais une petite armée ne peut être aussi rapide qu'une grande.

— J'ai la clé de la porte de service.

Il secoua la tête avec véhémence.

— Pas question. Si tu tiens absolument à te faire arrêter, choisis un moyen plus facile : braque une banque, par exemple. Tu imagines si on nous prenait en train de fouiller la maison de Denise ? On serait bons pour les menottes et la prison.

— Mais non, tu exagères, fit-elle avec un sourire. Billy nous tuerait, c'est tout. Ecoute, Finn, nous devons y aller. Tu as pensé au cas où il y aurait une brebis galeuse dans la police ? Imagine que l'on fasse disparaître des indices compromettants ?

Il glissa les mains dans ses poches.

— Non, pas question.

— Très bien. J'y vais sans toi.

Et elle se dirigea vers l'entrée d'un pas décidé.

Il la rattrapa par le bras. Elle se tourna vers lui, une lueur diabolique dans le regard.

— Je ne te conseille pas d'essayer de m'en empêcher, le prévint-elle.

— Vraiment ?

— Vraiment.

Les mains sur les hanches, il observa ses pieds nus, puis les siens.

— Très bien, à ta guise, capitula-t-il. Mais prends soin de te munir du numéro de téléphone de ton avocat.

Elle rougit de colère.

— Allons-y. Chacun prend sa voiture. J'aurai des choses à faire ensuite.

Il n'appréciait guère cette perspective, mais il n'était pas en position de discuter.

— Ne t'énerve pas, O.K. ?

— Je pars la première. La maison de Denise est assez proche du bayou Nespique. On passera par le côté du bayou, à travers bois. C'est désert.

— Tu as pris l'argent ?

— Ah non.

Elle se précipita à l'étage et revint, l'enveloppe dans la main.

— Un jour viendra où je regretterai de ne pas avoir gardé cet... Dépêchons-nous.

Il fronça les sourcils. S'attendait-elle à des difficultés financières ? Et si elle envisageait de se débarrasser de son mari ? Ça en avait tout l'air... Mais peut-être prenait-il seulement ses désirs pour la réalité.

Alors qu'ils passaient en même temps dans le couloir, ils se bousculèrent.

Finn ressentit un immense plaisir à ce contact inattendu. Bon sang, une petite bousculade et voilà que ses sens s'enflammaient ! Emma méritait mieux que de se faire culbuter par un pauvre type en manque et seul depuis trop longtemps. Finalement, c'était presque une chance qu'elle soit mariée et hors de portée. Au moins était-il obligé de garder ses distances.

A la porte, elle s'arrêta près de lui et lui adressa un sourire plein de douceur.

— Je suis heureuse de t'avoir revu, Finn Duhon. Tu es un homme bien. Merci d'avoir veillé sur moi, cette nuit.

Elle posa les mains sur ses épaules et se hissa sur la pointe des pieds pour l'embrasser sur la joue. Mais dans son approximation, elle effleura sa lèvre inférieure.

— Seigneur, je n'ai jamais su viser juste… Excuse-moi.

Sans répondre, il se pencha de façon à enfiler ses mocassins.

— Tes chaussures, grommela-t-il, masquant son trouble tant bien que mal.

Elle dut remonter chercher les siennes. Quand elle redescendit, elle était fin prête.

— Je ferais mieux d'aller chez Denise avant qu'il fasse jour. J'espère juste que la police n'y est pas… Ensuite, j'irai parler à Billy.

Il la suivit dehors et referma la porte à clé.

— Tu es sûre de vouloir faire ça ?

— Ne t'inquiète pas. Je comprends que tu ne veuilles pas venir et risquer d'être impliqué. Rentre chez toi. Je t'appellerai plus tard.

— Pas question, marmonna-t-il en montant en voiture.

Il regarda Emma mettre le moteur de la Lexus en marche.

Lorsqu'il appuya sur l'accélérateur, une fumée rouge, aveuglante, envahit la cabine.

8.

— Finn, sors ! s'écria Emma en bondissant hors de son 4x4.

Elle se précipita vers son pick-up et ouvrit sa portière. De la fumée s'envola vers le ciel.

— Sors ! répéta-t-elle en tirant Finn par le bras. Ça va sauter !

— Non, mais merci quand même.

Il descendit de sa voiture et la serra dans ses bras à l'étouffer.

Agrippée à un pan de sa chemise, elle regarda la fumée se dissiper.

— J'ai cru que tu allais y rester, avoua-t-elle d'une voix tremblante malgré ses efforts pour la maîtriser.

— Et tu en as conclu que l'attitude la plus intelligente était de mourir avec moi ?

— Non, je venais seulement te sortir de là, expliqua-t-elle avant de rougir. J'ai encore agi comme une imbécile, hein ? J'admets que je n'ai pas réfléchi. Tu es content ?

Il lui caressa le dos en souriant.

— Qu'est-ce que c'était, Finn ?

— Une bombe fumigène placée sous l'accélérateur.

— Une bombe fumigène, répéta-t-elle lentement. Comme les pétards que font sauter les enfants ?

— A peu près, mais ce n'est pas exactement la même chose. Celle-ci est de fabrication artisanale.

Il relâcha enfin son étreinte.

— La police voudra certainement examiner mon pick-up, alors mieux vaut ne plus y toucher. Je reviendrai ici dans la matinée avec Billy. Du coup, tu vas devoir m'emmener avec toi dans ton 4x4.

Elle poussa un soupir. Cela signifiait que quiconque passerait devant la maison et y jetterait un coup d'œil verrait son pick-up. Encore un problème à gérer.

Elle remonta dans la Lexus tandis que Finn s'installait sur le siège passager. Remettant le moteur en marche, elle quitta l'allée en silence.

— Tu te sens bien ? s'enquit-il.

— Je suis juste un peu secouée, c'est tout. J'ai vraiment cru que tu allais être réduit en charpie dans le jardin de mes parents.

— Charmant tableau ! plaisanta-t-il. D'après toi, comment cette bombe s'est-elle retrouvée sous ma pédale ?

— C'est moi qui me suis glissée hors de la maison pour la déposer.

— Ben voyons ! Réfléchis encore.

Elle pencha la tête.

— C'est évident, non ? Le cow-boy est resté dans les parages à épier la maison. Il nous a donné un avertissement.

— Hmm… Conclusion : la prochaine fois, ce sera une vraie bombe.

Prise de sueurs froides, elle abaissa sa vitre. L'air

était lourd, mais il soufflait une légère brise chargée de poussière.

— Il était encore là, répéta-t-elle comme pour elle-même. Et moi qui comptais fouiller les lieux dès qu'il ferait jour…

Il se pencha en avant et se massa le front. Elle fronça les sourcils.

— Ça ne va pas ?

— Tu me fais peur, Emma. Tu ne réfléchis jamais jusqu'au bout. Tu es une femme normale, pas Superwoman. Dorénavant, tu vas me faire le plaisir de m'appeler avant de prendre le moindre risque, d'accord ?

Elle l'observa à la dérobée. Elle aurait pu lui répliquer que son sort ne le regardait en rien, qu'ils n'avaient aucun droit de se soucier l'un de l'autre, mais elle ne le fit pas. Ses cheveux noirs, ses longs doigts fins sur ses tempes la fascinaient. Tout d'un coup, elle eut un frisson d'effroi en se rappelant cette horrible cicatrice qui lui barrait le dos. Ses manches courtes étaient relevées, révélant l'extrémité de la balafre.

— Elle n'a pas été soignée assez vite, remarqua-t-elle.

— Quoi ? fit-il en lui jetant un regard de côté.

— Je suis désolée. Je sais que tu ne veux pas en parler, mais ta blessure n'a pas été nettoyée et suturée assez vite.

— En effet. Je te raconterai peut-être, un jour.

Mais il en doutait. En parler ne l'avait pas aidé à oublier cet épisode. Des images atroces rejaillissaient régulièrement dans sa mémoire, la nuit, et il se réveillait alors le souffle court, le cœur battant la chamade.

— Tu ne m'as pas dit pourquoi tu avais décidé de passer la nuit dans la maison de tes parents.

Elle ne pouvait lui en vouloir de poser la question. Elle aussi se montrait indiscrète.

— J'aime bien venir de temps en temps. Teddy est content de me voir. Il s'ennuie, tout seul. Je veille à ce qu'il ne manque de rien.

— Tu pourrais l'emmener chez toi et le voir tous les jours.

— Orville n'aime pas les animaux.

Il l'aurait parié. Il n'imaginait pas Lachance s'attachant à qui que ce soit, être humain ou animal.

— Ton mari passe souvent ses nuits hors de la maison ?

Là, il venait de franchir une limite.

— Il est très occupé.

La route en lacets n'en finissait pas et elle attendait avec impatience le moment où elle pourrait enfin accélérer. Un instant, elle fut tentée de le faire quand même, ne serait-ce que pour détourner l'attention de Finn de sa vie privée.

— Orville se rend à de nombreuses réunions, expliqua-t-elle. Il dit toujours qu'il n'a pas assez de vingt-quatre heures par jour.

Finn s'esclaffa, mais se garda de tout commentaire. S'il avait eu la chance de partager le lit d'Emma, il aurait fait en sorte de rentrer à la maison tous les soirs. Un scénario bien improbable, malheureusement.

— Tu roules trop vite, observa-t-il en voyant les arbres défiler à une vitesse grandissante.

Elle ne ralentit pas. Leur temps était précieux s'ils voulaient arriver chez Denise avant la police.

Avant d'entrer en ville, elle tourna à droite, de l'autre côté du parc de caravanes. Puis elle prit la direction du bayou.

— Nous sommes sur le point de commettre une erreur,

marmonna Finn. Je sens venir les ennuis. Je t'assure, Emma, j'ai un mauvais pressentiment. Billy va nous tuer.

— Je sais combien Billy te terrifie. Ne cherche pas à m'impressionner, je n'ai pas peur.

— Comme tu veux.

Elle s'engagea sur une route étroite surplombant le bayou puis dans un chemin sinueux. Les branchages balayaient les côtés de la voiture et la mousse s'écrasait sur le pare-brise.

— Tu es sûre que c'est le bon chemin ? s'enquit Finn. On se croirait dans la jungle.

— Les gens n'empruntent jamais cet itinéraire, ils préfèrent la route du haut. Nous aurons plus de chances de nous éclipser si la police est déjà sur place.

— Tu penses vraiment à tout.

S'enfuir avec les hommes de Billy à ses trousses était l'un de ses grands rêves.

Emma se pencha pour guetter l'arrière de la maison de Denise. Elle roula au pas, scrutant les bois, et aperçut une tache pâle. Elle tourna sur un sentier envahi par la végétation. Se garant sous un pin parasol, elle coupa le moteur et désigna le haut d'une colline.

— C'est là-bas. Il va falloir monter prudemment. Au moindre flic, on file.

— Formidable, commenta Finn en la rejoignant. Avec un peu de chance, on s'en tirera. Sinon, on se fera tirer dessus.

— Tu es vraiment pessimiste !

Il rit.

— Allons-y.

Ils commencèrent leur ascension. Le chemin était envahi par les herbes et la vigne vierge.

— Aïe ! fit Emma lorsqu'une épine lui meurtrit la main droite.

— Fais attention, pour l'amour du ciel !

Elle tenta d'ôter l'épine de sa main.

— Toi, tu es endurci.

— Je suis comme ça.

Bientôt, la maison, une bâtisse vert pâle montée sur pilotis, apparut à leur vue. En la voyant, Emma sentit les larmes lui monter aux yeux.

— La maison me semble intéressante, commenta Finn.

— Denise l'adorait. Elle était tout ce dont elle avait toujours rêvé. Isolée, tranquille, confortable… Elle possédait même une pirogue pour naviguer sur le bayou. Elle ne fermait jamais les portes à clé. Ici, elle se sentait totalement en sécurité.

Elle croisa le regard de Finn, qui l'observait avec attention. Il n'eut pas à préciser que, justement, la jeune femme aurait peut-être mieux fait de fermer sa porte à clé.

— On dirait qu'il n'y a personne, remarqua Emma en reportant son regard sur la maison. On peut entrer. Denise me disait toujours que j'étais la bienvenue chez elle.

— Je ne pense pas qu'elle soit morte là où on l'a retrouvée.

Emma avait réfléchi à la question, elle aussi.

— Je suis d'accord avec toi. Elle est peut-être morte ici, avança-t-elle avec un frisson qui la prit par surprise. Ce n'est pas le moment de flancher, alors secoue-moi si tu me sens craquer.

— Je m'en souviendrai. Tu veux passer la première ?

Elle avança, courbée en avant. Aucune fenêtre n'était éclairée. Elle atteignit les marches menant à la galerie qui ceignait la maison. Comme Denise préférait garder les volets ouverts, Emma put sans problème jeter un coup d'œil à l'intérieur. Rien n'avait changé depuis sa dernière visite. Elle s'attendit presque à voir Denise assise dans un fauteuil, plongée dans un livre.

— Viens.

Elle tira la moustiquaire, inséra la clé dans la serrure, puis baissa la poignée. La porte s'ouvrit. Emma entra dans la maison, Finn sur les talons.

— Denise travaillait à l'étage, murmura-t-elle. C'est là-haut qu'elle écrivait et menait ses recherches. Mais ce qu'on cherche est sans doute caché quelque part, à l'abri.

— Allons-y.

Elle ne se le fit pas dire deux fois. Gravissant vivement les marches qui menaient à l'étage supérieur, elle posa bientôt le pied sur le palier. Des édredons étaient étendus sur la rambarde.

Finn et elle échangèrent un regard surpris.

Poursuivant son chemin, elle gagna le bureau. La porte était entrouverte. Elle eut un mouvement de recul en découvrant le contenu de la pièce.

La main posée sur son arme, Finn passa devant elle. Lui aussi s'arrêta sur le seuil.

Les étagères, la table de travail et le placard avaient été consciencieusement vidés de leur contenu et un monceau de papiers, classeurs et dossiers jonchait le sol, dans un désordre indescriptible. De l'autre côté de la pièce qui servait de chambre, les draps avaient été arrachés du lit et le matelas lacéré, révélant les ressorts. Un vase brisé gisait à terre, avec des fleurs rabougries.

— Seigneur ! lâcha Finn. Ce n'est pas l'œuvre de la police. Ce n'est pas leur façon de travailler.

Emma se pencha dans l'espoir de remettre un peu d'ordre dans les papiers épars.

— Comment ça ? Comment travaille la police ?

— Arrête, fit-il en lui prenant le poignet. Il ne faut pas brouiller les indices.

— C'est la première fois que je me retrouve dans ce genre de situation, figure-toi, répliqua-t-elle, furieuse et au bord des larmes. Imagine ! C'était la maison de Denise. Elle l'adorait, elle avait choisi avec soin tous les objets qui sont là… Et regarde ce qu'on en a fait !

— Tu es bouleversée.

— Bien sûr que je le suis ! s'exclama-t-elle. Bouleversée, folle de rage… Finn, nous devons arrêter celui qui a fait ça !

— Il sera arrêté.

— Tu n'en sais rien, rétorqua-t-elle en tentant de se libérer de son emprise. Lâche-moi, je veux jeter un coup d'œil. Elle a peut-être laissé un message, un signe, quelque chose…

— Tu n'arriveras à rien. Nous serions vite interrompus dans nos recherches.

— En effet, gronda une voix derrière eux.

Ils se retournèrent d'un même mouvement. Visiblement furieux, Billy Meche se tenait sur le seuil, flanqué d'un policier imposant. Tous les deux étaient armés.

Emma reprit rapidement ses esprits.

— Denise a peut-être cherché à nous joindre, plaida-t-elle, sachant pertinemment que Billy n'avait nul besoin de son aide. Si nous sommes venus, c'est parce que je me suis dit que… qu'il y aurait peut-être un indice.

Matt Boudreaux, l'adjoint de Billy, lui adressa un sourire rassurant. Matt était le fantasme de toutes les femmes de la ville.

— Un indice ? Vous êtes venus chercher des indices ?

répéta Billy, doucereux, avant de tonner brusquement : Et c'est votre travail, ça, d'après vous ?

Son ton la fit sursauter.

— Mieux vaut laisser la police s'en charger, madame Lachance, déclara Matt de sa belle voix grave. Voyez-vous, quand les gens commencent à fouiller de leur propre initiative, il leur arrive de détruire des pièces à conviction. Je suis sûr que vous comprenez.

Elle le foudroya du regard.

— Emma n'est plus une enfant, intervint Finn. Tout le monde peut se tromper.

— Taisez-vous, Duhon ! hurla Billy. Une erreur ? C'est ça, votre excuse ? Nom de Dieu, votre père doit se retourner dans sa tombe !

Matt la regardait encore et son sourire la mettait mal à l'aise. Avec ses yeux noirs bordés de longs cils, sa chemise amidonnée bien ajustée sur ses épaules musclées et son pantalon moulant, cet homme était bien trop séduisant, comme de nombreux Cajuns.

— Boudreaux, vous avez une question à poser à Mme Lachance ? lança Finn sans aménité.

Surprise, elle se tourna vers lui. Il toisait le policier sans chercher à masquer son antipathie.

Matt lui renvoya un regard complice et viril. Sans doute pas la meilleure chose à faire, songea-t-elle, car Finn crispa les poings de colère.

— Je suis sûre que cette histoire sera vite réglée, déclara-t-elle précipitamment avec un sourire forcé.

En d'autres circonstances, elle aurait apprécié la jalousie de Finn, mais le moment était vraiment mal choisi.

— Depuis combien de temps êtes-vous là, tous les deux ? demanda Billy en rengainant son arme.

— Quelques minutes seulement.

— Vous êtes en mauvaise posture. Vous vous en rendez compte, j'espère ?

Elle prit un air penaud, espérant que cela le ferait flancher. Mais non.

Billy se tourna vers son adjoint et lui fit un signe.

— Vas-y, embarque-les.

— Pas la peine, nous venons de notre plein gré, répliqua Emma avec fierté. De toute façon, nous avons des choses à vous dire.

Refusant de croiser son regard, il rajusta son ceinturon, puis sortit un couteau suisse de sa poche et entreprit de se curer les dents.

— Je vous embarque quand même. Il faut que je fasse respecter les règles.

— De quoi sommes-nous accusés ? s'enquit Finn, visiblement confiant.

— Bon sang, je ne trouve jamais mes pastilles à la menthe quand j'en ai besoin, maugréa Billy en plissant les yeux. Vous êtes accusés d'avoir touché à des pièces à conviction. Vous serez même peut-être impliqués dans le meurtre de Denise Steen.

Emma ne prit pas le temps de réfléchir. Elle se précipita vers Finn et s'accrocha à sa chemise.

— Si c'est le cas, j'aurai un problème encore pire qu'une incarcération.

— Ne t'inquiète pas. Tout le monde est un peu énervé, c'est tout.

Des pas retentirent sur les marches, au rez-de-chaussée. Les deux policiers leur firent signe de se taire et se placèrent de chaque côté de la porte.

— Ce n'est rien ! lança une voix familière. C'est moi, Rusty Barnes !

Billy ferma les yeux et secoua la tête. Fouillant ses poches, il finit par dénicher une pastille de menthe, qu'il fourra dans sa bouche. Aussitôt, il parut aller beaucoup mieux.

Rusty fit son apparition. Grand et mince, il avait les cheveux roux foncé et ses yeux verts étaient soulignés par des cernes violacés. Ses vêtements étaient froissés et légèrement de travers. De toute évidence, il n'avait pas dormi de la nuit. Jamais Emma ne l'avait vu dans un tel état, lui qui était toujours très soigné. Surprenant son regard affligé, il déglutit et tenta d'afficher un sourire brave. Denise aurait fini par l'épouser. Emma se promit de le lui dire, dès que l'occasion s'en présenterait.

— Vous ne savez pas de quoi vous parlez, Billy, déclara-t-il en s'appuyant au chambranle. Ils sont arrivés avant vous, c'est tout. Et juste après moi. J'étais là le premier. En les entendant entrer, je me suis caché dans le vestiaire.

Il balaya la pièce du regard et demanda :

— Qui a fait ça ?

— Peut-être vous, répondit Billy en mordillant furieusement son bonbon.

— Je vous en prie… Si j'avais fouillé cette pièce, vous n'en auriez rien su.

— On a des années d'expérience en la matière, hein, Rusty ? lança Matt avec un petit rire.

— Je n'ai rien dit de tel, se défendit Rusty, vexé. Dans mon métier, ça se produit de temps en temps.

Il s'accroupit pour ramasser les fleurs éparpillées.

— Denise adorait les fleurs, dit-il doucement.

9.

Sandra était en train de poser deux vases remplis de fleurs séchées sur les dalles quand Emma pénétra dans la boutique. Elle la fixa, bouche bée. L'un des vases se renversa. Emma se pencha pour le redresser et remettre de l'ordre dans les fleurs.

— Pas la peine de dramatiser, commenta-t-elle. Si tu veux tout savoir, je suis aussi crevée que j'en ai l'air.

— Une longue nuit de débauche ? plaisanta Sandra. Il est midi passé. Tu vas devoir corriger tes habitudes avant qu'elles te tuent, ma belle.

— Très drôle. La machine à espresso est arrivée ?

— Tu espères me faire croire que ça t'intéresse ?

Sandra lissa son tablier et se dirigea vers l'arrière de la boutique en ondulant des hanches, comme à son habitude. Avec ses longs cheveux noirs, ses traits fins et son teint clair d'Irlandaise, c'était une femme superbe qui faisait tourner bien des têtes. Elle plaisantait souvent sur la taille de ses seins généreux. Quant à ses jambes, elles étaient parfaites.

Emma leva les yeux au ciel et la suivit. Disposée sur la commode ancienne qu'elles avaient achetée à cet effet, la machine brillait comme une bonne vieille Cadillac sous une forêt de mobiles, d'abris pour oiseaux et de carillons. La boutique, une sorte de jardin d'hiver tout de cuivre et de verre, avait été réorganisée de façon à faire également café. En libérant un peu d'espace, elles avaient pu placer cinq petites tables avec des chaises assorties.

— Sandra ? lança Emma en s'arrêtant brusquement. J'espère que le vendeur va revenir. Dis-moi que tu ne t'es pas contentée de signer le bon de livraison et de le laisser filer ! Jamais nous n'arriverons à faire fonctionner cette machine toutes seules !

Sandra lui fit un clin d'œil.

— Assieds-toi. Allez, assieds-toi, je te dis !

Elle poussa Emma dans un fauteuil.

— Regarde bien et ne dis rien. Nature, chocolat, amande ? Tu as l'embarras du choix.

— Amande, répondit Emma sans réfléchir.

Après avoir essuyé la machine à l'aide d'une lavette humide, la jeune femme attrapa une tasse, manipula diverses poignées, puis s'affaira devant le percolateur afin d'obtenir un café fumant dans lequel elle versa un nuage de lait. De la fumée s'éleva jusqu'au plafond. En quelques instants, elle lui avait préparé un espresso aromatisé, qu'elle accompagna d'un carré de chocolat noir. Elle s'assit à côté d'elle pour observer sa réaction.

Emma mangea le carré de chocolat avant qu'il fonde au contact de la tasse brûlante. Elle mit un morceau de sucre dans son café et le remua, savourant d'avance le goût du chocolat mêlé à celui du café. En portant la tasse à ses lèvres, elle ferma les yeux.

— C'est bon ? s'enquit Sandra, inquiète. Nous allons devoir en vendre beaucoup pour amortir la machine, tu sais.

— Pas de problème, fit Emma en rouvrant les yeux.

— Vraiment ?

— Tu n'y as pas goûté ?

— Je voulais que tu sois la première.

— Rajuste ton tablier ou les clients vont te demander où on peut acheter un soutien-gorge à pois semblable au tien.

Sandra baissa les yeux et couvrit son soutien-gorge avec un sourire.

— Les clients s'accrochent moins à leur portefeuille face à un spectacle qui détourne leur attention…

Toutes les deux étaient amies depuis l'arrivée des Viator à Pointe Judah, huit ans plus tôt. Mariées à des hommes sérieux et ambitieux qui avaient tendance à les oublier, elles avait formé un pacte. C'était grâce à lui qu'elles avaient réussi à ne pas perdre la raison. Du moins pendant la journée.

Malgré le café, Emma sentit toute son énergie l'abandonner. Fidèle à sa parole, Billy Meche les avait mis, Finn, Rusty et elle, en accusation comme s'il ne les connaissait pas. Ils s'étaient retrouvés dans une salle d'interrogatoire sordide et Billy leur avait promis qu'ils comprendraient qu'on ne plaisantait pas avec la loi. Il ne demandait qu'une chose, un peu plus de respect.

Quand il en avait eu terminé avec eux, il les avait tous envoyés au diable, sauf Finn, qu'il avait emmené avec lui chez les Balou. Emma n'y avait vu aucun inconvénient, bien au contraire. Après l'intrusion qu'elle avait subie pendant la nuit, elle n'avait aucune envie d'y retourner.

— Regarde-moi, Emma, ordonna Sandra, la ramenant dans le présent. C'est bien ce que je pensais, tu as vraiment une sale tête. Qu'est-ce qu'il s'est passé ? Inutile de te défiler. Je ne te lâcherai pas tant que tu ne m'auras pas tout raconté.

Le moment était venu de jouer les équilibristes. Emma lui faisait confiance pour tout, excepté ce qu'elle voulait cacher à Orville. Elle savait bien que Sandra n'irait rien lui répéter, mais elle pouvait parler à Carl ou simplement lâcher quelque chose malgré elle.

Or parler à Carl revenait à parler à Orville.

Se levant, la jeune femme alla fermer la porte à clé et afficha le panneau « fermé ». Emma croisa les bras, prête à subir un interrogatoire.

Les yeux fermés, elle huma les parfums de savonnette, de bougies, de pots-pourris, de lotions diverses, et ces parfums doux et apaisants la détendirent. Entrouvrant un œil, elle aperçut un cochon en peluche affublé d'un tutu. Elle l'attrapa et le serra contre elle.

— Ça ne suffit pas, ordonna Sandra. Dans l'arrière-boutique.

Emma releva la tête.

— J'ai un lot de poupées en porcelaine dans la Lexus. Il faut que j'aille les chercher, expliqua-t-elle avant d'enchaîner : Je suis passée voir les ponchos de Mme Wallis. Ils sont fabuleux, tu sais, on dirait des toiles d'araignée. Elle ne cesse de répéter que le prix de revient est dérisoire.

— Dérisoire ?

— Je sais, ce n'est pas une façon de parler, admit Emma avec une grimace.

— C'est pour ça que je t'en parle. Alors, on les prend, ces ponchos ?

— On en prend dix pour voir s'ils partent. Je parie qu'il faudra réassortir avant la fin du mois. Les miniatures d'Odie vont bien marcher, elles aussi. Je me suis dit qu'on pourrait en mettre en vitrine. Regarde un peu ça !

Elle désigna un arbre en cuivre orné de fruits en cristal en poursuivant :

— Qui aurait pu se douter qu'ils partiraient comme des petits pains ? Commandes-en d'autres.

— C'est fait. Bon, tu veux bien arrêter d'éluder le problème qui nous intéresse ?

Emma considéra sa tasse. Elle but une gorgée de café en évitant soigneusement le regard de Sandra.

Cette dernière lui prit la main et l'obligea à se lever.

— Allez, viens. Je vais te remonter le moral, ma belle.

Emma la suivit à contrecœur jusqu'à l'arrière-boutique. Là, elles entreposaient les vêtements, les chaussures, les sacs, ainsi que les chapeaux et les bijoux. C'était là aussi que se trouvait le coffre-fort, caché derrière un panneau coulissant.

Sandra parcourut les portants et sélectionna un pantalon lilas et un débardeur rose orné d'une libellule en strass sur le sein gauche.

— Tiens, enfile ça.

Elle la poussa dans la cabine d'essayage et lui tendit des mules à talons hauts rose et pourpre.

— Dépêche-toi ! On perd des ventes, la pressa-t-elle à travers le rideau. Dis donc, tes cheveux sont magnifiques. J'ignorais qu'Orville aimait les cheveux frisés, maintenant.

Emma se regarda dans le miroir et sourit.

— Moi, j'aime bien.

Elle prit une brosse dans un tiroir et se brossa longuement les cheveux, jusqu'à les faire briller. Ne lui restait plus qu'à se maquiller pour avoir meilleure mine.

Elle sortit de la cabine et prit la pose.

— Voilà. Tu es contente ?

Jamais elle n'aurait choisi une tenue aussi voyante, mais elle ne voulait pas froisser Sandra.

— Tu ressembles à une glace en cornet.

— Bien dégoulinante, grosse en haut et trop fine en bas ? avança-t-elle en fronçant les sourcils.

— Allez, dis-moi ce qui s'est passé, et ne te défile pas, parce que quelqu'un finira bien par me le raconter.

Plus moyen d'y échapper. Emma résuma sa dispute avec Orville et fit allusion à une nouvelle réunion chez Pat Damalis. Sandra esquissa une moue amère. C'était elle qui lui avait parlé de la Bande de Pat pour la première fois. Carl en faisait partie, lui aussi, parce que Orville tenait à la présence de Carl à ses côtés à tout moment.

Emma décrivit ensuite sa soirée dans la maison de ses parents, le cow-boy, l'argent. Ebahie, Sandra s'assit sur un carton.

— Tout est sous contrôle, assura Emma. Mais il vaudrait mieux pour moi qu'Orville n'en sache rien. Tu sais combien il s'énerve facilement.

— Ah, vraiment ? railla Sandra en lui prenant le bras. Cela dit, ce n'est quand même pas rien, ce qui t'arrive. Tu ne crois pas qu'Orville devrait en être informé ?

— Les choses ne vont pas très bien entre nous, ces derniers temps. Je ne voudrais pas jeter de l'huile sur le feu.

— Je ne dirai rien à Orville, promis.

— Billy Meche est fou de rage contre moi, poursuivit Emma. Je suis allée chez Denise, ce matin, à la première heure, pour voir si elle avait laissé un indice, un message, qui permettrait de retrouver son assassin.

Elle ne fit pas allusion à Finn. Elle avait peur que Sandra ait des soupçons en apprenant son existence.

A sa grande surprise, elle s'aperçut que la jeune femme la regardait, les yeux écarquillés.

— Denise est… morte ?

Sandra fondit en larmes. Emma oubliait parfois combien elle était coupée du monde et des nouvelles qui agitaient leur petite ville. Pourtant, Orville avait dû en parler à Carl.

Elle la prit dans ses bras.

— Je suis désolée de te l'apprendre comme ça. Je pensais que tout le monde était au courant, maintenant.

Elle lui raconta ce qui était arrivé. Sandra l'écouta, effarée, des gouttes de sueur perlant sur son front pâle.

— Je n'arrive pas à y croire, murmura-t-elle. Denise était la bonté même. Qui a bien pu lui faire ça ?

Croisant le regard d'Emma, elle sourit.

— D'accord, c'était aussi une langue de vipère, mais elle avait bon cœur. Comment as-tu su ?

Cette fois, Emma ne put éviter d'évoquer Finn. Elle relata sa mésaventure en détail.

— Il faut arrêter ce type, et vite ! s'exclama Sandra, affolée.

— La police y travaille.

— C'est toi qui as découvert le corps ? Emma, c'est affreux !

Ses larmes reprirent de plus belle. Emma avait la gorge nouée, mais elle retint ses sanglots. Parfois, elle se disait que ses rapports violents avec Orville la rendaient indifférente.

— Je ne me rappelle aucun Finn Duhon.

C'est parti. Emma lui fit un bref résumé, en prenant soin de rester neutre, et évoqua sa carrière dans la finance et son passage dans l'armée. Sandra la considérait d'un air soupçonneux. Ou n'était-ce que le produit de son imagination ?

— Je ne m'attendais pas du tout à le voir, se justifia Emma bien qu'on ne lui demande rien. D'ailleurs, je ne l'ai pas reconnu au premier abord. S'il est revenu, c'est sans doute parce que les choses n'ont pas très bien marché pour lui.

La jeune femme renifla.

— Tu étais toute seule chez Denise, ce matin ?

— Il y avait aussi Finn et Rusty. Tu as déjà vu Matt Boudreaux de près ?

Sandra poussa un soupir.

— Ma belle, toutes les femmes de cette ville ont vu Matt Boudreaux de près. Le problème, c'est qu'aucune n'a réussi à le voir d'assez près !

Il était temps de reprendre le travail. Sandra sécha ses pleurs tandis qu'Emma regagnait la boutique. Elle eut à peine retourné la pancarte qu'une nuée de clientes enthousiastes envahit les lieux. Quelques bonnes ventes plus tard, elles s'en allèrent en promettant de revenir boire un café.

— J'espère qu'on verra de nouveau affluer les clients dans la journée, commenta Emma en allant chercher les colis dans sa Lexus.

Elle sortit d'un pas incertain. Si elle n'y prenait pas garde, elle allait se tordre les chevilles avec ces mules à hauts talons. Heureusement, son 4x4 était garé juste devant Oakdale Mansion. La bâtisse somptueuse appartenait à un descendant de la famille Thompson, qui avait construit la propriété. Un homme âgé et célibataire, disait-on. Plusieurs boutiques occupaient le rez-de-chaussée. Les étages étaient composés de bureaux, dont un encore occupé par les Thompson, et le dernier étage servait pour des réceptions et banquets.

Quand elle revint avec ses colis dans les bras, Sandra semblait avoir réfléchi à la situation.

— Et si l'intrus d'hier soir était l'assassin de Denise ? lança-t-elle d'un ton dramatique. Mon Dieu, il aurait pu te tuer, toi aussi !

— Mais je suis toujours en vie. Sans doute parce qu'il n'avait rien à voir avec Denise. Il a dit qu'il me protégerait. C'était un cinglé, je te dis.

— Et celui qui a tué Denise ne l'était pas, peut-être ?

Là, elle marquait un point.

— Je ne crois pas qu'il s'agisse de la même personne, décréta Emma en déballant une poupée en porcelaine.

— Je vais appeler Angela pour voir si nous pouvons avancer la réunion d'une journée. Nous avons toutes besoin de réconfort. Tu es libre, après le travail ?

Une réunion du Club des Secrets était alléchante, comme un bon bain chaud par une froide journée.

— Et comment ! répondit-elle. C'est une bonne idée. Elle saura faire en sorte que nous ne fondions pas en larmes toutes les cinq minutes.

— On sait comment Denise a été tuée ?

Elle secoua la tête.

— Non, l'autopsie n'est pas encore terminée, répondit-elle avec un frisson. Je ne supporte pas l'idée qu'ils soient en train de la découper en morceaux.

— Arrête ! fit Sandra, horrifiée.

Emma tira machinalement sur son débardeur un peu court.

— Quelqu'un était passé avant nous chez Denise. Pour trouver des pistes, sans doute, comme nous et comme Rusty.

— Tu veux dire que la police était déjà venue ?

— Non, quelqu'un d'autre. J'ignore qui.

— Qu'est-ce qu'il cherchait ? Ça pourrait peut-être nous renseigner.

— Beaucoup de gens pensent qu'elle écrivait un article compromettant et qu'on a voulu la faire taire. J'imagine que pas mal de monde est concerné.

Sandra se massa les bras, le regard dans le vide.

— Il ne faut pas qu'on reste ici trop tard, tant que cette affaire ne sera pas résolue. Une fois que les bureaux et les autres boutiques sont fermés, nous sommes trop isolées.

— L'affaire ne sera réglée que quand cet assassin sera sous les verrous.

Emma aurait voulu ne pas y penser. Elle laissa à Sandra le soin de décharger le reste des colis et alla s'installer devant l'ordinateur. Elle étudia la liste d'invités d'Orville et en imprima un exemplaire.

— Encore des mondanités, commenta-t-elle en brandissant la feuille. Orville donne une grande fête dans quinze jours.

— Ah ? fit Sandra. Je n'ai pas reçu d'invitation, en tout cas.

— Personne n'en a reçu. Il faut que je m'en occupe aujourd'hui. Orville s'est décidé à la dernière minute. Je vais être un peu débordée.

— Les imprimeurs vont manquer de temps.

Dans ce cas, pourquoi ne pas opter pour une jolie police

et l'imprimante ? se demanda-t-elle. Elle était parfaitement capable de s'en charger elle-même et de les finir avant la fin de la journée.

— Je peux les faire moi-même. Et si Orville n'est pas content…

Elle choisit des cartes dans leur réserve et se mit au travail. Une heure plus tard, elle avait terminé les impressions.

Elle s'installa au comptoir, à côté de la caisse, et s'apprêta à rédiger les adresses sur les enveloppes.

Sandra regarda par-dessus son épaule.

— Tu ne comptes quand même pas écrire toutes ces adresses à la main ? demanda-t-elle, avant de hocher la tête. Remarque, comme ça, tu gagnes du temps. Je suivrai peut-être ton exemple, la prochaine fois.

Emma fronça les sourcils en découvrant les derniers noms de la liste. M. Finn Duhon et madame ? Orville le détestait cordialement et voilà qu'il le conviait sous son toit. Un instant, elle fut tentée de ne pas envoyer cette invitation, mais la curiosité l'emporta. La fête n'en serait que plus amusante. Restait à savoir pourquoi Orville invitait cet homme. Soit il se disait qu'il avait de l'argent à consacrer à sa campagne. Soit il cherchait à la remettre à sa place en incitant Finn à venir accompagné.

S'il pensait la rendre malade de jalousie, il en serait pour ses frais. Elle était décidée à se montrer une maîtresse de maison exemplaire.

En entendant le carillon de la porte d'entrée, elle releva la tête. John Sims pénétra dans la boutique. Représentant en produits pharmaceutiques, il passait peu de temps en ville, mais c'était un bon voisin. Il avait hérité de la propriété de ses grands-parents dans le centre-ville et louait l'une des deux maisons à Angela, là même où se tenaient les réunions du Club des Secrets.

— Bonjour, les filles ! lança-t-il. Vous êtes au courant pour Denise ?

— Oui, répondit Emma.

Sandra détourna la tête et disposa des paquets de serviettes en papier sur une étagère.

— Je devrais être à Lafayette à l'heure qu'il est, mais il fallait absolument que je vienne vous voir. Angela n'est pas chez elle et le commissariat est une vraie ruche.

— N'y va surtout pas, le prévint Sandra. D'après Emma, Billy est fou de rage. Elle pourra te dire tout ce que tu veux savoir. C'est elle qui a découvert le corps de Denise.

— Tu en sais autant que moi, maintenant, intervint Emma, peu désireuse d'entrer de nouveau dans les détails.

Elle se leva et rassembla les enveloppes.

— Désolée de vous faire faux bond, mais je dois envoyer ces invitations avant la fermeture de la Poste. Après, il faudra que je passe à la maison pour parler à l'employé de la piscine. Orville trouve qu'il ne nettoie pas assez bien le bassin. Je reviendrai plus tard.

— Tu dois être secouée, remarqua John. Laisse-moi te servir de chauffeur, le temps de tes courses. Tu as l'air épuisé.

De grande taille, il avait tout d'un athlète. Cette apparence saine et sportive devait être un atout dans son travail.

— Je sais, fit-elle avec un sourire triste. Mais ça va. Bouger me fera du bien. Sandra, si tu préparais à John l'un de tes fabuleux cafés ? Tu vas voir, c'est divin.

Sur ces mots, elle prit son sac à main et quitta la boutique avec les invitations.

En posant ses affaires sur le siège avant de sa Lexus, elle

se rappela que les ponchos étaient encore dans le coffre. Au moins ne pesaient-ils pas lourd. Elle ouvrit donc le coffre et en sortit une caisse dans laquelle Mme Wallis avait soigneusement déposé ses ouvrages.

Regagnant la boutique, elle ouvrit la porte et lança :

— Je t'apporte les ponchos, Sandra ! A plus tard !

— A plus tard !

En revenant vers sa Lexus, elle s'aperçut qu'un imbécile avait garé sa fourgonnette flambant neuve de telle sorte qu'elle ne pouvait pas atteindre la portière du conducteur. Elle passa par l'autre côté et se glissa derrière le volant.

Avec la chaleur, elle sentait ses vêtements lui coller à la peau. Elle laissa sa fenêtre ouverte tout en allumant la climatisation au maximum. Puis elle mit le contact et regarda par-dessus son épaule droite pour reculer.

Un courant d'air frais sur sa nuque la fit se retourner. Elle vit une main d'homme apparaître en haut de la portière de la fourgonnette. Affolée, elle chercha à voir de qui il s'agissait, mais les vitres teintées l'empêchèrent de distinguer quoi que ce soit.

C'était une main robuste et noueuse.

Emma ouvrit la bouche pour crier, puis posa la main sur le Klaxon. Avant qu'elle ait pu l'actionner, une enveloppe lui vola au visage.

10.

— Elle est partie, déclara John Sims en suivant la Lexus du regard. On dirait qu'elle est pressée. Elle connaît quelqu'un qui roule dans une fourgonnette noire ?

— Je ne crois pas, répondit Sandra d'une voix mal assurée.

— Je parie qu'elle la suit. Enfin, je suppose que ça ne me regarde pas. Comment tu te sens ?

Il posa sa mallette d'échantillons par terre.

— Bien, fit-elle, de plus en plus tendue. Et toi ?

— Formidable, je ne me suis jamais aussi bien senti. Comment va Carl ?

— Il va bien, merci.

— Il passe toujours autant de temps chez Damalis ?

— Pas mal, en effet.

Elle s'efforça de remettre de l'ordre dans ses idées. Depuis quelque temps, John s'intéressait un peu trop à Carl et ne cessait de lui parler de la Bande de Pat. Elle n'avait pas osé lui demander comment il était au courant de l'existence du club.

Elle tenta de changer de sujet.

— Tu vivais déjà à Pointe Judah quand Carl et moi sommes arrivés ici. Je sais que tu as hérité de tes grands-parents, mais je n'ai jamais songé à te demander si tu étais né ici.

— Parce qu'une femme m'a donné le jour, d'après toi ? répliqua-t-il amèrement.

Ses yeux gris ne pétillaient jamais.

— Disons plutôt que j'ai rampé hors d'un orifice et que je me développe tout seul depuis. Je n'ai jamais cru à ces balivernes sur les bienfaits du lait maternel.

— Où as-tu grandi ?

— En Californie, surtout. Si je me suis installé ici, c'est parce que l'endroit me plaisait. Les gens ont un emploi du temps bien réglé, mais ils sont trop rangés pour être de grands joueurs.

Elle n'appréciait guère ces sous-entendus, mais elle se garda de lui en faire part.

— Est-ce que je t'offre un café ?

— Oh, non merci. Je ne suis pas venu pour ça.

Elle sentit son trouble grandir. Elle le détestait, mais il l'excitait d'une façon un peu malsaine.

— L'assassinat de Denise jette un froid, n'est-ce pas ? lança-t-elle avec un sourire forcé. Je n'étais pas au courant jusqu'à ce qu'Emma m'en parle.

— Une vraie casse-couilles à la langue bien pendue, grommela-t-il.

— Emma ? s'exclama-t-elle, choquée.

— Emma est une chiffe molle, elle a le QI d'une huître. C'est de Denise que je parlais. Je l'ai vue mener son patron pour le bout du nez. C'était écœurant.

Sandra ne répondit pas.

— Tu as les mains qui tremblent, remarqua-t-il. Tu es nerveuse ? Tu as peur de moi ?

— Nerveuse, peut-être, mais d'une façon assez agréable. En tout cas, je n'ai pas peur de toi.

Elle était terrorisée et l'avait toujours été en sa présence. Elle ne le comprenait pas. Jamais il n'aurait parlé à Emma comme il s'adressait à elle, et elle n'y pouvait rien. Tout cela semblait bien innocent quand ils étaient en présence d'autres personnes, mais dès qu'ils se retrouvaient seuls, leurs conversations prenaient un ton cru et dégradant.

Sois franche avec toi-même. Tu n'y peux rien, de toute façon. Deux hivers plus tôt, elle était allée faire du ski avec Carl et s'était cassé le genou. Elle s'était rétablie, mais avait pris des antalgiques à fortes doses, au point de développer une dépendance. Ils lui procuraient une sensation de puissance et d'énergie. Les moments de déprime qui suivaient, les hallucinations occasionnelles n'étaient pas graves, tant qu'elle disposait de sa réserve de médicaments. Elle parvenait à surmonter les moments difficiles en attendant le répit.

Et puis, John Sims était entré en scène.

Il avait assisté à une de ses crises. Il en savait suffisamment pour identifier son problème et avait proposé de l'aider en lui donnant des petites enveloppes d'échantillons. Il lui avait fait découvrir d'autres substances plus exotiques qui lui permettaient de gérer ses humeurs. Elle en était presque arrivée à l'aimer pour ces cachets. Grâce à eux, elle redoublait d'énergie, elle se sentait bien. Mais, bien sûr, John avait posé ses conditions.

— Je t'ai réservé quelque chose de spécial, pour aujourd'hui, chérie, déclara-t-il.

Elle se tenait derrière le comptoir, brûlant d'impatience.

Il désigna la vitrine de la main.

— Mais d'abord, je voudrais voir quelque chose qui se trouve là-dedans. Le stylo en forme de flamant rose, avec des plumes sur la tête. Le gros.

— Tu plaisantes ! fit-elle en riant.

— Ferme-la et ouvre la vitrine.

Elle déglutit et obéit.

John se pencha sur le comptoir.

— Non, pas le petit, le gros. Tu sais que j'aime tout ce qui est gros.

Il glissa une main dans son soutien-gorge. Elle demeura immobile. Il lui avait appris à ne pas se plaindre ou tenter de lui résister.

Son autre main rejoignit la première et il pressa ses seins l'un contre l'autre, écartant le soutien-gorge. Une bretelle céda. Il prit ses mamelons entre ses doigts et dégagea totalement ses seins lourds et nus. Elle se retrouva presque nue jusqu'à la taille. Pinçant ses mamelons, il se mit à rire à la voir retenir son souffle.

— Tu es la meilleure, Sandy. Tu as les plus beaux nichons que j'aie jamais vus. A présent, donne-moi mon stylo.

Il la relâcha. Elle rajusta vivement sa robe en regardant furtivement dehors.

— Tu sais que ça me plaît autant qu'à toi, mais tu devrais faire attention quand tu viens ici. Quelqu'un risque d'entrer.

Il leva les yeux vers le ciel.

— Il pleut. Je doute que tu aies beaucoup de clients par ce temps.

En effet, constata-t-elle en suivant son regard. Comme pour appuyer les dires de John, un éclair surgit dans le ciel plombé et le tonnerre se mit à gronder.

— C'est un temps idéal pour se réfugier dans un café, observa-t-elle.

— A condition de vouloir se tremper pour venir jusqu'ici, répliqua-t-il avec un rictus, révélant ses dents parfaites. Ecoute, je sais ce qu'on va faire. On va aller prendre un peu de bon temps dans l'arrière-boutique.

Elle sentit son cœur s'emballer, comme chaque fois, mais elle secoua la tête.

— Impossible, John. Des clients peuvent entrer à tout moment.

Il prit un morceau de papier et inscrivit « A la banque, de retour dans 45 mn » en lettres capitales. Puis il le colla sur la porte qu'il ferma à clé.

— Et Emma ? Elle va revenir, protesta Sandra, au bord de la panique.

Il avança vers elle d'un pas lent.

— Je suppose que je vais devoir remporter mon cadeau.

Elle faillit répliquer que ses soi-disant cadeaux n'étaient jamais gratuits, mais elle en avait besoin, quel qu'en soit le prix.

Il prit le stylo surmonté de plumes et lui effleura les lèvres avec.

— Très utile, cette petite babiole. J'aimerais bien l'essayer sur un endroit plus doux, plus sensible.

Il sortit de sa poche une poignée de sachets et en ouvrit un qu'il lui tendit.

Elle déglutit.

— Tu perds du temps, remarqua-t-il. Tu sais que tu en as envie, mais si je n'obtiens pas ce que je veux, je repars.

Il la fit pivoter et la poussa vers l'arrière-boutique, exempte de fenêtres.

Elle émit un soupir tremblant.

— Tu es excitée ?

Elle hocha la tête. Elle était excitée en dépit du dégoût qu'il lui inspirait et qu'elle s'inspirait à elle-même en sa présence.

— Tablier !

Elle l'enleva et le posa sur une chaise.

Il vint se placer derrière elle. Un coup d'œil sur son pantalon et elle sentit le sang lui monter au visage. Il sourit.

— Aujourd'hui, je veux que tu me donnes le maximum. Enlève ta robe.

Hésitante à cause de son soutien-gorge déchiré, elle dégrafa les deux boutons de son décolleté.

— Enlève-la, insista-t-il. Ou alors je ferai en sorte que tu ne puisses plus jamais la porter.

Elle se dévêtit et posa la robe sur la chaise, avec le tablier.

Elle retint le bonnet de soutien-gorge dont la bretelle avait cédé.

— Lâche ça. Tu es très bien comme ça.

Le soutien-gorge orné de pois jaunes était assorti à son porte-jarretelles, sur des bas ivoire ourlés de dentelle à mi-cuisse.

— Tu adores le sexe. Tu ne penses qu'à ça à tout moment de la journée. En déambulant avec tes dessous coquins, tu as envie qu'un homme te regarde, te touche…

— Peut-être…

C'était parfois le cas, en effet.

— Défile pour moi.

Voyant qu'elle ne bougeait pas, il eut un nouveau rictus et lui assena une tape sur les fesses.

— Allez, garce ! Dresse-moi ces seins. C'est bien. Maintenant, retourne-toi lentement. Pose un pied sur la chaise. La jambe droite, sale pute ! Je veux voir ta chatte sous un autre angle. C'est ça, chérie. Oui… C'est ça. Lève-toi.

Il tira sèchement sur le soutien-gorge, de sorte qu'elle se retrouva seulement vêtue de sa culotte et de son porte-jarretelles, ainsi que ses bas et ses chaussures.

— Marche. Dresse les seins. C'est ça. Tu sais y faire, toi. Les mains sur les hanches. Roule des épaules.

Elle obéit, accédant à toutes ses demandes. Son corps travaillait pour elle. Quel mal y avait-il à cela ? Chacun se débrouillait avec les atouts dont il disposait.

John ouvrit sa braguette et sortit son sexe. Il entreprit de se caresser, mais pas trop, de peur de se priver du plaisir encore à venir.

— Reste où tu es, ordonna-t-il en s'approchant par-derrière. Les mains sur les chevilles.

Elle gémit tout bas. Ce serait bon… Et douloureux. Mais elle obéit.

— Hmm, fit-il à son tour.

Elle l'entendit baisser son pantalon, puis sentit le petit stylo à plumes s'insinuer entre ses cuisses, dans ses replis humides, dans un mouvement de va-et-vient. John rit doucement. Elle avait le souffle court, ce qui le fit rire de plus belle.

— Tu sais, tu as de la chance que j'aime te voir jouir la première.

— Oui… Tu es un amant merveilleux, John.

— Tu le penses vraiment ?

Elle soupira.

— Oui… Le meilleur.

Ses doigts prirent la place du stylo et la firent monter jusqu'au bord de l'extase, provoquant des plaintes de plaisir. Il se plaça alors devant elle et saisit tour à tour ses mamelons entre ses dents. Agenouillé, il se livra de sa langue à des caresses plus expertes que celles du stylo ou de ses doigts, sans cesser de lui titiller les mamelons.

Sandra entendit son propre cri d'extase. Elle agrippa John par les épaules, sentant ses jambes se dérober sous elle. Il la redressa en riant et reprit place derrière elle pour la saisir par la nuque. Puis il tira sa tête en arrière, sur le dossier de la chaise.

Alors, il devint fou et la pénétra brutalement, la soulevant de terre. Elle rejeta la tête en arrière et plaqua les mains de son partenaire sur ses seins. Au bout d'une minute, deux peut-être, elle se mit à crier de plaisir tandis qu'il lui mordait l'épaule. Il se déversa dans son préservatif. Elle sentit sa chaleur.

Lorsqu'il la fit pivoter sur elle-même, il la serra contre lui et se calma peu à peu. Ses lèvres couvrirent enfin ses canines, révélées par son rictus de plaisir lors de l'éjaculation.

Il était resté tout habillé. Il referma sa braguette sur son membre gonflé et sortit de sa poche ses échantillons.

— Tends la main, ordonna-t-il.

Tremblant de peur à l'idée qu'il change d'avis, elle forma une coupe de ses deux mains.

Il y déversa des cachets de formats et de couleurs variés. Tous étaient de vieux amis. Elle les observa en gloussant, puis tomba à genoux de reconnaissance, sans cesser de rire.

— Range-les, fit-il sèchement. C'est ton sac à main ?

Elle opina et alla déposer le prix de son sacrifice dans la poche latérale.

John la prit par le menton et l'obligea à lever la tête.

— Il y a du nouveau sur la reprise des travaux, à la résidence des saules ?

Elle voulut se dégager, mais il la tenait fermement.

— Pas grand-chose.

— Les proprios envisagent de vendre ?

— Je n'en sais rien.

— Mais si, tu le sais. Ce que je viens de te donner ne durera pas très longtemps…

— Ils envisagent de vendre.

— Merci, ma belle. Et Casanova et ses amis ont l'intention de rafler la mise pour une bouchée de pain ? Sans parler des petits avantages…

Incapable de lui répondre, elle le regarda dans les yeux.

— J'ai entendu dire qu'ils s'intéressaient à une nouvelle propriété. C'est une grosse surprise. Tu sais de quoi il s'agit ?

— Non, je l'ignore, répondit-elle avec sincérité.

— Quand je veux quelque chose, je vais jusqu'au bout. J'ai besoin de relations dans cette ville. Obtiens-moi des entrées. J'espère que tu m'as bien compris.

11.

Emma laissa filer la fourgonnette noire.

Tout le long de C Street, elle était restée juste derrière elle, notant au passage l'absence de plaque d'immatriculation. Les gouttes de pluie semblaient rebondir sur sa carrosserie étincelante. Au carrefour de Circle Avenue qui ceignait la ville, Emma l'avait vue tourner à droite. De guerre lasse, elle avait fini par se garer au bord du trottoir.

Qu'aurait-elle fait si elle l'avait rattrapée, de toute façon ?

Elle sentait un picotement sous son œil droit. En effleurant sa joue du bout du doigt, elle découvrit qu'elle saignait. L'enveloppe avait heurté son visage avant de tomber sur le plancher de la voiture. Elle la ramassa et l'ouvrit.

Elle n'en sortit le contenu qu'à moitié avant de le remettre vivement dans l'enveloppe en tentant de refermer le rabat adhésif.

L'esprit en ébullition, oppressée, elle reprit la route à toute vitesse. Une douleur atroce lui tenaillait les tempes. Où se réfugier ? Dans un endroit où personne ne viendrait la chercher, où elle serait au calme, où elle pourrait élaborer un plan…

Elle ralentit au coin de Rice Street. Orville se trouvait-il des excuses pour aller, en pleine journée, se livrer à ses manœuvres chez Damalis ? Son cher mari, un homme exemplaire, passait pourtant le plus clair de son temps à rechercher le pouvoir absolu.

Le vent agitait les branches des chênes sur le bord de la route. Des touffes d'herbes sèches voletaient de toutes parts, tandis que des rafales de plus en plus violentes venaient frapper le 4x4.

Mill Alley défila à toute vitesse sous ses yeux. Elle avait besoin de ses amies. Pourvu que Sandra n'oublie pas d'organiser la réunion de ce soir…

Un éclair zébra le ciel. La pluie redoubla d'intensité, mais elle n'entendait aucun grondement de tonnerre. Sans doute le bruit était-il couvert par celui de la voiture.

Finalement, elle décida de se réfugier chez Ona. L'établissement comportait une salle principale où se retrouvaient les clients, et une arrière-salle, plus petite, sous un plafond translucide en tôle. De vieux fauteuils y étaient disposés autour de tables dépareillées. Il y avait tant de plantes qu'on en venait à se demander s'il ne s'agissait pas d'un jardin d'hiver plutôt que d'une salle de café. Emma y avait déjà rencontré ses amies dans une atmosphère sereine.

Elle s'engagea dans la ruelle qui longeait le bar et se gara. Elle demeura longuement immobile sur son siège, son sac à main et l'enveloppe posés sur ses genoux. Les idées se bousculaient dans sa tête.

Son portable la tira de ses pensées.

— Oui, Orville ?

— Tu as envoyé les invitations ?

— Je les porte à la Poste très bientôt, répondit-elle, un peu crispée.

— Cette réception sera une sorte de test, chérie. Je ferai un discours, mais pas trop long. La réaction des invités sera parlante. Je m'attends à remporter un franc succès. Je veux que tu m'aides à peaufiner mon discours. Tu as toujours été douée pour ces trucs-là. Autre avantage, je n'aurai pas à redouter une fuite sur ce que je vais raconter. Mon assistant travaille sur la couverture média.

— Tu as un assistant, maintenant ?

— Je ne te l'avais pas dit ? Carl possède une solide expérience dans la publicité et il a envie de faire ce boulot. J'ai décidé de lui laisser carte blanche. S'il n'est pas à la hauteur, je n'aurai qu'à effectuer, disons, un changement de personnel. Il n'y a pas de place pour les sentiments dans notre milieu.

Il n'y a jamais eu de place pour les sentiments même dans ta vie privée. Il ne te reste qu'à prier pour que Carl demeure le saint que tu as toujours vu en lui.

— J'ai déjà griffonné quelques notes, poursuivit-il à l'autre bout du fil. J'ai une réunion, ce soir. Tu crois pouvoir effectuer quelques commentaires et suggestions avant d'aller te coucher ?

Il avait une réunion ? Quelle surprise !

— Moi aussi, j'ai une réunion, ce soir, rétorqua-t-elle. Alors, je ne te verrai peut-être pas. Je jetterai un coup d'œil à ton discours dans les jours qui viennent. Et ne t'en fais pas pour ta réception. J'ai engagé Holly Chandall comme traiteur, il n'y a pas mieux.

— Son mari est comme moi, il ne voit pas d'un très bon œil que sa femme fréquente cette Angela.

— Dommage, commenta-t-elle avec calme.

— Ecoute, chérie, reprit-il en baissant le ton. Je te dois des excuses. J'ai manqué de compassion, hier soir. J'ignore ce qui m'a pris. J'ai eu peur pour toi, en tout cas. Je me disais que tu aimerais peut-être dîner avec les Viator, chez Patrick. Ça fait très longtemps que tu n'y es pas allée et je sais que tu aimes son établissement.

Elle avait toujours détesté cette maison ostentatoire.

— Bonne idée, il faudra fixer une date, répondit-elle, désireuse d'éviter tout affrontement. Pourquoi diable as-tu invité Finn Duhon à ta soirée, Orville ? Il est manifeste que tu ne l'aimes pas.

— *Notre* soirée, corrigea-t-il. Et je n'ai pour lui ni sympathie ni antipathie. Tu me connais. Tu sais comment je réagis quand il s'agit de toi. Je ne supporte pas qu'un homme te tourne autour, et c'était ce qu'il était en train de faire. Je regrette de ne pas t'avoir fait confiance.

Il se mit à rire.

— Bref, on m'a confirmé que ton Duhon était un homme d'affaires très brillant, comme tu me l'avais expliqué. Son argent vaut bien celui d'un autre. Qu'as-tu pensé de mon discours à la radio, ce matin ?

Elle risquait de déclencher un drame si elle lui avouait qu'elle ne l'avait pas écouté.

— Très rassurant, dit-elle en croisant les doigts.

— C'est ce que tout le monde m'a dit. Selon Carl, j'ai abordé des sujets pertinents et fait en sorte que les habitants de cette ville ne s'affolent pas. Les gens se diront que le meurtre de Denise était dû à quelque malfrat de passage chez nous.

— Je suis sûre que c'est le cas.

— Je ne peux pas rentrer, ce soir, chérie. Désolé que tu sortes. J'aime bien savoir que tu m'attends à la maison.

Elle fit la grimace.

— J'ai une réunion. Et ce n'est pas à toi que je vais

apprendre combien il est important de se rendre à une réunion, monsieur le Maire.

Il ricana.

— En effet. Bon, je te rappelle plus tard. J'aimerais bien qu'il y ait un tas de fleurs blanches. Pour la réception. Et les gens sont toujours impressionnés par une fontaine de champagne. A condition qu'il s'agisse du meilleur champagne, bien sûr. Je veux aussi une sculpture en glace du Sénat. Fais ce que tu veux et ne lésine pas sur la dépense. Engage du personnel, des professionnels, hein ! Ce serait bien de prolonger la soirée par un bain de minuit dans la piscine ou dans le Jacuzzi.

Enfin, il arrêta son monologue et raccrocha. Emma rangea son portable. Son portable… Une chaîne qui permettait à son mari de la retenir prisonnière.

De nombreuses voitures étaient garées autour de chez Ona. L'établissement semblait bondé. Heureusement, il était un peu trop tôt pour que la salle du fond soit prise d'assaut, elle aussi. Emma tenta sa chance et se dirigea vers la porte de derrière en s'abritant de la pluie avec son sac à main.

Elle ne s'était pas trompée. Tous les vieux fauteuils étaient libres. Elle s'installa dans un coin d'où elle bénéficiait d'une vue d'ensemble. Pour venir de la grande salle, il fallait passer par l'extérieur : Ona n'était pas femme à laisser les clients traverser sa cuisine.

Peu lui importait qu'Ona ne remarque pas sa présence. Avec un peu de chance, elle jouirait de quelques heures de tranquillité. Elle ravala ses larmes. Elle était en colère et voilà qu'elle s'apitoyait sur son propre sort ! Ses doigts effleurèrent l'enveloppe. *Sèche tes larmes. Tu finiras par connaître le fin mot de cette histoire*.

Les orchidées posées sur une table, près de la fenêtre, l'empêchaient de voir la ruelle. Du lierre grimpait le long des murs jusqu'au plafond en tôle, où la plante se propageait. Un vieux piano droit était posé contre le mur attenant à la salle principale. Il était orné d'un napperon en dentelle et de violettes en pot.

Une femme mince et blonde qu'elle n'avait jamais rencontrée poussa la porte de la cuisine et s'approcha d'elle.

— Bonjour.

— Bonjour, répondit Emma. Vous venez d'arriver dans cette ville, n'est-ce pas ?

— Ça fait déjà plusieurs semaines. Je m'appelle Annie Duhon.

Annie lui tendit une carte et ajouta :

— En plus des plats traditionnels, il y a des sandwichs et des salades. Ou bien des gâteaux et du thé chaud, si vous préférez. Ou encore du thé glacé, de la citronnade, du café…

Emma entendit à peine ce qu'elle lui disait. Toute son attention s'était focalisée sur son nom de famille. Devait-elle lui demander si elle avait un lien de parenté avec Finn ?

Se massant les temps, elle s'efforça de réfléchir.

— Vous avez mal à la tête ? s'enquit Annie. Oh, vous avez une éraflure au visage. On dirait que vous vous êtes coupé une petite veine…

— Non. Ce n'est rien. Tout est si tentant… Je vais devoir être raisonnable et me contenter d'une boisson et d'un gâteau.

— Pour commencer, peut-être. Ensuite, vous verrez.

— Je vais prendre un thé chaud. Le temps s'y prête,

aujourd'hui. Je vous laisse choisir lequel, car je n'y connais rien. Et si vous avez des biscuits bien moelleux, j'en prendrai volontiers un.

Annie disposa des couverts et une serviette sur la table. Elle avait sur les mains des traces lisses et luisantes, comme si elle s'était brûlée. En observant son visage, Emma en déduisit qu'elle n'avait pas plus de trente ans.

De nouveau seule, elle écouta tomber la pluie sur le toit et pensa à Finn. Il s'intéressait à elle, elle le savait. Mais pour l'heure, malheureusement, sa compagnie pouvait se révéler dangereuse, qu'elle soit libre ou non.

Pourquoi se mentir ? Elle passait le plus clair de son temps à penser à lui et, en cet instant, il était la seule personne à qui elle avait envie de parler.

Son regard se posa sur l'enveloppe qu'elle avait emportée avec elle. Une fois encore, son estomac se noua.

Sa situation allait changer. Bientôt, elle serait libre de se faire de nouveaux amis sans culpabiliser. Elle eut un sourire amer. Nul doute que, quand ce jour viendrait, Finn Duhon ne serait plus libre. Même s'il était encore en ville, il aurait fait des rencontres, trouvé une femme qui n'aurait pas le même fardeau à porter qu'elle.

Annie réapparut en portant fièrement un coffret de bois. Ona, une femme robuste aux cheveux blancs et au visage très maquillé, la suivait de près.

— Soyez la bienvenue, Emma, déclara-t-elle. Cela faisait un bout de temps qu'on ne vous avait pas vue ici. Quand vous étiez plus jeune, vous veniez avec vos parents tous les dimanches, après la messe…

La vieille dame y faisait allusion à chacune de leurs entrevues. Emma chérissait ce souvenir.

— Vous avez toujours servi les meilleurs brunches de la ville, répondit-elle.

Ona scruta la pièce de façon à s'assurer que personne ne pouvait l'entendre.

— Vous y croyez, vous, à cette histoire qui veut que Denise ait été tuée par un malfrat de passage ? C'est ce que le maire affirme.

Y croyait-elle ? Elle n'avait rien à gagner à effrayer les gens et contredire Orville aurait été stupide.

— C'est probable, avança-t-elle en fronçant les sourcils.

Elle aurait voulu confirmer la thèse de son mari avec plus de conviction.

— Denise était un personnage.

A sa grande surprise, les yeux d'Ona s'emplirent de larmes. Elle n'était pourtant pas du genre à s'émouvoir facilement.

— Je suppose que Rusty et elle auraient fini par se marier, avec le temps. Elle avait la langue bien pendue, et alors ? Les gens qui n'ont pas d'opinions personnelles sont si ternes.

— C'était une amie très chère.

— Je sais, répondit Ona. Et il a fallu que vous trouviez son cadavre. C'est vraiment triste.

Sur ces mots, elle s'éloigna en secouant la tête.

Annie s'approcha, son coffret toujours dans les mains.

— Voici le coffret des thés, déclara-t-elle avec le plus grand sérieux. Il contient un assortiment de sachets. J'ai aussi du thé en vrac, si vous voulez, mais je tenais à vous montrer ça. Le thé vert remporte un vif succès, en ce moment. Il est riche en antioxydants.

— Vous aimez le thé vert ?

— Beaucoup. Et il en existe de nombreuses variétés.

— Servez-moi celui que vous préférez.

La jeune femme lui adressa un sourire plein de douceur.

— Une question me brûle les lèvres, reprit Emma. Avez-vous un lien de parenté avec Finn Duhon ? Nous étions ensemble au lycée et je sais qu'il est de retour à Pointe Judah.

Annie faillit se coincer les doigts sous le couvercle de son coffret.

— Eh bien, oui… Finn est mon cousin. C'est sa sœur Eileen qui m'héberge, le temps que je décide si je vais rester ici.

— Comment ça, si vous allez rester ?

Annie rougit légèrement.

— J'aimerais créer mon entreprise. J'en rêve depuis que je suis toute petite. Mais j'ai connu des déboires, si vous voyez ce que je veux dire.

— Je vois, répondit Emma.

— En attendant, je travaille chez Ona. Elle a un cœur d'or. Et je viens d'être engagée par Holly Chandall. Vous la connaissez ? C'est un traiteur très apprécié pour les grandes réceptions, dans la région. Holly développe son champ d'activités. Elle cherchait une employée, alors je me suis présentée, et elle m'a engagée.

Décidément, le monde était petit.

— Je connais Holly depuis des années. Je l'ai appelée tout à l'heure, car elle s'occupe de la réception que je donne dans quinze jours.

— Il y aura combien d'invités ?

— Une soixantaine.

— Elle m'a parlé d'une réception chez le maire, mais…

— C'est ça, la coupa Emma, à contrecœur.

Annie la considéra, bouche bée.

— Dans ce cas, vous devez être la femme du maire…

— Oui. La maison du maire est idéale pour les réceptions. Vous serez là ?

— Je suis chargée des desserts. C'est ma spécialité. Et je ferai le service, madame.

— Appelez-moi donc Emma.

Annie hésita, mais répondit :

— Très bien, Emma. Merci. Nous vous ferons une belle réception, je vous le promets. Holly est si compétente…

— Je sais. Et si elle vous a engagée, c'est que vous l'êtes aussi. Dites-moi, vous ne seriez pas spécialiste de la sculpture sur glace, par hasard ?

— De quoi avez-vous besoin ?

— D'une représentation du Sénat.

Si Annie trouva cette idée saugrenue, elle n'en laissa rien paraître. Emma, elle, aurait voulu disparaître sous terre rien que d'avoir à en parler.

— Je pense à un ancien camarade de classe de Lafayette. Il vit à La Nouvelle-Orléans, et c'est le meilleur. Il pourra livrer la sculpture en camion réfrigéré. Mais j'ignore combien ça coûtera.

— Organisez-moi ça, Annie. Je commence à croire que c'est mon ange gardien qui m'a fait venir ici.

— Je m'occupe de tout.

La jeune femme s'éloigna, puis revint sur ses pas.

— Je sais que Finn était avec vous quand… Enfin,

vous savez, quand vous avez découvert le cadavre. Il m'a dit combien vous aviez été courageuse.

Emma en ressentit un immense plaisir au point de se trouver ridicule.

— Je ne l'aurais pas été s'il ne s'était pas trouvé à mes côtés.

— Il est très rassurant, n'est-ce pas ? Il a connu tant d'épreuves ! Quand il va mal, il n'en montre jamais rien.

Elle s'éloigna une fois de plus, puis s'arrêta.

— Il lui arrive de sursauter, comme ça, sans raison. Oh, ça ne se produira sans doute jamais en votre présence, mais je préfère vous prévenir, au cas où. Il a subi de grosses épreuves quand il était dans l'armée. Enfin, c'est ce que nous pensons, Eileen et moi. Lui n'en parle jamais. Il refuse de loger chez sa sœur, sûrement à cause de ses insomnies.

Pourquoi Annie lui faisait-elle ces confidences ?

— Dans ce cas, comment savez-vous qu'il est insomniaque ?

La jeune femme rougit.

— Aaron va dormir chez lui, de temps en temps. C'est lui qui m'a dit que Finn passait une bonne partie de ses nuits à marcher de long en large, expliqua-t-elle. Oh, oubliez tout ce que je viens de vous dire. Mais vous êtes une de ses amies de longue date et je m'inquiète pour lui. Surtout, ne lui racontez pas tout ça. Il serait furieux d'apprendre que je vous ai parlé de lui.

Enfin, elle regagna la cuisine, laissant Emma à ses pensées.

Comme par enchantement, Finn entra par la porte du

fond. Il se dirigea droit vers elle comme s'il était normal qu'elle soit là.

— Je suis venu voir comment ma cousine s'en sort. Et en apercevant ta voiture sur le parking, je me suis dit que j'allais prendre de tes nouvelles. Où étais-tu passée ? Je t'ai cherchée partout.

— Où ça ? s'enquit-elle sans parvenir à masquer sa nervosité.

Il sourit.

— Je suis un homme prudent.

Seigneur, que son sourire était attirant…

— Que t'a dit Billy sur ton pick-up ? demanda-t-elle, revenant à des préoccupations plus terre à terre.

— Il ne restait aucune empreinte exploitable. Nous avons tout effacé, si tant est qu'il y en ait eu au départ. On n'a retrouvé qu'une vieille balle de tennis. Billy n'a pas grand espoir d'en tirer quoi que ce soit.

A l'évocation de la balle de tennis, elle haussa les sourcils.

— C'est la balle dont le type s'est servi pour fabriquer le fumigène, expliqua-t-il. Un vieux truc de gamin. Très efficace quand on veut terroriser quelqu'un.

— J'ai eu peur, en effet. J'étais sur le point de t'arracher de cette voiture. La peur donne vraiment des ailes.

Au lieu de rire, il se contenta de l'observer avec attention. Son regard était irrésistible, sous ses cheveux trempés par la pluie. Contrairement à elle, il ne semblait pas particulièrement fatigué.

— Si tu m'y autorises, reprit-il, rompant le silence, j'aimerais changer les serrures de ta maison. Même si tu n'as pas l'intention de rester là-bas, il faut s'en occuper.

Certaines de ces serrures sont vraiment anciennes et faciles à forcer.

— Ne t'occupe pas de ça. Ta sollicitude me touche, mais j'imagine que tu as tes propres problèmes à régler. J'enverrai moi-même un serrurier, je ferai aussi vérifier les fenêtres et condamner cette maudite porte secrète.

— Bonne idée. Mais laisse-moi m'occuper du cellier. Il faut renforcer le mur et je serai plus rassuré si je le fais moi-même.

Si elle avait du cran, elle refuserait. Mais elle n'en avait pas.

— C'est très gentil. Merci.

Après tout, décliner son offre aurait été impoli.

Ils restèrent un long moment à se regarder en silence. Elle ne savait que dire.

Il finit par reprendre la parole.

— J'ai des nouvelles à t'annoncer, Emma. Tu n'as peut-être pas envie de le savoir, mais il vaut mieux que tu l'apprennes de ma bouche.

Il n'eut pas le temps de poursuivre. Poussant la porte de la cuisine, Annie réapparut et posa un plateau sur la table.

— Salut, Finn. Je t'ai apporté une autre tasse. Je sais que tu aimes le thé vert.

Elle disposa la théière et une coupelle de rondelles de citron sur la table, avec une assiette de biscuits, tout en continuant :

— Je sais, tu vas encore me dire que tu ne restes pas, mais Emma et toi étiez au lycée ensemble et ce serait malpoli de ta part de la planter là. Je parie qu'il était une vraie terreur, au lycée, ajouta-t-elle à l'intention d'Emma, avec un petit sourire. Il avait du succès, avec les filles ?

Il grimaça.

— Absolument, assura Emma, l'air détaché.

— Je m'en doutais. C'est bien qu'il soit de retour. Il trouvera peut-être une autre femme, une qui l'épousera pour lui-même et pas pour son argent. J'aimerais bien qu'il se pose enfin là où il a de la famille.

La jeune femme se tut brusquement. Finn la considérait d'un air mauvais, justifié si l'on en jugeait par les confidences plutôt intimes qu'elle venait de faire à son sujet. Atrocement gênée, elle s'éloigna précipitamment vers la cuisine.

Finn s'assit à côté d'Emma. Dans ce fauteuil trop bas pour lui, ses longues jambes étaient repliées de façon presque grotesque.

Emma les servit de thé vert.

— Annie cherchait juste à être gentille, l'excusa-t-elle. Ce n'était pas la peine de la regarder comme du poisson pourri, simplement parce qu'elle a abordé un sujet un peu personnel.

— Comme du poisson pourri ?

— C'est la première image qui m'est venue à l'esprit, fit-elle en haussant les épaules. J'ignorais que tu avais été marié.

— Je ne suis pas du genre à m'étendre sur ma vie privée.

Cette réponse l'agaça.

— Tu ne te gênes pas pour fouiller dans la mienne !

— Je n'ai pas fouillé dans ta vie privée.

— Tu appelles ça comment, alors ?

Elle lui tendit une tasse qu'il vida d'une traite.

— Annie ne pensait pas à mal, admit-il enfin. Elle est

gentille et timide. Et elle en a bavé. J'espère qu'elle aura plus de chance à l'avenir.

— Moi aussi. Quel est le problème, Finn ? Tu es tendu comme un ressort. Tu m'as dit que tu avais du nouveau. C'est ça qui te perturbe ?

— Je n'ai pas de problème et je ne suis pas perturbé. La nouvelle attendra que nous soyons sortis d'ici.

Elle prit un biscuit dans l'assiette et mordit dedans. Il était délicieux.

— On peut dire ce qu'on veut, Annie est une excellente pâtissière.

— En effet, acquiesça-t-il avant d'engloutir deux beignets. Emma, il faut que tu me fasses confiance, que tu sois honnête avec moi.

— Comme tu l'es avec moi ? répliqua-t-elle.

— Je ne t'ai pas menti. Tu as tes propres problèmes. Pourquoi t'embêterais-je avec les miens ?

— Pour que j'aie moins l'impression de déranger. Pour que je sache que tu comprends, ne serait-ce qu'un peu, ce que je suis en train de traverser, parce que tu as connu ça.

Elle marqua une pause.

— Annie a bien dit que tu avais été marié, n'est-ce pas ?

— Hmm.

— Tu ne l'es plus ?

— Non.

Très bien. S'il refusait de lui donner des précisions, elle ne lui en demanderait pas.

— Je ferais mieux d'aller voir le serrurier afin de lui demander combien de temps il lui faudra pour réaliser les travaux chez mes parents.

— Tu es pressée, maintenant ?

— Ce que tu peux être énervant ! Oui, je suis pressée. J'ai l'intention de m'installer là-bas au plus vite.

— Comment Orville va-t-il prendre la nouvelle ?

Elle baissa les yeux vers l'enveloppe posée par terre à côté de son sac à main. Elle avait espéré réfléchir longuement à sa situation, mais entre les confidences d'Annie et l'arrivée de Finn, elle n'avait pas eu le temps.

— Je ne peux pas t'en parler. Pas encore.

— Mais tu m'en parleras un jour ?

Elle ramassa des miettes de biscuit qu'elle remit dans l'assiette.

— Peut-être.

— Qu'est-ce que tu as au visage ? Tu t'es coupée ? C'est tout près de ton œil et ça vire au bleu. Qu'est-ce qui s'est passé ?

— J'ai pris le coin d'une enveloppe dans la figure, répondit-elle, optant pour la vérité.

Elle ignorait dans quelle mesure elle pouvait se confier à lui, ou à qui que ce soit, d'ailleurs. Finn lui donnait l'impression d'être un vieil ami digne de confiance, mais cela ne faisait que peu de temps qu'ils s'étaient retrouvés.

— Ce n'est pas l'endroit rêvé pour discuter de questions personnelles, remarqua-t-il.

— Pourquoi ? Nous sommes seuls dans la salle.

— Pour l'instant. Mais nous serons vite interrompus. Quand envisages-tu de t'installer dans la maison de tes parents ?

Quelques gouttes de thé tombèrent sur son pantalon lilas qui l'embarrassait tant. Elle prit une serviette, la trempa dans l'eau et tapota le tissu.

— L’eau chaude ne fait que fixer la tache, commenta Finn.

Elle jeta la serviette sur la table.

— Je vais me débarrasser de ce pantalon et de ce débardeur dès que j’aurai accès à mes propres vêtements. Cette tenue n’est qu’un dépannage.

Il posa sur elle un regard perplexe.

— Je suis allé directement au magasin après l’interrogatoire que nous a infligé Billy, expliqua-t-elle. Mon sweat-shirt était bon à jeter aux ordures. C’est Sandra qui m’a choisi cette tenue.

— Même les chaussures ?

— Oui, répondit-elle avec un soupir.

— Ce n’est pas ton style. Pas du tout.

— Merci de me remonter le moral, railla-t-elle, avant de se mettre à rire. Regarde-nous ! On n’arrête pas de s’envoyer des piques !

— J’admets que tu es très sexy, habillée comme ça. Mais c’est un peu voyant.

Devant son petit sourire, elle eut soudain très chaud.

— Tu ne m’as pas dit quand tu déménageais.

— Parce que je n’en sais rien. On verra. Je partagerai peut-être mon temps entre la maison d’Orville et celle de mes parents.

— Pourquoi dis-tu « la maison d’Orville » ?

— Parce que c’est le cas.

— D’accord…

— Tu as des enfants ?

— Hélas, non, répondit-il.

Elle sentit son ventre se nouer. Décidément, ses réactions étaient inquiétantes.

Il vérifia qu’ils étaient bien seuls, puis ajouta :

— Ma femme n'a rien fait de mal. Elle avait épousé un financier, pas un Ranger. Elle a supporté ma première expédition mais pas la deuxième. C'est une femme qui a besoin d'animation, d'action, de passion.

Il s'enfonça dans son fauteuil et ressembla soudain à une tarentule. Une belle tarentule.

— Elle a rencontré un autre homme. C'est aussi bien, finalement, car elle n'aurait pas compris que je ne revienne pas au monde de la finance.

— C'est une idiote, trancha Emma avant de porter vivement la main à sa bouche.

Ses joues s'empourprèrent.

Réprimant un rire, il attrapa un biscuit dans l'assiette.

— Merci pour ce vote de confiance. En ce qui concerne l'aide que je t'offre, tu as raison, j'ai des questions personnelles à résoudre. C'est même pour ça que je suis revenu à Pointe Judah. Mais après ce qui est arrivé à Denise, je me dis que mes intérêts peuvent bien attendre. Tu passes avant le reste, tant que tu auras besoin de moi.

Elle ne savait que dire.

— Hé, ne fais pas cette tête-là ! Ne sois pas gênée parce qu'un vieil ami se préoccupe de ta sécurité. Tu en ferais autant si c'était moi qui avais besoin d'aide.

Bien sûr, elle pouvait lui mentir et lui faire croire que tout allait bien, mais… sa présence la rassurait. Le mieux était de ne rien dire.

— Dans ce cas, en quoi puis-je t'être utile ? demanda-t-elle. Je peux peut-être t'aider, moi aussi.

Il lui prit la main et la serra dans la sienne.

— Ce serait déjà pas mal que tu m'écoutes radoter, de temps à autre. J'ai l'impression que je vais rabâcher pas mal de vieilles histoires. Mais je tiens d'abord à m'assurer que le meurtre de Denise n'était pas le premier d'une série de crimes.

Lorsqu'il plongea dans son regard, elle ne put détourner les yeux.

Elle ôta sa main de la sienne.

— Tu n'as qu'un mot à dire, Finn, et je t'aiderai. Tu es si gentil avec moi…

Il poussa un soupir.

— J'ai beaucoup réfléchi, tu sais. J'ai même changé mille fois d'avis, mais si je ne te dis pas ce que je pense et s'il se passe quelque chose, je ne me le pardonnerai jamais.

Au ton de sa voix, elle ne put retenir un frisson.

— Ne prends pas cet air effaré. Je veillerai sur toi.

— Tu penses donc que je suis en danger ?

Il ne répondit pas.

— A cause du cow-boy ? Je crois que c'est un imposteur. Il ne fait que jouer avec moi. Il ne me fera pas de mal.

Se levant, il posa de l'argent sur la table pour le thé et les gâteaux et prit Emma par le bras.

— Comment peux-tu faire comme si de rien n'était ? La police n'a arrêté aucun suspect. Pourquoi le tueur ne serait-il pas ton fameux cow-boy, comme tu l'appelles ?

— Je ne le crois pas, c'est tout. Il s'agit de deux hommes différents.

— Sortons d'ici.

Il l'entraîna dehors, sous la pluie, et tous les deux coururent jusqu'au 4x4. Emma s'installa derrière le volant tandis qu'il demeurait sous la pluie. Il refusa de monter à côté d'elle.

— Je ne voudrais pas me montrer pénible, mais je veux

que tu répondes encore une fois à ma question. Crois-tu vraiment être en sécurité ?

Elle baissa les yeux vers l'enveloppe posée sur ses genoux. Aussi nonchalamment que possible, elle la mit sur le siège du passager avec son sac à main.

— Oui, répondit-elle sincèrement. Mais je suis dans un sacré pétrin et je ne t'impliquerai pas davantage dans mes histoires.

— Emma ! Regarde-moi !

Elle secoua la tête.

— Pour l'amour du ciel, ne m'exclue pas comme ça !

— Je te promets de t'appeler en cas de besoin. On va bien voir s'il se produit un autre événement.

Ses propres mots lui semblaient insensés. Elle commençait vraiment à perdre pied.

— Pourquoi s'attaquerait-on à moi ? Il s'agit sûrement d'une vengeance contre Denise. La théorie selon laquelle elle aurait mis la réputation de quelqu'un en péril est parfaitement plausible.

— Et ce type qui est entré dans ta chambre et t'a remis dix mille dollars ? Et qui s'est attardé pour te prouver à quel point il lui était facile de t'atteindre ?

— Billy est au courant, désormais. Il va s'en charger.

Elle avait envie d'être seule, de crier à pleins poumons. Si elle cherchait à joindre ses parents, ils lui diraient de venir les retrouver. Mais elle avait trente-deux ans et ils avaient toujours réprouvé son mariage avec Orville. A leurs yeux aussi, elle était incapable de se débrouiller seule.

Finn glissa les mains dans les poches de son jean et leva les yeux vers le ciel. La pluie dégoulinait sur son visage.

— Et moi, je ne suis qu'un étranger, c'est ça ? dit-il avec amertume. Après tout, je suis peut-être ton cow-boy. Il m'aurait été facile de déposer le fumigène dans ma voiture. Tu veux que Billy et ses hommes fouillent mon appartement en quête d'un Stetson blanc ?

— Ce n'était pas toi. Il était moins grand que toi. Et de toute façon, tu ne ferais jamais une chose pareille.

Elle se tut. Mieux valait garder pour elle certaines choses qu'elle risquait de regretter plus tard.

— Il reste la possibilité que je possède la plus grosse seringue que tu aies jamais vue, lança-t-il rageusement. Sous mon lit, peut-être. Billy peut vérifier pour toi.

Elle fronça les sourcils.

— Qu'est-ce que tu racontes ?

— Denise est morte d'une injection mortelle. Voilà ce que j'avais à te dire. Et elle a été violée.

12.

— Emma, tu sais ce que je pense, déclara Angela. Si l'une d'entre vous considère que nous pouvons aider quelqu'un, ça me suffit. Tu devrais amener Eileen Moggeridge à la prochaine réunion. Tout le monde est d'accord ?

Elle balaya la pièce du regard.

— Oui, amène Eileen avec toi, murmurèrent les autres. Pauvre Emma…

Suky-Jo, qui cousait les sachets de soie, en satin et en brocart qu'Emma vendait à la boutique, sortit un coussin en satin bleu ciel d'un sac en papier. Elle le lui tendit.

— Passe les mains dessus et le parfum de lavande sera plus intense. Ça apaisera ta tension, tes angoisses. En dormant, pose-le sur tes yeux. Je l'ai fabriqué pour toi en ajoutant deux ou trois ingrédients spéciaux.

Elle lui adressa un clin d'œil complice.

Angela reprit la parole.

— Bon, ce soir, nous nous occupons de notre pauvre Emma. Nous sommes là pour la soutenir et l'aider à surmonter l'épreuve qu'elle traverse.

Irritée, Emma se tourna vers elle.

— Tu es une femme très forte dans les moments difficiles, mais je t'en prie, ne parle pas comme si j'étais sur le point d'être incarcérée pour vol de carte de crédit. Dans un moment pareil, nous avons toutes besoin de soutien. Nous avons toutes perdu Denise.

Elle comptait leur révéler comment leur amie était morte, mais elle n'y parvenait pas.

Holly Chandall resta bouche bée.

— Emma, si tu avais besoin d'argent, il fallait venir me voir. Il m'est difficile d'en soutirer à Harold, mais j'aurais puisé dans la caisse de mon entreprise.

Emma lui sourit.

— Holly, cette histoire de carte de crédit, c'était un exemple.

— Ah bon, fit-elle, rassurée.

Même maintenant, la candeur de Holly lui semblait charmante. Et pourtant, elle traversait des moments difficiles à ne pas savoir à qui faire confiance alors même qu'elle avait besoin d'une épaule pour la soutenir.

— Pardonne-moi, Emma, s'excusa Angela avec un sourire. Je te reconnais bien là. Tu penses d'abord aux autres. Très bien, les filles, nous allons toutes signer. Le registre est posé sur mon fauteuil. Si vous n'avez rien d'urgent et si vous pouvez offrir votre temps à une autre pour ce soir, ce sera très bien. Tu voulais aussi de nouveaux conseils, Emma ? Sans doute pas.

— Bien sûr que nous voulons des conseils et astuces, répondit Emma. Faisons-nous plaisir. Tu nous as appris à voir les choses du bon côté, Angela. Tu dis toujours qu'un monologue, c'est comme applaudir d'une seule main.

— C'est vrai, renchérit Holly. J'ai une série d'exercices de gym pour les fessiers très efficaces. Vous n'allez pas le croire. Mais je vais attendre mon tour.

— Dans ce cas… La paix, c'est la force, déclara Angela en tendant les bras.

Vêtues de leurs peignoirs roses, elles joignirent leurs mains. Ce soir, elles étaient sept. Emma balaya l'assemblée du regard, accablée de tristesse.

— Denise, tu nous manques, clama Angela. Tu es avec nous en pensée, mais nous ne pouvons te prendre par la main, ce qui nous serre le cœur. Ce soir, c'est à toi que nous rendons hommage.

Son visage pâle et sans âge, ses yeux d'un bleu intense, se figèrent. Elle n'avait pas toujours vécu à Pointe Judah, mais elle y habitait déjà lorsque Emma était revenue de La Nouvelle-Orléans pour se marier. Sa mère lui avait raconté qu'Angela était partie de Georgie pour trouver la tranquillité et se remettre de la mort de son mari. Elle ne s'étendait jamais sur sa douleur, mais se consacrait à aider les autres.

Doucement, leurs mains se séparèrent et elles allèrent inscrire leur nom sur le registre. Angela avait dépensé beaucoup d'argent pour décorer sa maison, bien qu'elle n'en soit pas propriétaire. Cette pièce, qui ne servait que pour les réunions du club, était construite à l'arrière du bâtiment. Carrelée de rose, elle avait un plafond très haut et des chaises longues étaient disposées en cercle autour d'un bassin profond de la taille d'une grande baignoire. Elles l'appelaient la « chambre ». Pourtant, elles ne s'y réunissaient pas systématiquement. Parfois, elles préféraient une pièce plus petite, plus douillette, pour échanger des idées. Ce soir-là, Emma aurait préféré s'y trouver.

— Commençons par toi, Emma, proposa Angela dès qu'elles furent installées. S'il reste du temps, nous passerons à autre chose.

Emma voulait seulement se reposer. Plusieurs gerbes de lys étaient disposées çà et là et leur parfum ne faisait que la démoraliser davantage. Ses amies ne semblaient pas d'humeur à parler, elles non plus. Elles évitaient même son regard.

— Il faut que je divorce, déclara-t-elle. Tout de suite. Enfin, bientôt, dès que je pourrai le faire sans devenir sa cible. J'ai un avocat.

Elle se tut, les lèvres entrouvertes, le cœur battant.

— Bravo, Emma ! s'exclama Frances en agitant ses tresses ornées de perles. Je ne t'aurais jamais incitée à le faire, mais tu sais ce que j'en pense. Orville n'est pas un homme bien. Pas du tout, même. Ce sont sûrement des sorcières qui se sont penchées sur son berceau. Maintenant, pourquoi attendre plus longtemps ? Fais ta valise !

— Je dois me protéger. Mon mari est un homme ambitieux. Il ne songe qu'au pouvoir. Je crois qu'il a une chance de devenir gouverneur. S'il y parvient, il sera trop occupé et imbu de lui-même pour me harceler. En revanche, un divorce immédiat mettrait sa carrière en péril.

— Et comment, si les gens apprennent qu'il n'est qu'un sale type violent et méchant ! fit Holly avec dédain.

— Tu vas devoir faire attention, prévint Sandra. Dites, ça vous embête si j'utilise le Jacuzzi ?

Angela appuya sur un bouton. Les eaux vertes se mirent aussitôt à bouillonner.

Sandra se leva, ôta son peignoir et s'assit au bord du bassin sans le moindre complexe. Ses seins généreux et sa taille de guêpe faisaient des envieuses, de même que ses hanches larges.

— Attends ! s'écria Lynnette en se précipitant vers son sac.

Elle était passionnée par son salon de beauté, où Frances était coiffeuse. Toutes deux étaient adeptes des dernières nouveautés en matière de cosmétique. Elle revint avec un flacon en plastique blanc dont elle ôta le couvercle. Elle en sortit un peu de gel orange.

— Voilà de quoi faire chanter ta peau, déclara-t-elle. Il paraît que ce masque corporel fait perdre dix ans. Adieu la cellulite et les seins qui tombent. Je vous le dis, les filles, mes seins ne regardent plus mon ventre depuis longtemps !

C'était dans son salon que les premiers membres du club s'étaient rencontrés.

Des rires fusèrent dans l'assemblée. Angela s'agenouilla près de Suky-Jo et l'aida à badigeonner Sandra du produit miracle.

— Suivante ! lança-t-elle dès qu'elle eut terminé. Emma ?

— Pas tout de suite.

A son grand soulagement, la mort de Denise semblait reléguée au second plan par la perspective d'atténuer sa cellulite. Cela lui faisait du bien de profiter simplement de la compagnie de ses amies. Elle aurait bien le temps de penser au désastre qu'était sa vie dans les jours à venir.

Suky-Jo ôta son peignoir et s'assit à son tour au bord du bassin, l'air ravi, pendant que Sandra et Angela enduisaient ses formes généreuses.

— Je trouve que nous devrions parler du divorce d'Emma, intervint Holly qui n'avait jamais su faire preuve de tact. Menace-le, Emma. Dis-lui que tu vas placarder dans toute la ville des photos de lui en short, avec sa bedaine qui déborde.

— Je n'aurais pas dû vous parler de ça…

Sandra jouait peut-être un double jeu. Malheureusement, il était trop tard pour revenir sur ses propos.

— Il me reste à trouver un moyen de démarrer la procédure à l'insu d'Orville.

— Pourquoi ? s'enquit Frances. Pourquoi veux-tu faciliter les choses pour ce moins que… Hum, je devrais peut-être surveiller mes propos.

— Je ne cherche pas à lui faciliter les choses, protesta Emma en guettant la réaction de Sandra. Pour une fois, c'est à moi que je pense. Dès qu'il aura vent de la nouvelle, Orville va lâcher ses avocats à mes trousses. Ils vont me faire la leçon, me disant qu'il est de mon devoir d'épouse de régler nos problèmes de couple. Ensuite, si cette méthode ne fonctionne pas, il me déclarera la guerre. Je peux vivre chez mes parents pendant quelques mois et j'ai bien l'intention de m'installer là-bas sans tarder. Mais je vais devoir me débrouiller financièrement. Il faut que j'assure mes arrières avant de partir. Que je trouve un moyen de gagner ma vie.

Pendant un moment, elles n'entendirent que le léger gargouillis du Jacuzzi.

— J'ai de l'argent, lança Sandra. En tout cas, j'en ai suffisamment pour te permettre de vivre, le temps de te retourner.

Touchée et soulagée, Emma voulut l'étreindre, mais en voyant le gel orange, elle se ravisa.

— Je te remercie, mais je ne peux pas accepter. Je dois m'en sortir seule. De toute façon, tu imagines la réaction de Carl s'il apprend que tu soutiens financièrement l'épouse en fuite de son associé ?

— Soyons concrètes, intervint Frances en enduisant de gel son corps parfait. Tes parents seront ravis de t'héberger.

Donc, de ce côté, pas de problème. Ensuite, il te faudra un emploi. Tu as besoin de travailler, c'est ça ?

— Oui.

— Qu'est-ce que tu sais faire ? demanda Suky-Jo. A part… A quoi bon cette conversation ? Quelqu'un peut me l'expliquer ? Tu travailleras à la boutique, comme avant.

Emma secoua la tête, évitant de regarder ces corps de plus en plus visqueux qui l'entouraient.

— Le bail est au nom d'Orville. Je n'avais pas assez d'argent pour le louer moi-même.

— Quand ce bail arrive-t-il à son terme ? demanda Angela.

— Dans un mois environ.

— Très bien. Tu vas dire à Orville que tu abandonnes la boutique et qu'il peut résilier le bail. Ensuite, nous louerons à ta place jusqu'à ce que tu aies redressé la situation.

— Pourquoi faut-il sans cesse que je fonde en larmes ? gémit Emma d'une voix brisée. Renoncer à la boutique me fend le cœur, mais je dois y arriver toute seule. Pour commencer, je vais trouver un emploi, n'importe lequel. Ensuite, je reprendrai mes études musicales.

Frances se figea, les yeux écarquillés.

— J'ignorais que tu avais fait des études musicales. Tu comptes enseigner ?

— Je faisais des études de marketing, option musique. Tu parles d'un mélange ! J'ai toujours eu envie de terminer ma licence, mais en musique seulement. Ce que je peux faire, c'est trouver quelqu'un qui me permette de gagner ma vie en jouant du jazz au piano.

— Du jazz ? s'exclama Frances, le visage enduit de gel. Vous savez ce qui manque, dans ce trou perdu ? De la musique ! C'est bizarre, mais ça ne m'avait jamais vraiment marquée, jusqu'à ce que je quitte Pointe Judah.

— Il y a un juke-box chez Buzz, lui rappela Lynnette. Et un orchestre vient pour les fêtes.

— Il y a aussi un piano chez Buzz, renchérit Frances avec un sourire enthousiaste. Et un autre chez Ona, dans l'arrière-salle. Je vous parie ce que vous voulez qu'ils seraient ravis de t'engager.

Les autres l'approuvèrent.

— Alors ? insista Frances, les mains sur ses hanches visqueuses. Vous êtes d'accord avec moi ?

— Ça me paraît faisable, admit Sandra.

— Bon, lança Lynnette. C'est le moment de se rincer. J'ai oublié de vous prévenir que ce produit brûle la peau si on le garde trop longtemps.

Elle adressa un clin d'œil à Emma, se boucha le nez et plongea dans les eaux bouillonnantes. Des cris fusèrent. Elles se mirent toutes à chahuter en se rinçant. Très vite, l'eau devint orange.

Seules Angela et Emma étaient restées sur le bord, habillées.

— Orville connaît tout le monde à Pointe Judah, remarqua soudain Angela. Tu en as conscience, n'est-ce pas ?

— Bien sûr. Mais j'ignore combien de personnes l'écouteraient s'il leur disait de ne pas m'engager. Ils n'auraient pas à justifier leur refus de me donner du travail. Il leur suffirait d'affirmer que le poste est déjà pourvu ou qu'ils ont changé d'avis.

— Ici, les gens considèrent ton mari comme un homme bien, fiable. C'est l'avis de beaucoup de gens, en tout cas. D'après toi, comment réagirait Lobelia Forestier si tu lui disais du mal du maire ?

— Cette femme n'est qu'une imbécile, répliqua Emma en serrant les dents. Et puis, pourquoi devrais-je me soucier de ce que pensent les gens ? Ça ne les regarde pas.

— Tu n'auras pas à t'en soucier si tu envisages de t'installer ailleurs.

Emma dessina des cercles dans l'eau qui avait jailli du bassin. Et brusquement, elle eut l'impression d'imploser.

— J'en ai assez ! J'aime ce trou perdu, comme dit Frances ! J'y suis née et j'y ai grandi ! Mes parents finiront par s'y fixer pour de bon. J'ignore quand et si je partirai, et pour combien de temps, mais ce n'est pas Orville Lachance qui me chassera d'ici. Qu'il parte, lui, si ça lui chante !

— C'est bien ce que je pensais, commenta Angela en lui tendant la main.

Toutes deux s'étreignirent en riant.

Angela sentait légèrement le camphre. De près, elle semblait plus âgée. Emma se demanda si elle lavait souvent ses cheveux d'un blond cendré qui semblaient toujours emmêlés. Elle s'en voulut aussitôt d'être aussi critique.

— Tu sais, ton mari arrive à convaincre les gens qu'ils doivent faire ce qu'il leur dit de faire. Mais il suffit de lui dire non pour lui rabattre son caquet. J'aimerais être présente quand tu lui annonceras que tu t'en vas.

Holly sortit de l'eau et alla prendre une douche. Elle revint quelques minutes plus tard, drapée dans un peignoir très court et ses cheveux auburn enveloppés d'une serviette. Elle approcha sa chaise longue des leurs et s'installa confortablement.

— Je crois que nous venons ici pour nous comporter

comme des gamines, remarqua-t-elle. Je ne faisais pas ce genre de choses quand j'étais petite.

— Justement, c'est une façon de se libérer, expliqua Angela. Je ne suis pas du genre à batifoler dans une piscine, mais je me réjouis pour celles d'entre vous qui aiment ça. C'est une façon de soigner l'âme.

Un parfum de lys envahit les narines d'Emma.

— C'est toi qui as commandé ces fleurs, Angela ? demanda-t-elle.

— Certainement pas. Elles viennent de gens compatissants qui savent que nous pleurons la mort de Denise. Sadie et Sam, Buzz. Et le personnel des pompes funèbres du bayou. Il y en a un de Rusty Barnes, même s'il est le premier à avoir besoin de réconfort, le pauvre. Le mari de Sandra aussi, et John Sims. Il a dû commander le sien juste avant de quitter la ville. Il est adorable d'y avoir pensé. C'est Patrick Damalis qui a envoyé le plus gros bouquet. J'aurais quand même préféré qu'ils attendent l'enterrement, si tu vois ce que je veux dire.

Les autres l'approuvèrent.

— John est parti ? s'enquit Sandra en souriant. Il est toujours en déplacement, celui-là.

— Il a de nombreux clients à voir, depuis le temps qu'il travaille. Il n'est pas du genre à démarcher au hasard. Je me demande ce que je ferais sans lui.

Angela poussa un long soupir.

— Entre lui et Mme Merryfield, je n'ai guère de souci à me faire. Vous savez que j'ai un peu de mal à sortir de chez moi.

— Je sais combien c'est difficile pour toi, assura Emma. John est un homme bien. Il est très gentil de t'apporter tes provisions et de veiller à ce que tu ne manques de rien. C'est un homme très serviable. Il me rappelle Rusty Barnes. C'est à se demander comment deux hommes aussi attentionnés peuvent vivre seuls. Rusty n'a jamais été marié. Pour John, je n'en sais rien.

— Je crois qu'il l'a été une fois. Enfin, c'est une impression qu'il me donne.

Suky-Jo arriva à son tour après sa douche et entendit la fin de leur conversation.

— Rusty était amoureux de Denise. Je me demande s'il s'en remettra un jour.

Elle ferma les yeux, tentant de ravaler ses larmes.

Sandra alla la prendre dans ses bras.

— Pleure, libère-toi… Ces prochaines semaines, ça risque de nous arriver à toutes.

— Je voulais dire quelque chose, intervint Holly.

Son calme s'était envolé. Nerveuse, elle croisait et décroisait ses mains — un geste que les autres connaissaient bien. Cela signifiait qu'elle avait un projet que son mari désapprouverait. En vérité, Harold n'approuvait pas grand-chose.

— Nous sommes tout ouïe, dit Emma en retournant s'asseoir.

— Je voulais te remercier de m'avoir confié l'organisation de ta fête, dit Holly, rougissante.

— Qui d'autre aurais-je pu engager ? Personne ne travaille aussi bien que toi. Au fait, j'ai rencontré Annie Duhon, aujourd'hui. Elle est adorable.

— Elle va m'aider à développer un peu mes activités. Elle a fait l'école hôtelière et possède une solide expérience. De toute façon, il faut que j'agrandisse mon entreprise, parce que j'ai pris la décision de divorcer.

Emma se tourna vers Angela qui plissait le front d'un air soucieux, pour une fois.

— C'est une bonne idée, n'est-ce pas ? demanda Holly. Tout ce qu'il attend de moi, c'est que je lui prépare ses repas, fasse sa lessive et sois à sa disposition. Au lit, il me grimpe dessus, puis il fait son affaire et s'endort. Dix secondes plus tard, il ronfle comme un sonneur. Il ne dit jamais un mot. Comme s'il avait honte de me toucher.

Angela se racla la gorge avant de prendre la parole.

— Je crois que nous devrions prendre garde. Si deux membres de ce club demandent le divorce en même temps, sans crier gare, nous fournirons des arguments à nos détracteurs qui prétendent que nous avons une mauvaise influence sur les femmes de cette ville.

— Tu as raison, admit vivement Holly. J'aurais dû y penser, mais tu me connais. Je pars dans tous les sens. J'attendrai quelques mois.

— Ne change rien à tes projets, intervint Emma. Si tu recules si vite, c'est parce que tu as peur d'aller jusqu'au bout. Je te comprends. J'ai peur, moi aussi.

— Tu ne crois pas que j'aie raison ? s'enquit Angela, l'air un peu maussade.

— Peut-être, concéda Emma en prenant le pied de Holly sur ses genoux pour le masser. Tu sais, tu n'es pas obligée d'agir en fonction de moi. Je ne veux pas que tu reportes tes projets. Si tu es prête à divorcer, fonce. Et j'espère bien que la réception que tu vas organiser te fera de la pub. Quant à moi, le lendemain de la fête, je commencerai à chercher du travail. Si Orville obtient des soutiens et de l'attention, il s'en moquera… En fait, il sera sûrement fou de rage, mais tant pis.

— Très bien. Tu ne crois pas… Non, il ne te ferait pas de mal…

— Il essaiera peut-être. En tout cas, il va me traîner dans la boue, c'est sûr.

Elle aurait aimé dire qu'elle n'en avait rien à faire, mais ce n'était pas le cas.

Holly poussa un long soupir.

— J'aimerais bien voir ça. En ville, tout le monde te connaît, Emma. Tu es irréprochable.

— Merci.

— Vous savez, je compte me lancer dans l'organisation de fêtes de A à Z. Tu pourrais jouer lors des mariages, par exemple. Et si je montais un orchestre ? Il y a des musiciens de talent dans cette ville. Frances a raison, il nous faudrait un peu de musique.

— Tu crois vraiment que ça peut marcher ? demanda Emma, un peu sceptique.

— Bien sûr !

— Très bien, si tu cherches quelqu'un, fais-moi signe.

— C'est formidable ! s'exclama Sandra. On dirait que tu vas être très occupée, Emma. Mais je t'informe tout de suite que je ne renoncerai pas à la boutique.

— Holly, reprit Angela, Harold risque-t-il de devenir violent ?

— Non. Ce n'est pas un homme méchant. Il ne sait pas aimer, voilà tout. Il aime le riz parce que le riz a fait sa fortune. Il ne connaît pas d'autre forme de sentiment.

Emma ne put s'empêcher de rire.

— Allez, c'est l'heure de la gym ! cria Holly. S'il reste quelqu'un sous la douche, qu'elle sorte tout de suite !

— Je suis trop crevée pour faire de la gym, déclara Sandra

en s'installant confortablement sur une chaise longue. J'ai l'impression d'être passée sous un fer à repasser.

— On ne peut pas dire qu'il t'ait beaucoup aplatie, plaisanta Frances.

Holly écarta les chaises longues et s'assit sur le dallage rose.

— Aïe ! fit Frances. Ce doit être froid.

— Mets-toi derrière moi. Tout près. Une jambe de chaque côté de moi, pour que je puisse te prendre par les chevilles.

— Pas question. Je vais mouiller ma culotte.

— Ce ne serait pas la première fois ! lança Sandra.

Frances fit mine de l'étrangler.

— Allez ! insista Holly. Je me gèle le pôle sud !

— Tu n'en as pas, répliqua Suky-Jo.

Elle s'assit derrière elle, tendit les jambes et la prit par la taille. Les autres l'imitèrent, y compris Emma. Sandra finit par se joindre à elles après s'être extirpée à contrecœur de sa chaise longue.

Angela les observait d'un air amusé.

— Tout le monde en appui sur la fesse gauche !

Elles ricanèrent en essayant de ne pas perdre l'équilibre.

— Un, deux, trois ! On passe sur la fesse droite ! Vous sentez la contraction ?

Elles se balancèrent ainsi jusqu'à ce que Sandra, qui n'était guère musclée à cet endroit, implore pitié.

— Deuxième exercice ! annonça Holly. On fait le tour du bassin. Jambe droite en avant, puis la gauche ! Gauche, droite ! On contracte les fessiers ! On résiste ! C'est presque fini.

— Ah bon ? On vient à peine de commencer…

L'étrange chenille humaine poursuivit son parcours. Les serviettes tombèrent à terre.

— A présent, on va faire travailler le haut du corps !

— Madame Angela ! hurla une voix depuis le couloir.

Mme Merryfield, la gouvernante d'Angela, apparut sur le seuil. De petite taille malgré ses talons hauts, elle portait comme à son habitude une robe courte qui dévoilait ses genoux et des bas roulés sur les chevilles. Sous ses cheveux orange coiffés à la mode des années vingt, elle avait le visage très maquillé.

— Qu'est-ce qui se passe ? s'enquit Angela du ton irrité qu'elle lui réservait.

— Elles sont toutes aussi présentables que possible. Entrez donc, mon garçon, et posez ça sur le coffre.

Mme Merryfield n'avait pas la langue dans sa poche. Elle était la seule à évoquer le coffre-fort posé contre le mur. Angela n'avait pas confiance dans les banques et l'on supposait que son coffre renfermait un trésor.

Angela s'était levée pour regarder en direction de la porte, les yeux plissés. Les autres se drapèrent dans leur peignoir et fermèrent les yeux, comme si ce geste allait les protéger des regards indiscrets.

— Ne soyez pas timides, lança-t-elle. Un peu de virilité ne nous fera pas de mal.

Se redressant, Emma s'assura qu'elle était présentable. Un garçon d'une quinzaine d'années apparut avec, dans un vase en cristal, un énorme bouquet. Des lys et des glaïeuls roses entourés d'un ruban de satin blanc.

— Seigneur, murmura Angela, impressionnée. Notre Denise était très appréciée.

Emma observa le nouveau venu. Bien qu'il fuie son

regard, elle eut le temps de remarquer ses yeux sombres, ses sourcils parfaitement arqués et sa bouche pulpeuse. Ses cheveux noirs étaient noués en catogan. Beau à couper le souffle, il frôlait le mètre quatre-vingt et était déjà bien bâti.

— Ouah ! murmura Sandra, admirative. Une femme d'expérience devrait le prendre en main. Il a besoin d'être initié avec soin.

— Attention, il risque de t'entendre, lui chuchota Emma. Ce n'est qu'un gosse qui se fait un peu d'argent de poche après le lycée.

— Comme livreur ? Quel gâchis ! Je vais lui trouver un petit boulot chez moi. J'ai besoin de quelqu'un qui me passe de la crème solaire.

— Madame Lachance ? demanda-t-il d'une voix grave.

Elle se leva d'un bond. D'instinct, elle sentait qu'elle n'allait pas apprécier la suite.

— Oui ?

S'approchant du garçon, elle se figea.

— Aaron ? Aaron Moggeridge ?

— Oui, madame, répondit-il avec un sourire qui creusa de ravissantes fossettes sur ses joues.

— Vous ressemblez beaucoup à votre oncle Finn.

Son sourire s'élargit.

Elle alla chercher son sac à main et en sortit de l'argent qu'elle glissa dans la poche de l'adolescent. Il rougit. Elle lui désigna le coffre. Il posa le vase dessus, puis recula.

— Avec tous les bouquets que vous avez déjà reçus, on s'est dit que vous auriez besoin d'un vase, expliqua-t-il.

— En effet. Vous avez effectué de nombreuses livraisons, aujourd'hui.

— D'après Fred, il n'a jamais autant travaillé en une journée, même pour un mariage. Tous les clients ayant un compte ont commandé un bouquet.

Emma cligna les yeux. Pourquoi mentionnait-il ce détail ?

— De nombreuses commandes par téléphone, je suppose ?

— Toutes. Et toutes les mêmes, sauf votre bouquet. La commande est arrivée plus tard que les autres. Dois-je dire bonjour de votre part à oncle Finn ?

Elle n'osa pas regarder ses amies.

— Oui. J'imagine que vous allez chez lui, maintenant.

— Non. J'ai cours demain matin. Mais je lui dirai dès que je le verrai.

Sur ces mots, l'adolescent prit congé.

Emma s'approcha du bouquet. Au lieu d'un message de sympathie, la carte disait : *« A la plus belle femme du monde, de la part d'un homme qui ne peut vivre sans elle. Orville. »*

Elle eut un mouvement de recul, écœurée par ce témoignage d'amour qui sonnait faux. Les cartes qui accompagnaient les autres bouquets portaient le même message ou presque : *« Avec toutes nos condoléances pour le décès de Denise. »* D'ailleurs, Orville en avait envoyé un, lui aussi. S'était-il rappelé en le faisant que les femmes aimaient recevoir des fleurs ?

Pensait-il réellement que cela suffirait à l'amadouer ?

— Qu'il aille au diable, maugréa-t-elle avec rage. Je ne lui dois rien.

— Qu'est-ce que tu dis, Emma ? s'enquit Sandra.

— Je dis que je ne lui dois rien. Madame Merryfield, y a-t-il une poubelle, dehors ?

— Il y a une benne derrière chez moi, proposa Lynnette. Cette maudite Lobelia Forestier veut que toutes les entreprises aient leur propre benne. Question de santé publique, paraît-il. Ces bennes coûtent une fortune et elles restent vides, la plupart du temps.

Emma attrapa le vase qu'Aaron venait de lui livrer.

— Tu veux bien y jeter ça ?

— Bien sûr, fit Lynnette, déconcertée.

— Je les prends, moi, intervint Mme Merryfield. Et je garde le vase, si ça ne vous ennuie pas. Il fera très bien dans ma chambre.

Sans un mot, Emma lui remit le bouquet, sidérée par sa force. Puis, droite comme un I, elle traversa la pièce et sortit. Les autres la suivirent, inquiètes par ce mouvement d'humeur qu'elles ne lui connaissaient pas.

— Emma, pourquoi réagis-tu comme ça ? demanda Suky-Jo. Orville est un rat, mais il cherchait à faire la paix. Et toi… Enfin, je ne sais pas.

— D'après toi, elle aurait dû se montrer plus généreuse, c'est ça ? avança Angela. Je crois qu'Emma a assez donné et qu'elle en a marre.

Emma se précipita vers le vestiaire.

— Pour en avoir marre, j'en ai marre ! J'ai toutes les raisons d'être folle de rage et j'ignore pourquoi je cherche à agir de façon sensée. C'est fini ! Ne me demandez pas ce que je compte faire, car je n'en sais rien. D'ailleurs, je ne vous le dirais pas, même si je le savais.

— Emma, intervint Frances, l'implorant du regard, ne va pas…

— J'en ai assez ! coupa Emma en disparaissant derrière

un rideau pour se changer. J'ai été trahie, bafouée et il cherche encore à me manipuler comme une marionnette. S'il avait été là, je lui aurais dit combien il va regretter tout le mal qu'il m'a fait. Je vais lui faire vivre un enfer.

— N'agis pas sans réfléchir, lui conseilla Angela.

— Oh, j'ai réfléchi, crois-moi ! assura Emma en réapparaissant de derrière le rideau, ses chaussures à la main. En fait, c'est très simple : œil pour œil, dent pour dent.

13.

Le drap enroulé autour de son corps nu, les yeux brûlants, Finn remua de plus belle dans son lit. Aurait-il été en paix s'il avait tué ce type de ses mains ?

Il avait eu de la chance, contrairement à d'autres. D'accord, il avait livré une bataille de trop, mais il avait appris à gérer le mal qui le rongeait. Ses démons surgissaient moins souvent.

Ce n'était pas cette maudite bataille qui l'avait anéanti, c'est son « ami ». Comment pouvait-on être assez fou pour tenter de tuer l'unique personne qui aurait donné sa vie pour vous ?

Les bruits, les images se mirent à danser dans sa tête. Si seulement ce maudit serpent ne venait pas le hanter, rien qu'une fois…

— Tout le monde à terre ! Vite !

Nom de Dieu, il ne pouvait descendre plus bas…

Un rai de lumière apparut sur la toile tendue entre les lianes. Les rebelles étaient passés avant eux, et depuis peu, à en juger par les détritus qu'ils avaient laissés.

— Vas-y, Finn, murmura Bo dans l'oreillette. Glisse-

toi là-dessous. Ils vont nous voir en ombres chinoises, ici. Je suis juste derrière toi.

— Compris, répondit Finn.

Etrangement, il ne sentait pas la présence de Bo derrière lui, comme de coutume. Mais il était là. Ils formaient une équipe, une excellente équipe de tireurs d'élite, et Bo était toujours là.

Allongé bien à plat, son fusil sur le dos, Finn poussa son paquetage de sa main gauche, priant pour que les rebelles ne le repèrent pas. Il s'avança doucement.

Serrant les dents, il sentit un corps désarticulé, droit et mou se faufiler sous son bras tendu. Il ne le voyait pas. Il ne pouvait que rester immobile.

Seigneur, venez à mon aide !

Le serpent était gros et prenait son temps. Attendant l'assaut, Finn enfonça le visage dans un amas de boue et de branches. Le serpent glissa sur sa nuque. Il était lourd. Finn n'appellerait pas Bo tant qu'il n'aurait pas la certitude que le reptile s'était dressé, prêt à injecter son venin dans sa chair.

L'animal glissait sur sa nuque.

Finn retint son souffle. A en juger par son poids, c'était peut-être un anaconda. Il nicha sa tête sous son menton. Sans doute se demandait-il s'il devait s'enrouler autour de son cou et l'enserrer très fort jusqu'à faire sortir ses yeux de leurs orbites. Au moins, Finn serait mort avant de servir de festin. Enfin, peut-être.

Il sentit les prémices d'un cri naître dans sa poitrine, puis enfler inexorablement. Il jaillirait bientôt, et le reptile ne ferait de lui qu'une bouchée.

Lentement, le serpent caressa sa peau et s'insinua plus bas, dans son col, entre ses omoplates.

Il s'éloigna, très doucement.

La tête quitta la chemise pour repartir vers le dos, par-dessus les vêtements, cette fois. Lentement, très lentement, l'énorme serpent descendit vers les hanches, puis s'éloigna sans un bruit, jusqu'à ce que le poids et le dégoût, mais pas l'horreur, abandonnent enfin Finn.

Le rai de lumière avait disparu, ce qui le rassura.

— Fais attention, il y a un serpent, lança-t-il dans son micro. Un gros.

— Bouge, nom de Dieu ! Qu'est-ce qui te retient ?

Il esquissa un sourire et se mit à ramper sous la toile tout en poussant son paquetage. Il regarda en arrière, en quête du visage maculé de boue de Bo.

— Qu'est-ce que tu as ? demanda ce dernier. Un petit serpent t'a fait chier dans ton froc ou quoi ? On a pas le temps, mon pote ! Si on les chope pas, c'est eux qui nous auront ! Allez, avance !

Finn fronça les sourcils mais obéit, avançant tel un crabe. Il s'arrêta pour ajuster ses lunettes de nuit et agrippa des racines.

Une douleur fulgurante remonta le long de son bras, comme une brûlure. Ses doigts se raidirent. Fermant les yeux, il posa la main gauche sur son pistolet. La gorge nouée, il sentit ses larmes se mêler à sa sueur tandis qu'il luttait pour ne pas perdre conscience. Un léger mouvement de tête lui fit voir le scintillement d'une pique métallique enfoncée dans son poignet droit, le clouant au sol. Il aurait dû saigner, voir le sang jaillir en geyser. Mais non. La pique devait sceller la blessure, créant un saignement interne.

Il sentit une chaleur humide se propager sur le sol, autour de sa main. Enfin, il vit son sang remonter entre ses doigts. Mais il ne voyait pas l'ennemi. Le pistolet dans sa bonne main, il se dressa sur sa hanche droite aussi haut que possible sans tirer sur sa blessure.

Rien. Pas âme qui vive.

— Bo, je suis touché.

Bo ne répondit pas.

— Je suis touché, répéta Finn. Je ne peux plus me relever. Je saigne.

— Baisse la tête, dit enfin Bo. Ne bouge pas, le temps que je vérifie que ce salaud est parti.

Finn posa son casque sur son bras tendu sans lâcher son pistolet.

Une ombre apparut. Imposante, menaçante, énorme. Habillée comme lui et tenant une machette à deux mains.

L'homme se précipitait vers lui.

La machette scintilla dans la nuit. Finn savait ce qu'elle visait et ce qu'elle allait trancher. Un coup de feu retentit.

La voix familière du commandant résonna dans son oreille.

— Arrête ! Bo, pour l'amour du ciel, arrête, espèce d'imbécile !

Il entendit près de lui un son étrange, mi-cri, mi-sanglot. Un autre coup de feu retentit. Finn vit l'homme heurter le sol, devant lui.

Son camarade, sa dernière chance quand il ne lui restait plus aucun espoir, s'écroula comme un arbre abattu. Son visage tomba à quelques centimètres du sien, un trou entre ses yeux écarquillés. Du sang coulait de son nez et de sa bouche.

Les lumières s'éteignirent.

*
* *

Frissonnant, le souffle court, Finn se dressa dans son lit. Il était parfaitement alerte, même s'il ne s'était pas beaucoup reposé. Il aurait ri si cette vieille douleur ne s'était pas réveillée dans sa main et si les cicatrices qui barraient son dos et ses bras, celles que Bo avait laissées en visant son cou avec sa machette, ne le démangeaient pas, au point qu'il avait l'impression que des doigts invisibles les tordaient cruellement.

Il leva les yeux. Les chênes du jardin projetaient des ombres mouvantes sur le plafond. La pluie tombait en biais sur les vitres, les martelant comme du gravier.

Cela faisait des mois qu'il n'avait pas revu cette nuit avec une telle précision. Etait-ce parce qu'il avait été, une fois de plus, confronté à une mort violente et qu'il redoutait qu'il y en ait d'autres ?

Bon sang, il n'était plus un gamin ! Il était revenu à Pointe Judah pour de nombreuses raisons, dont une qu'il n'avait encore évoquée avec personne. Tôt ou tard, il devrait en parler. Sinon, il n'apprendrait jamais la vérité sur son père.

Une douche lui ferait le plus grand bien, songea-t-il. La nuit était particulièrement étouffante et la sueur qui le recouvrait entièrement le démangeait.

Dehors, il perçut un bruit de chute. Comme une branche heurtant un mur ou une porte. Demain, il devrait déblayer son jardin.

Il se dégagea de son drap et s'assit au bord du lit, la tête dans les mains.

D'autres débris volèrent, dehors. Secouant la tête, il

gagna la salle de bains. Il ouvrit le robinet d'eau froide et s'installa sous le jet bienfaisant.

Il aimait cette maison où ses parents avaient été si heureux. Où lui-même et sa sœur avaient connu une enfance insouciante et sûre. Il ignorait encore combien de temps il resterait. Tout dépendait de la suite des événements, et notamment d'une certaine transaction immobilière. Il sourit en y pensant. Son concurrent dans cette affaire n'était autre qu'Orville Lachance. Par chance, le propriétaire était un ancien ami de son père et il n'appréciait guère le maire actuel. Si la vente se concluait… Et s'il trouvait une autre raison de rester, il se fixerait peut-être.

En sortant de la douche, il se sécha vigoureusement avec une serviette. Les douleurs qui le lançaient quelques minutes auparavant s'étaient calmées.

Sa bonne humeur s'envola lorsqu'il pensa à sa sœur. Depuis son arrivée, Moggeridge n'était pas rentré et n'avait pas donné signe de vie. Selon Eileen, il passait de temps en temps, au gré de ses envies, restait quelques jours, puis repartait pour La Nouvelle-Orléans ou ailleurs, là où il pouvait se livrer à ses activités favorites : boire et fréquenter les prostituées, n'importe lesquelles.

De retour dans sa chambre, Finn hésita entre se recoucher ou s'habiller. Sa décision fut vite prise : hors de question de prêter encore le flanc aux cauchemars.

Après avoir enfilé un jean, il descendit au rez-de-chaussée. Quand il entra dans la cuisine, un éclair zébra le ciel, telle une pique acérée. Machinalement, il se prit le poignet. Personne n'avait jamais pu expliquer pourquoi Bo avait essayé de le tuer. D'après le commandant, qui l'avait sauvé d'une mort certaine en appuyant sur la détente, Bo ne supportait pas qu'il soit le meilleur de la compagnie. Il refusait de passer au second plan.

Finn n'en croyait rien. Bo avait pété les plombs, rien de plus.

Parfois, lors de ses cauchemars, il se demandait si le diable n'aurait pas été plus satisfait s'il avait lui-même logé une balle entre les deux yeux de Bo.

Un raclement l'interrompit dans ses pensées. Sûrement la moustiquaire qui battait au vent, songea-t-il.

Il se dirigea vers l'entrée pour faire cesser le vacarme. En entrouvrant la porte, il parvint à saisir la moustiquaire et n'eut aucun mal à la refermer. Il observa le loquet à la lueur de la lampe. Un excellent loquet. Tom Duhon ne faisait pas les choses à moitié, n'utilisant jamais de matériaux bon marché.

Finn se rappelait très bien avoir fermé avec soin la moustiquaire avant de monter se coucher. Le vent était-il violent au point d'ouvrir le loquet ?

Finn s'enferma de nouveau et attendit dans le noir, comme à son habitude. La moustiquaire resta fermée.

Doucement, il se dirigea vers la cuisine. Parfois, il devait se rappeler qu'il n'était qu'un homme, en dépit de sa formation et de son expérience. Lui aussi pouvait se montrer un peu nerveux, de temps à autre.

Sur le seuil de la cuisine, il s'arrêta, sans savoir pourquoi. Accroupi, la tête levée, il se pencha jusqu'à voir la porte latérale. Alors il sut ce qui l'avait retenu. La moustiquaire était ouverte et la pluie qui tombait dru lui voilait la vue.

Soudain apparut un visage blanc, dénué de traits, surmonté d'un chapeau. Les muscles de Finn se raidirent et il esquissa un sourire face au danger.

— Je t'attends, murmura-t-il. Je me sentais seul. Viens donc me distraire.

Le visage s'éloigna vers la droite.

Sur la pointe des pieds, Finn longea le mur jusqu'à la porte et actionna la serrure en silence, d'un geste expert. Il baissa la poignée et tira sur la porte. Pas un grincement. Il se félicita de toujours veiller à ce que les gonds soient bien huilés. De ses doigts, il s'accorda juste assez d'espace pour regarder vers la droite.

Sa proie ne s'était éloignée que de quelques mètres. Elle était tapie contre le mur, penchée, immobile.

Finn fit trois pas en avant et la saisit par-derrière. Posant la main sur son visage, ignorant ses coups de pied, il vérifia que l'intrus n'était pas armé.

Puis il le fit pivoter vers lui et le plaqua si fort contre le mur qu'il fit vibrer la fenêtre.

— Tu as dix secondes pour me dire comment tu t'appelles et ce que tu fais ici… Emma ?

Ebahi, il la garda plaquée contre le mur pour l'empêcher de s'écrouler à terre.

14.

— C'est ma faute, admit-elle. Je venais te voir, mais j'ai manqué de courage. Du coup, j'ai longuement hésité…

Après ce qu'elle venait de traverser, plus jamais elle ne retrouverait son état normal !

Il l'entraîna sans ménagement à l'intérieur. Ce soir, il n'était pas d'humeur à tolérer ces attitudes puériles.

— Qu'est-ce que tu fabriques dehors en plein orage ? On ne t'a jamais dit qu'il pouvait être dangereux de passer sous un arbre ?

Il la poussa dans un couloir sombre, là où elle avait tenté de regarder par la fenêtre. Elle réprima son envie de protester. Après tout, il était chez lui et la voir rôder autour de sa maison avait dû beaucoup l'énerver.

— Quelle heure est-il ? grommela-t-il en rangeant son arme dans la ceinture de son jean.

Cette fois, elle ne s'étonna pas de le voir armé.

— Je ne sais pas. 1 heure du matin, peut-être ? Je suis passée chez Orville prendre quelques affaires. Et en allant chez mes parents, je me suis dit qu'il fallait que je te parle.

— Très flatté.

Quelle mouche l'avait donc piqué, ce soir ? Il ne parvenait même pas à rester poli.

Emma parut troublée.

— J'ai assisté à une réunion du club, ce soir, et j'avais décidé de te parler à ce moment-là... Et puis je n'ai pas osé.

— Tu me l'as déjà dit. Je dois vraiment faire peur.

En vérité, il voulait qu'elle lui fasse confiance.

— Les serrures n'ont pas encore été changées chez tes parents, remarqua-t-il. Et je ne me suis pas encore occupé de la porte du cellier.

— Je n'ai pas peur d'aller là-bas, maintenant que je sais que je dois me montrer prudente.

Cette fois, elle s'était munie de son pistolet. C'était la première fois qu'elle le sortait depuis son dernier passage au stand de tir.

A cette seule pensée, elle avait les jambes en coton.

Au lieu de répondre, Finn se contenta de l'observer. L'espace d'un instant, elle eut l'impression qu'il voyait à travers son imperméable et son sac.

— Ecoute, fit-elle d'un ton conciliant, nous sommes tous les deux en vie, alors ne m'en veux pas. Je pars d'ici tout de suite et je te laisse tranquille.

— Où est ta voiture ?

Il ne l'avait pas vue garée devant la maison.

— Plus loin sur la route. Ton allée est escarpée, alors j'ai pensé... Laisse tomber. Je n'ai pas réfléchi. Tout le monde ne possède pas ta maîtrise, Finn.

Il se mit à rire, ce qui la fâcha.

— Ravie que ça t'amuse, répliqua-t-elle, vexée. Maintenant, excuse-moi, mais...

Il n'avait aucune intention de la laisser partir.

— Pas question.

— Il faut que je parte, insista-t-elle tandis que son courage laissait place à la colère. Je ne serais pas venue si j'avais eu quelqu'un d'autre vers qui me tourner.

Aïe !

— Et tes amies du club ?

— On peut dire que tu es direct, commenta-t-elle avec un soupir. J'ai compris le message : il faut que je réfléchisse avant d'agir. Et que j'apprenne à mieux juger les gens. Voilà, j'ai battu ma coulpe et j'espère que tu es satisfait. En fait, non. J'aimerais que tu te sentes comme un moins-que-rien quand je serai partie.

C'était déjà le cas.

Ils se tenaient dos au mur dans le couloir. Torse nu, impressionnant, Finn la foudroyait du regard de toute sa hauteur.

— Tu ferais mieux de t'attaquer à un adversaire à ta taille, observa-t-elle.

Une remarque stupide qu'elle regretta aussitôt.

— D'accord, c'était idiot… Je sais que je ne suis pas au mieux de ma forme, mais tu n'as pas le droit de me traiter comme une voleuse qui veut s'introduire chez toi pour te sauter dessus.

Il réprima un sourire. Son sous-entendu était-il volontaire ? Apparemment, non, car son visage garda tout son sérieux.

Il recula imperceptiblement.

— Je passe une mauvaise nuit et je ne devrais pas t'en faire baver uniquement parce que j'en bave, admit-il avant de demander : Pourquoi es-tu venue ?

— Comme tous les solitaires, je me suis un peu laissé emporter à propos de notre relation. Au bout de quelques jours à peine, voilà que je déverse sur toi tous mes problèmes… Pourrait-on oublier tout ça ?

— En quoi t'es-tu fait des idées sur notre relation ? Peut-être as-tu vu juste…

De nouveau ce ton grave et sensuel qui la troublait tant.

Elle croisa les bras sur son imperméable. Pourquoi les hommes trouvaient-ils toujours des sous-entendus sexuels dans les propos des femmes ?

— J'ai vu en toi un ami. J'ai cru pouvoir te demander conseil parce que j'ai une importante décision à prendre. Je pensais que tu m'aiderais à me décider sans me faire passer pour une bonne à rien.

Il lui prit la main.

— Viens, je prendrais bien un cognac. Et toi ?

Il fut soulagé de voir qu'elle le suivait.

— Un petit, alors.

Il la conduisit dans un salon meublé avec goût bien que les meubles soient un peu poussiéreux.

— Donne-moi ton imperméable.

Elle déboutonna son imperméable gorgé de pluie et se tourna pour qu'il l'aide à se dévêtir. Il lui prit aussi son chapeau. Quand il voulut la débarrasser de son sac, elle l'en empêcha.

Elle s'installa dans un fauteuil en chintz très confortable, tandis qu'il déposait ses affaires sur le canapé. Il trouvait sa présence chez lui très agréable. Dommage qu'il ait été assez stupide pour gâcher son entrée. Elle l'avait surpris alors qu'il était fatigué et vulnérable, et il n'avait pas réussi à se ressaisir assez vite.

Passant une main dans ses cheveux, elle sourit. Elle

était vêtue d'un jean froissé et d'un simple T-shirt, mais avec ses cheveux en liberté, elle devait être superbe.

— Les membres du Club des Secrets seront ravies d'accueillir Eileen, annonça-t-elle. Je leur ai parlé d'elle et elles sont impatientes de la voir.

— C'est gentil d'avoir rendu ce service à ma sœur. J'espère qu'elle passera de bons moments là-bas.

— Nous nous amusons bien, avoua-t-elle. Je serais gênée que des intrus nous voient faire les folles, mais ce défoulement nous est bénéfique. Tu aurais vu l'exercice de gymnastique spécial fessiers de Holly Chandall ! J'en ai encore des courbatures.

— Hmm, fit-il avec un sourire. Le spectacle devait être charmant. Invitez-moi, la prochaine fois.

— Tu peux toujours rêver, espèce de voyeur !

— Allons, ma belle, je n'ai pas l'intention de jouer les voyeurs. Je comptais plutôt participer.

Ils s'esclaffèrent. Ce badinage leur faisait du bien.

Emma pensa ensuite à Aaron.

— Ton neveu est venu livrer des fleurs, tout à l'heure, chez Angela, lui apprit-elle. Il te ressemble beaucoup.

— En fait, il ressemble à mon père.

A cette évocation, il sentit son ventre se nouer. Il n'avait pas encore fait grand-chose pour découvrir la vérité à propos de la mort de son père.

Il leur servit deux cognacs, puis lui tendit son verre.

Au simple parfum de l'alcool, elle sentit l'ivresse la prendre. Une sensation plutôt agréable.

Finn approcha un pouf de son fauteuil et s'assit à son tour de telle sorte qu'elle ne voie pas sa cicatrice.

— D'abord, sache que je suis ton ami. Jusqu'à ces derniers jours, nous n'avions guère parlé ensemble, mais nous avons partagé bien plus que la plupart des gens en toute une vie. Ce drame nous a donné l'occasion de voir le meilleur et le pire de l'autre.

— Peut-être…

— Viens me voir si tu as besoin d'une oreille attentive. N'importe quand, Emma. Je ne me moquerai pas de toi, je n'essaierai pas de t'influencer. Enfin, pas trop, précisa-t-il en riant. Tu sais, je ne plaisantais pas en disant que je t'observais, au lycée. Tu étais la blonde intellectuelle qui semblait n'avoir besoin de personne. Je voulais que tu aies besoin de moi, au moins que tu me parles, mais je n'ai jamais osé t'aborder. J'aurais porté ton cartable, par exemple…

— Ce que tu es vieux jeu ! Ça ne se fait plus depuis belle lurette ! Si tu avais essayé, je me serais sans doute enfuie en courant. Mais je regrette quand même que tu ne l'aies pas fait…

Sa bouche la fascinait. Et lorsqu'il se taisait, elle admirait ses yeux. De près, son torse nu luisait légèrement. Ses poils bruns semblaient soyeux. Elle avait toutes les peines du monde à ne pas fixer ses abdominaux. Sans parler de ses épaules… De vraies épaules.

Une femme sur le point de divorcer, même avisée, se révélait vulnérable. Surtout, elle devait éviter toute situation qui puisse être exploitée par son mari, et ne pas se méprendre sur les signaux que lui adressaient les hommes tels que Finn. Il serait tellement facile de céder à son désir, d'aller trop loin, trop vite.

Non seulement Finn l'attirait physiquement, mais il parvenait à la toucher au plus profond d'elle-même. Le moindre contact lui faisait l'effet d'une caresse. De plus, elle l'appréciait beaucoup.

Il sourit. Sans doute avait-il remarqué sa façon de le dévorer des yeux.

— Tu sais , avoua-t-il, quand je t'ai revue ce jour-là, j'ai eu la sensation étrange que nous étions voués à nous rencontrer. Je sais, on ne tient pas ce genre de propos à une femme mariée… Oublie ce que je viens de te dire.

— Tu es le seul que j'avais envie de voir, ce soir. Je sais que c'est dangereux, mais je suis comme attirée vers toi, et pas pour ce que tu crois.

— Dommage, fit-il, dépité. Je commençais à avoir de l'espoir.

— Non, non, je me suis mal exprimée…

— Tant mieux. Qu'y a-t-il de si grave à être attirée vers moi ?

— Je sais que tu ne refuseras pas de m'écouter parce que j'ai des ennuis. Et Dieu sait si j'en ai ! Oh, ce n'est pas si terrible, à certains égards : j'ai une décision à prendre et j'ai peur de me lancer dans l'inconnu de façon irréfléchie.

Elle s'approcha de lui au point de le toucher.

— Ça ne te pose pas de problèmes, que je vienne vers toi, comme ça ? Enfin, pas comme ça… Que je vienne te voir parce que je me sens à l'aise en ta compagnie ?

Seigneur, c'était à elle que cela posait des problèmes. La présence de Finn à ses côtés était bien trop troublante !

Tu as perdu la tête.

— Aucun problème, assura-t-il en regrettant de ne pas savoir mieux s'exprimer. La mort a parfois le don de rapprocher les gens. On a alors l'impression d'être investi d'une sorte de mission, d'être digne de confiance. Ne sois pas gênée de te confier à moi.

Attrapant son verre, elle prit une gorgée de cognac et

laissa l'alcool puissant couler dans sa gorge. Elle vida son verre en le dégustant.

Finn finit le sien d'une traite et les resservit. Emma nota qu'il ne lui versait qu'un peu de cognac.

— Une idée me vient, dit-elle. C'est peut-être justement parce que nous ne sommes pas sortis ensemble au lycée que je suis venue vers toi. Il n'y a pas entre nous d'histoire personnelle qui risquerait de nuire à nos relations.

Sur ce plan précis, il aurait aimé qu'il en soit autrement. Il la regarda faire rouler le verre entre ses mains. Elle réfléchissait beaucoup. Un peu trop, peut-être. Il voulait apprendre à mieux la connaître. Hélas, une chose était sûre : il n'avait toujours pas appris à choisir une femme de façon avisée.

Emma prit sa décision : elle allait lui parler d'Orville, de son désir de divorcer, et lui demander des conseils sur la marche à suivre. Il suffisait pour cela de tout lui raconter. Y compris le contenu de l'enveloppe.

Mais avant cela, elle avait encore une chose à faire. Ce bouquet qu'Orville lui avait envoyé… Elle voulait en avoir le cœur net.

— Un instant, dit-elle en prenant son téléphone portable.

Avec un rire désabusé, elle composa le numéro d'Orville. Il détestait qu'elle l'appelle quand il était en réunion.

— Salut, chéri ! lança-t-elle en l'entendant décrocher. Je voulais simplement te remercier d'avoir pensé à moi et de m'avoir envoyé ce superbe bouquet. Tu sais combien j'adore les roses rouges !

Il prit son temps pour répondre, assez pour conforter sa théorie selon laquelle il ignorait tout de ce bouquet. Quelqu'un d'autre les avait commandées en cherchant à lui faire croire qu'elles venaient de lui. De qui s'agissait-il et pourquoi ?

— Eh bien, chérie, je suis content qu'elles te plaisent. Tu mérites de recevoir des roses tous les jours. Je devrais t'en offrir plus souvent.

Sale menteur. Malgré elle, ses yeux s'embuèrent, trahissant son orgueil.

— Tu n'es pas encore couchée ?

— Je ne vais pas tarder à me mettre au lit, mentit-elle. Mais je ne suis pas à la maison. J'ai apporté les roses rouges chez mes parents.

Il ne fallait pas qu'il se mette à chercher des roses qui n'existaient pas.

— Je dois voir Holly Chandall et son assistante demain matin. Tu m'as fourni une sacrée liste d'invités, tu sais ! J'espère que tout le monde viendra.

— Ils viendront, assura-t-il. Cet Etat est prêt pour le changement, pour un homme qui apportera à ses concitoyens ce dont ils ont besoin.

— Très bien. Je passerai demain à ton bureau voir comment tu vas.

Il détestait aussi qu'elle vienne à son bureau. De toute façon, elle ne s'y rendrait qu'après avoir vu son avocat.

Il se racla la gorge.

— Appelle-moi avant de venir, d'accord, chérie ?

— Bien sûr. Bonne nuit, Orville.

Et elle coupa la communication sans attendre sa réponse.

Face à son silence, Finn prit la parole :

— Qu'est-ce qui se passe ? Je pensais que tu ne t'entendais pas toujours très bien avec ton mari, mais tu ne sembles même plus être avec lui. Tu joues la comédie. Je sais que ça ne me regarde pas, mais selon moi, le mariage, c'est pour la vie.

— Ce n'est pas le cas du tien, répliqua-t-elle en buvant une gorgée de cognac.

— Non, mais ce n'est pas moi qui suis parti.

— Tu es encore amoureux de ta femme ?

— Mon ex-femme. Non. Et toi, tu es amoureuse de ton mari ? Si vous traversez une passe difficile, penses-tu pouvoir redresser la barre au prix d'un petit effort ? S'il t'envoie des roses, c'est qu'il essaie d'arranger les choses.

Elle se détourna de lui.

— Tu ne comprends pas. Il ne m'a pas envoyé de roses. Il croit simplement qu'un de ses larbins l'a fait en son nom.

Finn eut l'impression qu'elle ne lui révélait pas tout.

— Je regrette, Emma. Mais ce n'est pas pour ça que tu es venue, n'est-ce pas ? Raconte-moi ce qui se passe. Je promets de t'écouter.

— Je n'aime plus Orville, déclara-t-elle gravement. Je compte divorcer dès que le moment sera venu. Voilà.

Finn ne s'attarda pas sur l'effet que cette nouvelle produisait sur lui.

— Ce n'est pas tout, n'est-ce pas, Emma ? Il y a bien plus que ça.

Elle releva la tête.

— Très bien, alors voilà. Je suis si stupide qu'en l'épousant, j'ai signé un contrat stipulant qu'il ne me resterait plus rien, pas même la boutique, en cas de divorce. Mon père m'a implorée de ne pas signer, mais j'ai refusé de l'écouter. Cela signifie qu'il faut que je trouve du travail pour vivre. Ça ne me fait pas peur, bien au contraire. Mais je ne peux m'empêcher de me sentir coupable. Orville brigue un poste prestigieux, et moi, je vais…

Elle s'interrompit, puis, se redressant, s'exclama :

— Non ! Je ne lui dois rien, à ce rat ! Il m'a traitée comme une moins-que-rien et je dois partir avant qu'il réussisse à me convaincre que je ne vaux pas un clou !

Elle se mit à trembler de tous ses membres. Finn prit son verre et le posa à côté du sien.

— Continue. Je t'écoute.

— En réalité, je me sens paralysée. Rien ne va plus, dans ma vie. Suis-je en quête de ton attention parce que personne ne se soucie de moi, ces derniers temps ? Regarde-nous : nous n'avons pratiquement pas évoqué Denise. C'est d'elle que je devrais me préoccuper, en ce moment, pas de moi. J'ai peur…

— Tu penses à elle, mais tu as d'autres soucis, c'est tout. Bien sûr que tu as peur. Moi aussi, et pour les mêmes raisons. Je tiens à ta sécurité, à ce que toutes les femmes de cette ville puissent vivre sereinement. Tant que la police n'aura pas arrêté le cinglé qui a fait ça, je vais chercher dans toutes les directions. Les hommes de Billy interrogent tout le monde. Les seringues hypodermiques de Xanax et de phénobarbital ne courent pas les rues, quand même !

— Ils n'ont encore aucun des vêtements de Denise. Ça explique peut-être pourquoi ils n'ont aucune piste.

— C'est vrai. Fouiller la résidence des Saules ne sert pas à grand-chose. Pas d'habitants, pas de véhicules… Il n'y a rien, là-bas. Je crois que le tueur savait que tu passerais devant ces toilettes de chantier. Et il comptait sur le fait que la porte s'ouvre devant toi. Un plan hasardeux, mais il a fonctionné.

— La porte ne se serait pas ouverte si cette vieille

Cadillac n'avait pas percuté la cabine, remarqua-t-elle, les sourcils froncés.

— Tu en as parlé à Billy ? Moi oui. Malheureusement, ils ne l'ont pas localisée.

— Sans numéro d'immatriculation, ça ne sert pas à grand-chose. Tu crois que ce choc était délibéré ?

Il poussa un soupir. Il ne fallait jamais négliger un élément destiné à passer inaperçu, comme cette Cadillac.

— D'après ce que j'ai vu du conducteur, j'en doute, mais ça devait l'être. J'en reparlerai à Billy.

— Pourquoi l'assassin a-t-il déposé Denise à cet endroit ? Tu crois que c'était pour que je la retrouve ?

— A mon avis, il voulait suggérer que le Club des Secrets était impliqué.

— Mais pourquoi ? insista-t-elle, n'osant pas envisager cette hypothèse.

— Vous parlez de régimes, de gym, de recettes, de toutes sortes de sujets dits féminins, non ?

— Oui.

— Eh bien, c'est bizarre, mais c'est ce que m'a inspiré la sauce au chocolat. C'est peut-être un homme qui n'apprécie pas l'influence du club sur sa femme ou sa petite amie.

— Mais Denise n'était pas mariée et Rusty ne ferait pas de mal à une mouche !

— Tu marques un point, admit Finn. Ces derniers jours, les gens sont de plus en plus nerveux. Et ils sont vexés que les flics veuillent les interroger. Ils se sentent soupçonnés et le prennent comme une attaque personnelle.

Une question la hantait, dont elle n'arrivait pas à se défaire.

— L'a-t-il violée après sa mort ? demanda-t-elle dans un souffle.

— Je ne sais pas.

— Est-ce que Billy est allé voir Rusty pour lui parler des résultats de l'autopsie ?

— Là encore, je l'ignore.

Ce qu'il savait, c'était que Billy se montrait moins chaleureux envers lui qu'avant.

Un éclair zébra le ciel, suivi d'un coup de tonnerre.

— Rusty a toujours été un solitaire, reprit-elle. C'est grâce à Denise qu'il s'est ouvert aux autres. Il est devenu moins bourru… Je veux aller au journal voir comment il s'en sort. Je n'ai pas eu l'occasion de lui parler, chez Denise.

Finn se frotta le torse de la paume de sa main. Il avait eu l'intention d'y aller seul pour consulter les dossiers de Denise dans son bureau, avec ou sans l'aide de Rusty.

— C'est une bonne idée. J'aimerais bien t'accompagner, si tu n'y vois pas d'inconvénient.

Elle posa sur lui un regard intense.

— Bon, d'accord, fit-il en levant les mains. Je m'avoue vaincu. Je m'inquiète pour toi.

Je ne vais pas m'en plaindre.

— Tu es très gentil, Finn. Tu crois que la police a fouillé la maison de Denise avec soin ? Ne devraient-ils pas aller voir au journal, également ?

— D'après Billy, ils ont littéralement démantelé la maison. Quant au journal, je ne sais pas. Si Denise travaillait sur un article sensible, il se trouve peut-être dans son bureau. Mais elle n'aurait pas laissé traîner un document confidentiel à la vue de tous.

Il n'en dit pas plus. Il était hors de question qu'Emma s'implique davantage dans cette histoire sordide.

Elle opina et considéra son sac où se trouvait la

fameuse enveloppe. Elle n'avait pas osé regarder de trop près les photos qu'elle contenait, horrifiée par ce qu'elle avait aperçu.

— Il est tard et nous devrions en finir. Mais… j'aimerais avoir ton opinion sur ceci, lâcha-t-elle d'une traite.

Le cœur battant, elle sortit l'enveloppe de son sac et la garda sur ses genoux. Puis elle effleura l'ecchymose qui marquait sa pommette, juste sous l'œil.

Cela n'allait pas être simple, se dit Finn. Elle était en lutte avec elle-même. Il décida de patienter jusqu'à ce qu'elle trouve le courage de parler.

— Voici ce qu'on a jeté par la fenêtre de ma voiture, reprit-elle. Elle m'a heurtée à la joue.

— Tu as vu qui l'a jetée ?

— Tu réagis toujours en flic, répliqua-t-elle sans sourire. Non. Il avait garé une fourgonnette noire toute neuve à côté de ma voiture, au point qu'il m'était impossible d'ouvrir la portière du conducteur. J'ai dû passer de l'autre côté. J'allais démarrer quand il a ouvert sa portière et m'a lancé cette enveloppe à la figure avant de partir en trombe. Je l'ai suivi jusqu'à Cercle Road, mais je savais que je n'arriverais pas à le rattraper.

Finn retint un sursaut à cette pensée.

— Nom de Dieu, Emma, qu'aurais-tu fait si tu l'avais rattrapé ? Tu lui aurais donné une tape sur la main ? Bon sang, ce type aurait pu t'enlever !

Soudain, elle eut très froid.

— C'est justement pourquoi j'ai cessé de le suivre. Une fois calmée, j'ai compris que je n'étais pas de taille à l'affronter.

— Eh bien, prends garde à tes réactions. Tu ne peux pas te permettre d'être impulsive quand ta vie est en jeu.

— Tu as raison.

Elle était un peu cruelle, mais elle aimait le voir s'emporter quand elle faisait une bêtise.

— Regarde ces photos et dis-moi si, selon toi, elles peuvent m'être utiles.

Il sortit le contenu de l'enveloppe. Quatre clichés en gros plan. Un homme et une femme, pris sous différents angles. Sur la première photo, l'homme était assis dans un fauteuil, vêtu de sa seule chemise, tandis que la femme était penchée sur ses genoux. Sur la deuxième, il la pénétrait en lui caressant les seins, sur un lit.

Bon sang… Finn eut envie de ranger ces clichés et de se débarrasser de l'enveloppe au plus vite. Aurait-il le courage de regarder Emma en face ?

Sur la troisième photo, l'homme était agenouillé derrière la femme. Finn savait que c'était une femme car elle avait les hanches rondes et il distinguait une partie de ses seins. Les mains sur ses hanches, l'homme semblait passer un bon moment. Sur le dernier cliché, il se masturbait en regardant sa partenaire actionner un vibromasseur.

La femme n'était jamais reconnaissable. Contrairement à l'homme dont le visage apparaissait toujours parfaitement.

Orville Lachance.

Finn leva les yeux vers Emma.

— Tu le tiens, lâcha-t-il, la voix rauque. Du moins, quelqu'un le tient.

15.

Cette fois, elle les regarda.

Une par une, en prenant son temps, elle observa chacun des clichés.

— Sais-tu où elles ont été prises ? s'enquit Finn.

— Non.

— Ça va ?

Une question stupide. Il était évident qu'elle ne se sentait pas bien.

— C'est l'homme dont je vais divorcer. Alors, pourquoi ces photos me mettent-elles aussi mal à l'aise ?

— Parce qu'il t'a trahie.

Un jour, il lui raconterait comment on l'avait trahi, lui aussi, et la façon dont il avait géré la situation. Mais pas tout de suite.

— Ces photos vont te faciliter la tâche. Orville sera prêt à tout pour éviter que ces images soient diffusées.

Il aurait voulu savoir qui possédait les négatifs et ce que cette personne comptait en faire.

— Je ne veux pas de son argent, je veux simplement qu'il me laisse partir en paix, déclara-t-elle en se levant. Demain, j'ai rendez-vous avec mon avocat et je lui apporterai les photos.

Elle prit son sac et y fourra l'enveloppe et les clichés pêle-mêle. Elle partie, Orville n'aurait qu'à se tourner vers son « amie » de façon définitive. Qui s'en souciait ?

— Je m'en vais, annonça-t-elle. Finn, merci de m'avoir écoutée. Tu m'as beaucoup aidée d'autant que je n'arrivais pas à affronter la vérité toute seule. Jamais je n'aurais pu montrer ces photos à quelqu'un qui connaît bien Orville.

Sa loyauté était une qualité rare, songea-t-il.

Elle eut un rire amer.

— En fait, c'est un mensonge, avoua-t-elle. J'ai trop honte pour les montrer à des gens que je connais depuis des années. Pour moi, ce sont autant de gifles qui me disent que je ne suis pas à la hauteur.

Doucement, il lui prit son sac et rangea les photos dans l'enveloppe.

— Assieds-toi, Emma. Tu es secouée et je ne veux pas que tu conduises dans cet état.

Elle se morigéna intérieurement. Si elle ne voulait pas d'Orville, cela signifiait-il pour autant qu'il n'avait pas le droit de désirer une autre femme ? Cela faisait longtemps que leur couple n'existait plus. Orville avait besoin d'elle pour son image publique, mais c'était tout.

Elle passa les doigts dans ses cheveux avec nervosité.

— Ce que je veux, c'est tout oublier l'espace de quelques heures, murmura-t-elle, au bord des larmes. Je crois que je ferais mieux de partir.

Si elle devait fondre en larmes, ce ne serait pas devant Finn.

— Je ne suis pas en train de te faire des avances, mais tu peux dormir ici, proposa-t-il d'une voix qui faillit avoir raison d'elle. Il y a plusieurs chambres vides. Et puis j'irai chercher ta voiture. Ce n'est pas une bonne idée de la laisser au bord de la route.

— Merci, mais je ne peux pas.

— Je t'en prie, reste… Pour moi. Tu seras en sécurité et je ne m'inquiéterai pas.

Elle changea d'expression, comme si elle mettait de côté ses pensées pour réfléchir à sa proposition avec attention.

— Tu ne risques rien de ma part, assura-t-il.

Elle plissa les yeux.

— Naturellement, dit-elle.

Orville avait besoin d'une femme qui l'excite, prête à toutes sortes d'expériences. Il la trouvait fade. Finn aussi, sans doute.

— Si tu vas chez tes parents, il faudra que j'y aille, moi aussi, déclara-t-il d'un ton qui se voulait enjoué. Tu ne veux quand même pas que je dorme dans la voiture !

— Je veux simplement m'allonger.

— Je sais, alors arrête de discuter et reste. Je m'occupe de ta voiture.

— Je m'en charge, répondit-elle en ramassant son sac.

— Non.

— Laisse-moi au moins venir avec toi. Il fait sombre, dehors.

Il laissa passer cette remarque sans même lever les yeux au ciel.

— Tu ne viendras pas avec moi. Tu serais trempée. Attends-moi près de la porte d'entrée, si tu veux.

Elle céda et le regarda s'éloigner dans l'obscurité. La pluie scintillait sur son coupe-vent. Il revint au volant du 4x4 qu'il gara sur le côté de la maison, à l'abri des regards. Comme s'il ne voulait pas que l'on sache qu'elle était chez lui. Tant mieux. Elle non plus ne voulait pas que cela se sache.

— C'est fait, dit-il en revenant en courant.

A l'intérieur, il ôta vivement son coupe-vent et ses mocassins.

— Très bien, répondit-elle, les yeux rivés sur la pluie.

Il referma la porte et prit Emma par la main.

— Je t'aurais bien donné la chambre dans laquelle je dors en ce moment, car c'est celle qui offre la plus belle vue, mais j'ai horreur de changer les draps.

Ils rirent.

— Tu vas devoir te contenter de la chambre du fond. Il y a des draps propres.

— Dans ce cas, j'accepte.

Elle espérait avoir une attitude normale, mais elle tremblait intérieurement, en proie à une étrange excitation. Elle eut soudain envie d'éclater de rire.

Il alluma la lumière dans une chambre simple aux murs bleu pâle. Un tapis assorti était posé près du lit en fer forgé. Il y avait également une commode et un fauteuil en osier, mais rien de plus. La porte était ornée d'un petit vitrail en son sommet.

— La salle de bains se trouve par là. Quant au lit, il est très confortable.

— Tu as parlé de la chambre que tu occupes en ce moment. Tu ne prends pas toujours la même ? demanda-t-elle, surprise.

Il baissa les yeux vers ses pieds nus, mais son sourire ne lui échappa pas.

— Non. J'occupe chaque chambre jusqu'à ce qu'il faille changer les draps, ensuite je passe à la suivante. Comme il y en a quatre, ça me permet de vivre un mois. Ensuite, je fais la lessive et je recommence.

— Tu… Regarde-moi, Finn !

Il obéit, l'air contrit.

— Tu es sincère ? Ce système ne fonctionnerait jamais avec une femme !

— Je sais, répondit-il avec sérieux. Il n'a pas fonctionné, à l'époque.

Décidément, elle visait le premier prix avec ses commentaires ridicules !

Elle agrippa son sac.

— Ecoute, je ne vais pas rester. J'ai l'impression de m'imposer chez toi.

— Je préfère que tu restes. Tu as besoin de quelque chose ?

— Non, merci, mais je vais semer la pagaille dans ton organisation.

Il ne réagit pas.

— Brosse à dents ? Dentifrice ? Il y a des savonnettes et du shampooing dans la salle de bains. Tu veux un T-shirt pour dormir ?

Elle rougit. Dans son sac, elle avait glissé une tenue de rechange, mais pas de pyjama.

— J'allais me contenter de celui-ci, mais si tu peux m'en prêter un propre, ce serait mieux. Je le laverai et je te le rendrai.

— Tu te rends compte que tu t'excuses sans cesse d'être là ?

— Mais non, tu te fais des idées. Je suis peut-être un peu provinciale, mais je ne manque pas d'assurance.

Parfois, si.

– Bon, alors dors bien, dit-il. Si tu as besoin de moi, appelle-moi.

Il traversa le palier, laissant la porte entrouverte, puis revint avec un T-shirt. De retour dans sa chambre, il s'assit au bord de son lit défait et se frotta le menton, perplexe.

Se levant, il se mit à arpenter la pièce, puis ôta son jean et continua à faire les cent pas.

D'un geste vif, il rabattit le drap, le roula en boule et le jeta à travers la pièce, brisant un pichet au passage. S'il se mettait en tête qu'Emma Lachance était venue ce soir parce qu'elle éprouvait du désir à son égard, il ne récolterait que ce qu'il méritait : des ennuis.

En tout cas, elle n'était pas venue parce qu'elle avait des vues sur la petite chambre du fond. Pour une raison inconnue, elle lui faisait confiance. Elle lui avait même confié des secrets très personnels.

Il éteignit la lumière et s'étendit sur son lit. En tournant la tête, il sentit que son oreiller était humide.

Elle allait divorcer. Et cette nouvelle déclenchait en lui tous les signaux d'alarme. Il ne tenait pas à jouer le rôle du lot de consolation.

Il se retourna sur le ventre et agrippa le bord du lit.

Hommes et femmes étaient différents.

Bravo ! songea-t-il. En voilà une belle évidence.

Un homme désirait une femme, c'était simple. Enfin, parfois.

Car le sexe n'était pas tout. Certes, il rêvait de faire l'amour avec Emma, mais la perspective de l'enlacer, de se sentir en osmose avec elle, suscitait en lui des désirs qu'il n'avait pas ressentis depuis longtemps.

Tu regardes trop de films d'amour.

Il se retourna encore et jeta l'oreiller au loin, les pieds dans le vide. Depuis l'adolescence, ce lit était trop petit pour lui.

Un rai de lumière passa par l'entrebâillement de la porte. La lampe du palier étant éteinte, cela ne pouvait provenir que de la chambre d'Emma.

Il croisa les bras. La vie était parfois stupide. Il était en train de devenir fou en pensant à elle alors qu'elle se trouvait à quelques mètres de lui. Pensait-elle à lui, elle aussi ? Il aurait parié que cela lui arrivait de temps en temps.

Après tout, ils pouvaient bavarder jusqu'à ce qu'elle s'endorme. Il n'y avait pas de mal à cela. Elle avait éprouvé le besoin de lui parler, de lui montrer des photos de son mari en plein délit d'adultère, elle semblait perdue… Les événements semblaient se précipiter autour d'eux.

Avec détermination, il se leva et sortit sur le palier.

— Emma, tu es réveillée ? lança-t-il.

— Oui.

— Tu veux un peu de compagnie ?

Il se maudit. Pourquoi fallait-il qu'il accumule les bourdes ?

— Je veux dire… Tu as envie de discuter ? corrigea-t-il. Il fait meilleur sur le palier que dans ma chambre.

— Entre, Finn. C'est ridicule de rester là, à crier.

Il sourit comme il n'avait pas souri depuis bien longtemps. Emma possédait ce mélange de pragmatisme et d'optimisme qu'il trouvait irrésistible.

— Tu as raison, dit-il. C'est ridicule.

La lampe de chevet était allumée, mais pas les autres. Emma était assise dans son lit. Elle avait remonté les couvertures sous ses bras, mais le col de son T-shirt trop grand tombait sur son épaule.

Une épaule superbe.

Ronde, lisse, légèrement hâlée... douce.

Elle avait des seins généreux malgré une silhouette très svelte. Orville préférait-il les femmes plus enrobées ? Qu'il aille au diable... Ou peut-être fallait-il le remercier ?

Finn resta sur le seuil.

— Plus vite tu feras le nécessaire pour Orville, mieux ça vaudra. Je vois bien que cette histoire te ronge. Et si tu démarrais la procédure dès demain ?

— J'y songe, figure-toi, répondit-elle.

Ses yeux bleus exprimaient une douleur profonde. Orville avait vraiment besoin de se faire soigner.

— Je peux te laisser réfléchir, si tu veux, proposa-t-il. Ou bien parler d'autre chose.

Elle prit une boucle dorée entre ses doigts.

— Viens t'asseoir près de moi.

Il s'installa de profil, sur le lit.

— Sans cette réception, je divorcerais sur-le-champ.

— Pourquoi te soucier de lui ?

Elle plissa les yeux.

— Je ne me soucie plus des intérêts d'Orville. Mais Holly est ravie d'avoir décroché ce job et elle a déjà réuni son équipe, dont Annie. Sans compter que la sculpture de glace est en commande. C'est un ami d'Annie qui s'en charge. Non, vraiment, il faut que je tienne jusqu'à cette réception. Je ne peux pas tout gâcher maintenant.

— Je comprends.

Même s'il n'appréciait pas ce contretemps. En tout cas, l'air hanté d'Emma le contrariait.

— Il est normal que tu sois bouleversée. Ce sont des

épreuves auxquelles on ne s'attend pas. Tu as mis longtemps à décider de divorcer ?

— D'une certaine façon. Mais tout est plus clair dans ma tête depuis quelques semaines.

— Qu'est-ce qui t'a convaincue ?

Il s'en voulait de la pousser dans ses derniers retranchements, mais il ne pouvait s'en empêcher.

Elle haussa les épaules. Puis, à sa grande surprise, elle changea de sujet.

— Je suppose que tu feras ta valise quand tu auras décidé de ton avenir.

— Je n'ai encore rien décidé. Je te l'ai dit, je suis en train de poser des jalons, de prendre des contacts, pour voir si je peux m'installer ici.

Elle poussa un soupir, puis secoua la tête avec abattement.

— Je suis complètement folle, murmura-t-elle avant de river ses yeux aux siens. Je me suis amourachée de toi, Finn. Tu t'es montré gentil et attentif, tu me regardes comme si j'avais de l'importance… Tout ça m'a séduite. Tu n'imagines pas depuis combien de temps on ne s'était pas intéressé à moi comme ça. Mais maintenant, je dois me débrouiller seule.

Elle s'efforça de sourire.

Aucune femme ne lui avait jamais dit qu'elle s'était amourachée de lui. Et Emma ne l'aurait jamais fait si elle avait été dans son état normal.

— Emma, ce n'est pas ce que tu penses…

— Je te parle d'attirance sexuelle, de désir. Comment pourrait-ce être autre chose ?

— Tais-toi et écoute-moi.

— Je t'en prie, va-t'en pendant qu'il me reste un semblant de dignité. Tu veux bien me rendre un service ?

— Tout ce que tu voudras.

En général, il avait réponse à tout. Pas ce soir-là.

— Ce n'est pas que je n'aie pas confiance en Billy, mais ils n'ont pas l'habitude des homicides, dans la région. Tu veux bien faire ton possible pour découvrir ce qui ne va pas, dans cette ville ? Parce qu'il se passe vraiment des choses étranges.

— C'est promis.

— Une dernière chose…

Elle se voûta, faisant glisser le T-shirt plus bas sur son décolleté.

— Tu n'as qu'à demander, Emma.

— Oublie que je suis venue ici ce soir et ce que je t'ai dit. Demain matin, j'aurai les idées plus claires. Et je te laisserai tranquille.

16.

Le lit grinçait.

Ce n'était pas un simple grincement, mais une sorte de gémissement métallique qui enflait à mesure qu'on tentait de l'étouffer. Le lit semblait couiner chaque fois que Finn se retournait ou bougeait d'un centimètre.

Emma se redressa d'un bond et porta les mains à ses joues en feu. Enfin, les grincements cessèrent. C'était le moment propice pour quitter cette maison et sauver le peu de dignité qu'il lui restait.

Elle enfila son jean à la hâte et décida de garder le T-shirt sur elle puisque, de toute façon, elle devrait le laver avant de le lui rendre. Qu'avait-elle fait de ses chaussures ?

Dans la salle de bains.

Elle traversa le couloir sans allumer la lumière de peur de réveiller Finn. Ses chaussures restant invisibles, elle s'agenouilla pour mieux les distinguer. Immobile, elle plissa les yeux, en quête d'une tache sombre révélatrice. En vain.

Elle avança doucement, dessinant des arcs avec ses mains.

Et brusquement, la pièce fut inondée de lumière.

Elle s'assit sur ses talons et, repoussant ses cheveux en arrière, émit un gros soupir.

— Je cherchais mes chaussures, se justifia-t-elle sans oser croiser le regard de Finn.

— Tout s'explique. Tu es sûre de les avoir laissées ici ?

— Non.

Effectivement, elles ne se trouvaient pas dans la salle de bains.

— Debout, ordonna-t-il en la prenant par les épaules.

Il la réduisit au silence en effleurant son cou de ses lèvres et murmura à son oreille :

— Toi et moi, nous allons passer un moment ensemble, ma belle. Tu vas me raconter ce que tu as derrière la tête et je ferai de mon mieux pour t'inviter dans mon esprit si confus.

Elle ferma les yeux.

— D'accord ? demanda-t-il.

Impossible de refuser avec ces deux bras puissants autour d'elle et ces lèvres dans son cou.

— Euh… D'accord…

Toutefois, elle n'avait aucune intention de lui confier de nouveaux aspects sordides de son couple.

— Tant mieux. Ton lit ou le mien ?

— Finn !

— Tu veux t'asseoir sur mon lit ou le tien ? Le tien grince.

— J'avais remarqué.

— Mais il est plus confortable que le mien. De toute façon, j'ai arraché tous mes draps.

Elle s'écarta de lui et alla se recoucher sans enlever

son jean. Elle prit soin de remonter les couvertures sous ses bras et d'allumer la lampe de chevet.

— Assieds-toi, dit-elle.

Lui ne portait pas de jean. Elle observa un peu trop longtemps son caleçon fripé, avant de détourner les yeux. Il s'installa près d'elle, parfaitement à l'aise.

Il demeura face au mur, les mains pendant entre ses genoux.

— Tes chaussures dépassent de ton sac, constata-t-il.

— Merci.

C'était la première fois qu'elle voyait ses cicatrices d'aussi près.

— Ça me met en colère, avoua-t-elle.

— Quoi ?

— Cette horreur qui te barre le dos. C'est un accident ?

Il la regarda par-dessus son épaule et esquissa un sourire.

— Non.

— Celui qui t'a fait ça cherchait vraiment à te faire mal.

Sa façon de plisser les yeux et de déglutir la troubla.

— Il a essayé de me décapiter.

Elle en eut le souffle coupé. La trace rougeâtre formait un trait irrégulier sur sa chair.

— C'était un ennemi ? Qu'est-il devenu ?

Il se frotta le visage.

— Il est mort. Je t'en prie, arrête.

Elle sortit de sous les couvertures.

— Allonge-toi sur le ventre, dit-elle.

— Non.

— Allez, je t'en prie… Tu es si tendu… Ce n'est pas bon pour toi. Fais ce que je te dis.

Il secoua la tête. A bout d'arguments, elle quitta le lit et se glissa près de lui. Puis elle le poussa jusqu'à ce qu'il cède et tombe comme un arbre abattu.

— Je trouve que tu te fais beaucoup prier, remarqua-t-elle en hissant ses jambes sur le lit, l'une après l'autre.

Cette fois, il se laissa faire.

— Sur le ventre, j'ai dit ! Pas sur le dos.

Elle s'attendait à le voir s'enfuir, mais il se mit en position, les bras le long du corps.

Ta mère ne t'a jamais dit de te méfier de tes désirs ? Seigneur, quel homme superbe !

— Détends-toi. Ferme les yeux.

Elle prit le tube de crème à l'aloé vera qui se trouvait dans son sac en se félicitant de toujours en avoir un avec elle. Puis elle en étala sur son dos.

— Aïe ! fit-il aussitôt en tentant de se redresser.

— C'est un produit naturel, répliqua-t-elle. C'est excellent pour adoucir les cicatrices.

En réalité, elle ignorait tout des vertus de l'aloé vera, à part le fait que cela soulageait les coups de soleil.

— Tu aurais dû te faire masser dès le départ. Les tissus se sont mal soudés, je le sens.

— Moi aussi, je t'assure. Ah, c'est froid !

— Demain, j'utiliserai du beurre de cacao, c'est encore meilleur.

Il avait le visage enfoncé dans l'oreiller, de sorte qu'elle ne comprit pas sa réponse.

— Quoi ? fit-elle.

— Je suis content que tu te charges de mes massages, marmonna-t-il. Il m'en faudrait plusieurs par jour.

Elle ne put s'empêcher de sourire. En dépit des épreuves qu'elle traversait, elle parvenait toujours à dédramatiser quand elle était avec lui.

Le ventre noué, elle se rappela que, le lendemain, elle mettrait en marche un processus irréversible en déposant une demande de divorce.

— C'est bon, gémit Finn. Tu as des doigts de fée.

— J'ai les doigts puissants grâce au piano. Garde les yeux fermés et contente-toi de te détendre.

— D'accord… J'aimerais bien t'entendre jouer.

— Peut-être un jour.

Elle sourit en songeant à sa réaction s'il la voyait jouer chez Buzz. Elle pétrit doucement les nœuds de chair meurtrie, répétant encore et encore les mêmes gestes.

— Tu connais les massages à la pierre chaude ?

— Euh…

— C'est merveilleux quand on est tendu. Je pourrai t'en faire, si tu veux.

— Hmm… D'accord.

Quand vint le moment de lui demander de se retourner, elle se rendit compte qu'il ne lui restait presque plus de crème. Elle se mit à lui pétrir les flancs avec vigueur, là où la peau était lisse, sans jamais rompre le contact avec son corps. Il se laissait aller en toute confiance.

Il était bronzé et ferme, mais ignorait sans doute comment se détendre. Elle se sentait prête à le lui montrer.

— Ta peau est déjà plus douce, déclara-t-elle enfin.

— Tu trouves ?

— Oui. Je le sens.

— Tu as un emploi tout trouvé, si c'est ce que tu cherches.

Il avait la taille fine pour un homme de cette stature.

Elle passa les pouces le long de sa colonne vertébrale, jusqu'au bas du dos, sous la ceinture. Elle hésita un peu, mais le moment était mal choisi pour jouer les vierges effarouchées.

— Euh… Emma ?

— Tu ne vas pas prendre peur, maintenant ? C'est un massage thérapeutique. Tu n'as rien à craindre pour ta vertu.

Sans prévenir, il tendit un bras pour la saisir par un poignet et se tourna sur le côté.

— Allonge-toi près de moi.

Elle détourna la tête, sans chercher à se dégager de son emprise. Aucune femme n'aurait massé un homme comme elle venait de le faire sans vouloir se rapprocher de lui.

— Tu ne joues peut-être pas avec le feu, mais moi si.

— Je ne t'imposerai rien.

— Je veux me mettre sous les couvertures, répondit-elle. Pousse-toi.

Il lui obéit. Elle ôta son jean avant de se coucher, sentant le regard de Finn sur ses jambes. Il n'y avait rien de mystérieux dans tout cela. Ils étaient attirés l'un vers l'autre, voilà tout.

Elle éteignit la lampe et se blottit sous les couvertures qu'elle remonta sur son visage.

— C'est une chance que la nuit soit chaude, plaisanta-t-il. S'il avait fait froid, il ne me serait pas resté grand-chose pour me couvrir.

Elle se mit à rire.

— Du moment que tu restes de ton côté du lit, tu peux venir sous les couvertures, toi aussi. Mais il fait trop chaud pour toi, n'est-ce pas ?

En guise de réponse, il se mit à rebondir sur le matelas

jusqu'à ce qu'elle roule droit sur lui. Il l'enlaça et plaqua son visage sur son torse.

— Salut, toi ! Je dormirai mieux si tu es dans mes bras.

Menteur, Duhon ! Mais qui a besoin de dormir ?

— Nous devions nous vider la tête, lui rappela-t-elle.

Elle n'y tenait pas plus que cela, mais elle voulait respecter ses engagements — enfin, ses prétextes. De plus, elle était curieuse de voir s'il allait lui en révéler davantage sur lui-même.

Elle se redressa et s'adossa à la tête de lit.

— Assieds-toi, lui ordonna-t-elle, et libère-toi de tout ce qui encombre ton esprit.

Il savait que ce n'était pas une bonne idée, mais il obéit en tentant de calmer les battements frénétiques de son cœur.

— A toi de commencer, déclara-t-il.

— Je t'ai déjà raconté mon histoire, avec des illustrations en prime. J'admets que ces dernières années n'ont pas été très faciles. Je n'agis pas de gaieté de cœur, mais je dois me montrer raisonnable.

Ces dernières années n'avaient-elles pas été pires qu'elle ne voulait l'admettre ? Et la maison qu'elle partageait avec Orville, une prison dorée tenue par un gardien tyrannique et violent ?

— Et toi, Finn ? Je sais que tu refuses de parler de ce que tu as vécu et je n'insisterai pas. Mais j'aimerais savoir en quoi cela t'a affecté. Tu souffres d'insomnies, n'est-ce pas ?

— Je ne dors pas. Il paraît que c'est le résultat d'un syndrome de stress post-traumatique. Cela dit, je pense que la vie en elle-même suffit à nous empêcher de dormir.

— Tu es revenu à Pointe Judah parce que tu envisages de t'y fixer. Tu as déjà des contacts professionnels ?

Elle tira distraitement sur un fil de la couverture et ajouta :

— Apparemment, tu n'es pas encore décidé à poser tes valises.

— Peut-être et peut-être pas. Si je suis revenu, c'est aussi pour une autre raison.

Il semblait avoir toutes les peines du monde à s'exprimer. Il se tourna vers elle.

— Je comptais la garder pour moi, mais depuis que je t'ai rencontrée, tu me donnes envie de me confier. Alors pourquoi pas ?

— Nous nous sommes trouvés à un moment où j'avais besoin de quelqu'un de fort. J'ignore quelle est ta motivation.

Il était tiraillé entre son désir pour elle et son envie de la réconforter. Certaines parties de son corps semblaient très obstinées.

— Il faut que je découvre ce qui est vraiment arrivé à mon père, expliqua-t-il. L'affaire a été classée en suicide et ses cendres ont été répandues sur le bayou avant mon retour. Le problème, c'est que mon père n'était pas homme à se suicider.

Elle en fut attristée. Bien des enfants se lançaient dans cette quête qui n'aboutissait souvent à rien. Il est vrai que ce devait être difficile d'accepter le suicide d'un proche. Sans doute Finn avait-il eu l'impression de ne pas compter aux yeux de son père pour qu'il quitte ainsi le monde.

— Tu veux prouver qu'il ne s'agit pas d'un suicide ?

— Si Denise n'avait pas été assassinée, j'aurais soumis

le dossier à Billy. Je sais qu'il a beaucoup de travail, mais je ne peux pas attendre davantage. Le drame remonte à un an, et les pistes refroidissent vite. D'abord, il faudra que je consulte les archives. Puis j'aurai des personnes à interroger, des recherches à mener.

— Je t'aiderai, promit-elle.

Il l'observa dans le rai de lumière argentée qui filtrait par la fenêtre. Elle semblait pensive. Il lui caressa la joue du bout de l'index. Inconsciemment, elle leva le menton pour mieux s'offrir à sa caresse.

— Je me doutais que tu me le proposerais. Mais tu as tes propres problèmes à régler.

— Je les réglerai. Laisse-moi faire ce que je peux.

Son ton était sincère. Il n'en revenait pas d'être assis dans un lit, avec elle, à lui ouvrir son âme.

— Merci.

— Ton père est mort d'une balle dans la tête, se rappela-t-elle. La police doit être en mesure de dire si c'est quelqu'un d'autre qui a appuyé sur la détente, non ? Même s'il tenait l'arme en main ?

— Ouais…

— Il n'y avait personne d'autre sur les lieux ?

Cela n'aurait pas dû le mettre en colère, et pourtant…

Il poussa un long soupir.

— C'est ce qu'on m'a dit. Mais ça ne colle pas avec la personnalité de mon père, ni avec ce qu'Eileen raconte sur leur dernière entrevue, quelques heures avant sa mort.

Assez de questions, songea-t-elle.

— Tu as besoin de connaître la vérité.

— C'était un homme très efficace qui aimait son travail. Il aimait ma mère plus que tout au monde, il aimait ses enfants. Il a essayé d'être un père pour Aaron, aussi. Non, sincèrement, je ne crois pas à son suicide, et il est de mon devoir de rétablir la vérité.

Elle riva ses yeux aux siens.

— Tu m'inquiètes, avoua-t-elle. Sauras-tu accepter la thèse du suicide si elle se révèle fondée ?

— Ce n'est pas un suicide.

— C'est bien ce que je craignais. Tu ne trouveras la paix que quand tu auras quelqu'un à incriminer.

— Ce n'est pas le problème. Pas pour l'instant. Je reconnais que je suis doublement furieux puisque ma mère a succombé à une attaque, quelques mois après la mort de mon père. L'assassin aurait tout aussi bien pu lui tendre son arme ! Mais je veux simplement que le coupable soit puni.

— Tu veux rouvrir un dossier clos. As-tu des chances d'inciter les flics à reprendre l'enquête ?

— Je me moque éperdument qu'ils rouvrent ou pas le dossier. Ce que je veux, ce sont les archives, un point de départ, répondit-il. Le reste, je m'en charge.

Elle était de plus en plus alarmée.

— Il n'est pas raisonnable de se faire justice soi-même.

— C'est ce qu'on dit, en effet, mais j'agirai selon mes propres règles. Je connais mieux que quiconque les dégâts que l'on peut provoquer en ne balayant pas devant sa porte. Demander à quelqu'un d'autre de régler ses problèmes ne résout rien.

Elle se tourna vers lui dans le noir. Dehors, le vent cinglait les arbres, la pluie battait aux vitres. Heureusement, les éclairs et le tonnerre avaient cessé.

— Veille bien à ce que cette personne, si elle existe, soit jugée, insista-t-elle.

— Bien sûr. Le procès est sur le point de commencer. Je connais déjà le verdict et la sentence. Il ne me reste plus qu'à identifier le tireur.

17.

— Ne parlons plus de ça, dit Finn au bout d'un silence pesant. Qui sait ce qui se passera ? Peut-on oublier cette histoire, dans l'immédiat ?

Il en avait beaucoup trop dit.

Emma en avait la chair de poule. Sentant qu'il l'observait, elle posa la tête sur son torse et glissa un bras autour de sa taille. Elle s'inquiétait trop à son sujet, songea-t-elle, histoire de se rassurer.

Il l'enlaça à son tour et s'allongea plus confortablement. Lui qui avait appris à tuer était incapable de mener une discussion sur ce thème épineux, notamment parce qu'il ne pouvait expliquer comment fonctionnait son esprit. Il avait tendance à enfouir au fond de sa mémoire les événements marquants de sa vie et, la nuit, il voyait des visages qui l'empêchaient de dormir. Des visages et la trahison d'un ami.

Ce soir, il avait besoin d'Emma. Il avait besoin d'elle car il la désirait depuis le départ. Il l'admirait, il l'appréciait, il aimait sa compagnie. Il ne voulait plus penser qu'à la chaleur de son corps.

Il l'attira sur lui et la serra plus fort. Trop fort. Elle gémit. Il relâcha légèrement son étreinte.

Quoi qu'il fasse, il ne devait pas oublier qu'il n'avait pas le monopole du désir. Et des risques. Il ne tenait pas à laisser des victimes dans son sillage.

Emma se sentait tiraillée. Elle avait envie d'être dans ce lit, avec Finn. Mais même si son couple était mort, elle avait l'impression d'être infidèle. Dieu sait pourtant que c'était Orville qui avait commencé. Et s'il ne l'avait pas fait, elle-même n'aurait jamais succombé à la tentation.

Elle réfléchit. Non, pour rien au monde, elle ne se serait trouvée ailleurs que dans les bras de Finn.

Il lui embrassa les cheveux et lui caressa doucement le dos, jusqu'à la nuque.

— Tu n'auras pas de regrets, n'est-ce pas ? Je ne veux pas que tu culpabilises à cause de moi.

— Non.

Du moins l'espérait-elle.

— Tu pars de bonne heure, demain matin ?

Elle déglutit.

— Je dois d'abord vérifier combien j'ai reçu de réponses aux invitations. Il voudra savoir.

— Je crois avoir convaincu Eileen de m'accompagner à cette soirée. Elle a bien mérité une sortie.

— Tu es gentil, commenta-t-elle, la gorge nouée.

— C'est vrai. Gentil et digne de confiance. Dès la fin de la réception, tu pars, c'est ça ? Tu le quittes ?

— Oui.

Ce qui ne signifiait pas qu'elle en aurait terminé avec Orville.

— Ça ne m'étonnerait pas que ces photos aient été prises chez Damalis, poursuivit-elle. J'aimerais savoir ce qui se déroule dans ce club où il passe le plus clair de son temps. Rien qu'une fois, je voudrais débarquer en pleine « réunion » et prendre Orville sur le fait.

Elle sentit la main de Finn se crisper dans ses cheveux.

— Tu ne feras pas ça. Tu risquerais de donner l'impression de te venger, or le jeu n'en vaut pas la chandelle. Ne discute pas. Admets simplement que c'est la plus grosse bêtise que tu pourrais faire. Oublie, ça vaut mieux.

Elle ne répondit pas.

— Détends-toi, Emma, lui conseilla-t-il gentiment. Je vais t'expliquer plus en détail pourquoi tu n'iras pas dans ce club. Comme tu l'as dit, les photos ont sans doute été prises là-bas. Cela signifie qu'il s'agit d'une sorte de club… de rencontres. De l'alcool, des filles, des hommes qui perdent de l'argent et qui cherchent quelqu'un sur qui se défouler. Toi, tu es une femme douce, bien élevée. Tu comprends les risques que tu prendrais en y allant ?

— Mais non. Je ne suis pas stupide.

— Un homme ivre ne demande pas la permission, lui rappela-t-il. Il y a dans cette ville des gens qui se croient tout permis, mais personne n'a le droit de te toucher à moins que tu ne sois d'accord. Promets-moi de ne pas y aller. De toute façon, avec le divorce, Orville aura largement ce qu'il mérite. Allez, promets-le-moi.

Elle garda le silence. Cela faisait douze ans qu'on lui disait quoi faire et elle n'en pouvait plus.

— Emma ?

Là encore, elle ne répondit pas. Fini les promesses. Elle n'en devait à personne.

— D'accord, je ne tenais pas à te le rappeler, mais il y a un assassin en liberté dans cette ville. Aller dans des lieux comme l'établissement de Damalis serait plus que risqué.

Levant la tête, elle vit ses yeux scintiller.

— Je ne ferai rien de stupide, promit-elle enfin. Arrête de t'inquiéter pour moi.

Il voulut ajouter quelque chose, mais elle le fit taire d'un baiser. Un baiser tendre, destiné à lui faire oublier ses soucis. Les hommes n'étaient pas difficiles à distraire.

Réagissant aussitôt à son contact, il insinua doucement la langue dans sa bouche.

Elle sentit les pointes de ses seins se dresser et une vague de chaleur monta entre ses cuisses.

Finn approfondit son baiser, puis la fit rouler sur le dos, une main sur sa nuque. Son sexe gonflé était collé à sa cuisse. Elle s'agrippa à lui. Mais malgré le désir qui menaçait de la submerger, elle ne pouvait s'empêcher d'appréhender la suite.

Il s'écarta légèrement tout en continuant à déposer des baisers furtifs sur ses lèvres.

— Orville a-t-il déjà été violent avec toi ? murmura-t-il.

Elle déglutit et lâcha un petit rire qui sonnait faux.

— Pourquoi cette question ?

— Alors ?

— Mieux vaut ne pas en parler. Toi aussi, il y a des sujets que tu refuses d'évoquer.

— Je m'en doutais, dit-il en posant la tête sur son épaule pour lécher doucement le sel de sa peau. Si je fais quoi que ce soit qui te mette mal à l'aise, frappe-moi ou mets-toi à crier. Je ne veux pas que tu aies peur d'avoir mal.

En guise de réponse, elle enroula les bras autour de son cou et le serra fort contre elle. Puis, prenant sa lèvre inférieure entre ses lèvres, elle la titilla doucement. Le gémissement de Finn lui procura une intense satisfaction. Sa langue chercha la sienne. Haletants, ils se fondirent l'un dans l'autre.

Soudain, elle lui frappa le torse.

— Quoi ? fit-il en se redressant brusquement.

— Rien. J'ai envie de faire quelque chose. Rallonge-toi.

Elle s'assit à califourchon sur son ventre.

— Emmy… Je ne sais pas si tu devrais faire ça.

— Mais si.

Seuls ses parents la surnommaient Emmy, mais cela sonnait bien dans sa bouche.

Elle ôta son ample T-shirt et le jeta à terre.

— Autant me mettre dans la même tenue que toi. De toute façon, tu ne vois rien dans le noir.

— Non, murmura-t-il, pantelant.

— Du moment que tu me sens, c'est le principal.

Fermant les yeux, il glissa les mains le long de son dos et l'attira vers lui. Il leva la tête pour enfouir son visage entre ses seins. Ses lèvres avides passèrent de l'un à l'autre. Il la sentait offerte et humide. Lui qui avait toujours détesté perdre le contrôle était sur le point de s'abandonner. Il mourait d'envie de libérer son sexe de son caleçon devenu trop étroit, d'autant qu'il sentait sur son ventre la moiteur des replis intimes d'Emma.

Il n'osait croire qu'elle avait envie de lui. Il titilla de la langue sa peau douce. Elle s'agita et voulut l'attirer plus près, mais il la retint. Plus il attendrait et plus le désir serait intense.

Dans une plainte rauque, elle prit son visage entre ses

mains et attira sa bouche sur son sein qu'il caressa de sa langue. Elle se lova contre lui, l'implorant de continuer.

Il sourit. Il aimait le subtil parfum de rose de sa peau et le pouvoir qu'il avait sur elle. Il mordilla le mamelon dressé, de plus en plus fort, puis fit de même avec l'autre sein. Elle crispa les doigts, plantant ses ongles dans son dos.

Il glissa les mains dans sa culotte, caressa ses fesses rondes, puis s'aventura entre ses cuisses, cherchant le point sensible. Bientôt, elle se mit à onduler sous ses caresses expertes. Pantelante, elle lui embrassa l'épaule. Puis elle entreprit de lui mordiller à son tour les mamelons.

— Tu me rends fou… Je n'en peux plus…

— Tant mieux…

Il continua à la caresser encore et encore, lui procurant un plaisir indicible. Très vite, il la dévêtit totalement et se pencha vers elle. Ses doigts cédèrent la place à sa langue.

Elle se mit à onduler contre lui, au bord de l'extase.

La prenant par les hanches, il accentua ses coups de langue sur ses replis humides. Les mouvements de reins d'Emma s'intensifiaient à mesure qu'elle montait vers l'extase.

Jamais elle n'avait connu de telles caresses. La sensualité de Finn l'enthousiasmait et la gênait à la fois. Entre ses bras, elle avait les seins lourds, le corps brûlant.

Il décida de changer de position et la fit asseoir au bord du lit, lui plaquant les chevilles sur le matelas pour mieux poursuivre ses caresses buccales.

Elle ne put retenir un râle de plaisir. Cette langue suscitait en elle des sensations jusqu'alors inconnues. Ses mouvements de va-et-vient sur son point le plus sensible la rendaient folle. Elle ne chercha pas à résister. Au moment où elle allait basculer dans l'extase, il s'écarta. Frissonnant de tout son être, elle se raidit dans l'orgasme. Allongée devant lui, jambes écartées, elle multiplia d'elle-même les spasmes de plaisir.

Il lâcha ses chevilles, la laissant jambes pendantes au bord du lit, puis pressa fortement son sexe contre elle, sans toutefois le soulager de la pression accumulée.

Elle réagit si vite qu'elle le prit de court. En riant, elle se mit debout sur le matelas et rebondit gaiement.

— Jamais je ne t'aurais prise pour une allumeuse, remarqua-t-il avec amusement.

Il alluma la lampe de chevet pour voir ses seins tressauter. Elle avait les mamelons roses et dressés. Ce soir, elle était à lui…

Il voulut l'attraper, mais elle lui échappa. Elle sauta de l'autre côté du lit et courut vers un coin de la chambre. Mais elle ne riait plus. Elle s'agenouilla, les genoux serrés, et lui fit signe d'approcher.

Quand il fut assez proche, elle tendit une main, saisit son membre gonflé et l'attira doucement vers elle. Elle frotta l'extrémité sur ses seins. Elle leva les yeux vers lui, puis le prit dans sa bouche pour entamer un lent va-et-vient. Il sentit ses cuisses se mettre à trembler.

En la voyant le prendre en elle et se tourner pour passer sa chair brûlante sur sa joue, il prit peur. Il ne pouvait pas jouir maintenant, pas comme ça.

— Viens t'allonger, proposa-t-il en prenant sa tête entre ses mains.

Elle le libéra, les lèvres humides, et se leva pour se plaquer contre lui.

Au moment où il allait la porter sur le lit, elle prit son

sexe dans sa main et le caressa. Il perdit tout contrôle de son corps. Elle le relâcha à la dernière seconde et ils restèrent enlacés tandis qu'il déversait sa semence.

— Emmy ?

Elle le serra encore plus fort. Ce qu'il sentait, sur son torse, c'étaient des larmes.

— Dis quelque chose…

Elle ne prononça pas un mot.

Se dégageant de son étreinte, il la souleva dans ses bras. Elle le laissa la déposer sur le lit et se coucher près d'elle. Puis il la reprit dans ses bras.

— C'était incroyable. Accorde-moi quelques minutes et…

— Chut, fit-elle. Tu es fatigué. Endors-toi.

Comment avait-elle pu s'abandonner ainsi ? Orville était un piètre amant. En songeant aux scènes représentées sur les photos, elle sentit sa gorge se nouer.

— Je n'ai pas envie de dormir, assura-t-il.

Il la prit dans ses bras. Elle avait perdu de sa souplesse, elle était même un peu raide. Il se dressa sur un avant-bras et l'embrassa. Elle lui rendit son baiser, mais avec tendresse et douceur, cette fois.

La main qu'elle passa dans son dos fit renaître son désir, mais il se retint. Une main sur son ventre, il la laissa s'écarter imperceptiblement.

Se sentait-elle coupable ? se demanda-t-il avec inquiétude. Pourtant, ils n'avaient rien fait, ou presque…

Elle restait immobile. Il voulut déchiffrer son regard, mais elle avait les yeux fermés et respirait doucement. Il était prêt à parier qu'elle faisait semblant de dormir.

A nouveau en érection, il se retourna avec précaution.

Elle était consentante, elle le désirait, puis tout avait changé.

Il songea aux photos. Aurait-elle voulu se venger de son mari, avant de manquer de courage ?

Il serra les dents. Si elle s'était servie de lui, il espérait qu'elle en aurait de nouveau envie très bientôt.

Dehors, l'orage se déchaînait de plus belle. Des éclairs zébraient le ciel, suivis de violents coups de tonnerre.

Finn s'était endormi. Emma fit quelques tentatives pour se déplacer en s'assurant qu'il ne se réveillerait pas. Une fois levée, elle ramassa son jean, sa chemise et son sac avant de quitter discrètement la pièce.

Sur le palier, à la lueur des éclairs intermittents, elle se rhabilla à la hâte. Puis elle retourna écouter à la porte de la chambre. Pas un bruit. Rassurée, elle descendit les marches à pas de loup.

Son sac en bandoulière, elle prit son imperméable dans l'entrée et sortit sous une pluie battante. Une brume épaisse flottait au-dessus de la pelouse et entre les arbres.

Ne réfléchis pas.

Le capot de la Lexus brillait dans la brume. Elle perdit un temps précieux à chercher ses clés au fond de son sac.

Les clés en main, elle monta dans la voiture. Elle reverrait Finn. Peut-être même seraient-ils de nouveau… proches. Du moins l'espérait-elle. Il était trop merveilleux pour qu'elle le laisse filer. Mais cela ne dépendait plus d'elle, désormais. Elle ne pourrait lui reprocher de se méfier.

Elle avait adoré faire l'amour avec lui. Jamais elle

ne s'était sentie aussi libérée. Jusqu'à ce qu'elle se fige de nouveau, rongée par la culpabilité.

Le moteur de la Lexus émit un vrombissement semblable à celui d'un avion au décollage. Seigneur, il allait se réveiller, découvrir qu'elle avait filé…

Elle se mordit la lèvre. S'il voulait toujours d'elle, elle serait là pour lui. Un jour.

Il n'y avait pas de temps à perdre. En entendant la porte se refermer, il se précipita dans l'escalier, nu, son jean à la main. *Pourquoi les femmes sont-elles si compliquées ? Pourquoi réfléchissent-elles autant ?* Une fois en bas, il s'habilla et remonta sa braguette sans boutonner sa ceinture.

Un moteur se mit à ronronner. *La Lexus.*

Il courut vers la porte d'entrée qu'il ouvrit juste à temps pour voir la voiture d'Emma remonter l'allée puis tourner à droite. Elle avait décidé de regagner la maison des Balou. Au moins n'allait-elle pas rejoindre son mari. Il ne l'aurait pas supporté. Mais il n'appréciait pas de la savoir seule là-bas.

Il regarda les feux arrière s'éloigner dans la nuit. Bientôt, la voiture serait engloutie par les bois.

Se prenant le visage dans les mains, il se demanda ce que signifiait ce départ furtif. S'était-elle servie de lui pour reconquérir Lachance, sans parvenir à aller jusqu'au bout ? Il revit sa chevelure dorée, lorsqu'elle l'avait pris dans sa bouche. Il sentait son contact sur tout son corps. Non, elle ne s'était pas servie de lui, pas plus qu'il ne s'était servi d'elle. Mais si elle refusait d'achever ce qu'ils avaient commencé, il allait certainement devenir fou.

Une main se posa sur son épaule.

Sans réfléchir, telle une bête aveugle, il empoigna son agresseur par le poignet et l'attira devant lui. Puis il se mit à hurler, ivre de rage. L'autre perdit l'équilibre. Il trébucha, agita les bras, cherchant à se retenir à lui. Son visage était flou, mais Finn lui assena un coup de poing qui brisa un os.

L'homme chercha à se relever. Finn le frappa encore et encore, jusqu'à ce qu'il morde la poussière. Alors, il s'abattit sur lui et lui immobilisa les mains dans le dos en les tirant vers le haut afin de provoquer un cri de douleur.

Il le frappa de ses deux poings.

Je ne peux pas m'arrêter. Je n'y arrive pas. Jamais je n'arrête…

Un voile flottait autour d'eux. Blanc au lieu d'être marron et déchiré.

Des éclairs dans la tête, il se mit à hurler :

— Non !

Il n'avait pas besoin de son commandant. Il pouvait tuer tout seul.

Il ferma les yeux, les rouvrit et se concentra. Sa victime gémissait de douleur, à quatre pattes, le nez couvert de sang.

— Qu'est-ce que tu fais ? lança Finn. Debout ! Debout !

L'homme essaya de se lever, mais retomba lourdement.

— Qui t'a dit de venir me surprendre par-derrière, comme ça ? insista Finn en le relevant à grand-peine. Tu aurais pu mourir pour m'avoir fait ça. Si tu veux continuer à respirer, parle, enfoiré !

— Denise…

L'homme se mit à tousser et à crachoter.

Finn l'entraîna sans ménagement vers la porte. Enfin, il alluma la lumière pour découvrir le visage meurtri et ensanglanté de Rusty Barnes.

18.

— Vous êtes devenu fou, Barnes ?

Finn dut se retenir pour ne pas le marteler de coups de pied.

— Entrez là-dedans et ressaisissez-vous, nom de Dieu !

Qu'avait-il fait ?

Agrippé au chambranle de la porte, Rusty se redressa péniblement. Finn observa son visage de plus près et leva les yeux au ciel. Qui allait croire Rusty s'il racontait qu'il était tombé dans l'escalier ?

Pourquoi avoir frappé avec une telle violence ? C'est la première fois que je pète les plombs comme ça !

Il aida Rusty à entrer dans la maison, puis referma la porte.

— Nom de Dieu ! jura Rusty. J'allais vous dire que je ne voudrais pas vous croiser dans une ruelle sombre, mais c'est bien ce qui vient de m'arriver ! Je vais vous faire tomber pour meurtre, vous allez voir !

Du sang coulait de sa narine et de sa lèvre fendue.

— Je ne vous ai pas tué, protesta Finn en se dirigeant vers la cuisine.

— Oh si, marmonna Rusty. Je suis en train de crever, je le sens.

Finn ne l'aurait jamais cru capable d'humour au vu des circonstances. Il devait délirer.

Lorsque ses jambes se dérobèrent, Finn parvint tout juste à le retenir pour l'empêcher de s'écrouler. Il le traîna jusqu'à une chaise de la cuisine.

Le journaliste posa ses mains ensanglantées sur la table et y appuya son front.

— J'étais venu vous dire quelque chose, bredouilla-t-il. J'aurais mieux fait de rester chez moi. Je n'ai pas besoin d'un ami comme vous. Quel est votre problème, d'ailleurs ?

Les cheveux en bataille, il releva la tête en essayant de regarder Finn avec attention.

Ce dernier poussa un profond soupir. Parfois, mieux valait dire la vérité pour éviter des problèmes encore plus graves.

— Je souffre d'un syndrome post-traumatique, expliqua-t-il à contrecœur. J'allais plutôt mieux, depuis quelque temps. C'est sans doute votre façon de m'aborder qui a déclenché cette crise.

Cet imbécile avait posé la main à l'endroit précis où sa cicatrice formait une fourche sur son épaule.

— Syndrome post-traumatique, grommela Rusty en clignant les yeux. Si je devais aller me battre, j'irais, mais je ne me porterais jamais volontaire. J'aurais peur de devenir un de ces cinglés qui agressent les innocents dans le noir. Je devrais sans doute me réjouir que vous n'ayez pas été armé. Parce que vous étiez tireur, hein ?

— Oui, répondit Finn en se gardant de sortir le pistolet

qu'il cachait dans son dos. Maintenant, fermez-la et laissez-moi nettoyer ça.

— Je vais vous coller un procès aux fesses. J'ai un œil presque fermé.

— Je vous attaquerai le premier, répliqua-t-il. Pour effraction et coups et blessures.

— Coups et blessures ? répéta Rusty d'une voix stridente.

— C'est votre parole contre la mienne.

Le journaliste se mit à rire, rouvrant sa plaie à la lèvre.

— Regardez-vous et regardez-moi. Qui croiront les juges ?

— Moi. C'est moi qui ai suivi un entraînement spécial.

N'importe qui aurait pu s'approcher de lui par-derrière. Aaron… Emma. Il frémit et alla chercher une serviette et un gant. Il préférait ne pas proposer à Rusty de faire appel à un médecin pour soigner ses blessures.

Il prit une cuvette qu'il remplit d'eau chaude, puis y trempa le gant.

— On ne me surnommait pas l'infirmière pour rien.

Il commença à nettoyer ses plaies. Au moindre geste, Rusty poussait un cri de douleur et il se mit à haleter, les dents serrées. Au moins, il ne lui manquait aucune dent.

— Ce n'est pas méchant, commenta Finn.

— Mais si !

C'était la première fois que Finn parlait avec Rusty. Et le moins qu'on puisse dire, c'est que ce n'était pas une réussite. Sans doute le journaliste aurait-il été moins véhément s'il n'avait pas eu le nez fracturé.

— Et merde ! jura Finn, accablé. Ecoutez, je ne sais

pas quoi vous dire. J'ai un tas de problèmes en ce moment. Et avec le souvenir de ce qu'on m'a fait autrefois… Frôler la mort parce que quelqu'un s'est approché par-derrière, ça ne s'oublie pas, croyez-moi ! Je regrette. Je ne vous voulais aucun mal.

— Heureusement que vous me le dites.

Il esquissa un sourire. Ce type ne manquait pas d'humour, finalement.

— Le physique n'est pas tout, dans la vie. Surtout maintenant.

Rusty voulut le foudroyer des yeux, mais ce simple geste était douloureux.

— Comment êtes-vous venu ? s'enquit Finn.

— En Harley.

— Je n'ai rien entendu.

— C'est sans doute à cause de l'autre moteur…

— Sans doute.

Rusty était amoché, certes, mais une fois nettoyé, son visage n'était pas si abîmé que cela.

— Vous vous aventurez en terrain dangereux, l'ami, observa-t-il. Avec la femme du maire.

— Je croyais que vous n'aviez pas besoin d'amis tels que moi.

Il ne tenait pas à ce que le journaliste tire des conclusions hâtives de la présence d'Emma chez lui à cette heure tardive. Elle non plus, d'ailleurs. Les traditions avaient la vie dure, par ici.

Rusty posa sur lui son œil intact.

— Ce sont vos affaires et les siennes. Moi, ça ne me regarde pas.

— Merci.

— De toute façon, quand je vous ai vus débarquer

chez Denise, je me suis douté qu'il y avait quelque chose entre vous.

Son œil exprima une douleur qui ne devait rien à ses blessures.

— Je suppose que vous n'avez rien pris, là-bas ?

— Chez Denise, vous voulez dire ?

Ils en venaient au fait.

Repoussant le gant humide, Rusty se leva et marcha de long en large dans la cuisine.

— Si ce n'est pas vous, quelqu'un d'autre l'a fait.

— Vous êtes arrivé avant nous.

— Pas assez pour mettre la maison dans cet état. De toute façon, je n'aurais pas fait une chose pareille. Elle n'avait pas mérité ça, dit-il en baissant la tête.

— J'en suis sûr. Son assassin est une ordure, mais nous allons le coincer.

— Denise était sur un coup.

L'air impassible — il savait merveilleusement bien masquer ses émotions —, Finn fit chauffer du café tout en l'écoutant.

— Elle venait de rentrer de voyage. Je suis persuadé que ça a un rapport avec son meurtre, mais sur le moment, elle n'a rien voulu me dire et je l'ai laissée faire. Je crois qu'elle avait découvert quelque chose d'excitant.

— C'est un fait ?

— Elle était comme ça. Secrète. Ce jour-là, ses pieds touchaient à peine le sol. Elle a affirmé tenir un scoop. Elle ne disait rien à la légère.

Il se demanda quel genre d'exclusivité pouvait se présenter dans une ville perdue comme Pointe Judah.

— Où s'est-elle rendue ? Elle vous l'a dit ?

Rusty remua sur sa chaise avec une grimace de douleur.

— Je crois que vous m'avez cassé des côtes.

— Ça ne me surprendrait pas.

— Vous êtes du genre froid, hein ?

Finn réfléchit.

— On peut le dire.

Sauf quand il s'agissait d'êtres chers.

— Vous pensez souffrir d'autres fractures, à part une côte ?

— Non. Je sais, j'aurais pu signaler ma présence, mais vous étiez occupé à regarder partir votre invitée.

— Je croyais que ça ne vous regardait pas.

— En effet. Je dis juste que c'est pour ça que vous ne m'avez pas entendu arriver.

Cela se tenait.

Rusty entreprit d'enduire ses plaies de pommade. Il n'avait pas besoin de points de suture. Il suffisait qu'il attende de cicatriser.

Finn porta la cuvette dans l'évier. Puis il posa un flacon d'antalgiques sur la table. Le journaliste se servit sans se faire prier.

— Si vous me disiez pourquoi vous êtes venu fouiner par ici ? s'enquit Finn en remplissant deux tasses de café.

— Nom de Dieu, je ne suis pas…

— Non, bien sûr. C'est juste une idée que je me fais.

— Si seulement Denise était là. A bien des égards…

Ne sachant que dire, il but une gorgée de café.

— C'était un sacré personnage. Elle aurait pu vivre n'importe où, mais elle se plaisait, ici.

— Près de vous ?

Là, il prenait un risque. Denise ne partageait peut-être

pas les sentiments de Rusty, mais il devait s'en faire un allié.

Le journaliste s'adossa plus confortablement à son siège et porta sa tasse à ses lèvres.

— Aïe, c'est chaud ! s'exclama-t-il avant de répondre à la question : C'est ce que je voulais croire. Denise était très indépendante, vous savez. Je vous jure que je ne comprends pas pourquoi on a voulu la tuer. A moins qu'elle n'ait vraiment déterré quelque chose d'important, avec cet article dont elle refusait de parler.

A sa façon de s'exprimer, on avait l'impression qu'il attendait des questions.

— Mais vous ignorez ce dont il s'agissait ?

Rusty l'observa sans dire un mot.

— Vous le savez ?

— Je ne sais pas grand-chose, avoua-t-il en détournant les yeux. Parfois, Denise s'emballait, en général quand elle avait fait des progrès dans une enquête, et elle me donnait quelques indices. Elle adorait me taquiner, ajouta-t-il avec un petit sourire.

Finn comprit qu'il avait affaire à un homme amoureux. Rusty Barnes était encore amoureux de Denise Steen. Il se sentit soudain vide.

— Elle avait rouvert un ancien dossier, expliqua le journaliste. Enfin, disons qu'elle s'intéressait à une vieille affaire et qu'elle espérait la résoudre.

Et il se croyait tenu de lui en parler ? Finn se sentit un peu mal à l'aise, tout à coup.

— Quel genre d'indices vous donnait-elle ?

Rusty haussa les épaules. Malgré son impatience, Finn s'obligea à garder son calme. Il n'avait aucune envie de jouer au chat et à la souris.

— C'est une affaire qui remonte à combien de temps ?

— Un an, répondit Rusty en le regardant droit dans les yeux.

Finn se mit à tapoter sa tasse d'un doigt et attendit l'inévitable.

— A la mort de votre père.

Il redoutait que quelque chose vienne stopper Rusty dans son élan et le fasse taire.

— C'est dangereux. Très dangereux. Ces choses-là n'arrivent que quand l'enjeu est de taille.

— Quelles choses ?

— Vous êtes satisfait de ce qu'on vous a dit sur la mort de votre père ?

— Non.

— Denise ne l'était pas non plus.

— Pourquoi s'en souciait-elle ?

Le journaliste secoua la tête.

— Tom Duhon était un homme très respectable.

— En effet.

— Bien sûr. Excusez-moi. Vos parents aimaient beaucoup Denise. Peut-être parce qu'elle avait rendu service à Eileen. Elle l'avait engagée au journal.

Il rougit.

— Je crois qu'Eileen avait besoin d'argent, mais elle n'en avait dit rien à vos parents.

— Je sais, et je le regrette. Pas moyen de lui faire accepter quoi que ce soit. J'aurais voulu remercier Denise.

— Elle refusait de croire au suicide de votre père.

Finn avait la migraine, mais il n'avait jamais eu l'esprit aussi alerte.

— Elle avait raison.

— Vous n'en savez rien. Et elle non plus, d'ailleurs.

— Si, je le sais. Mais je n'ai pas envie de m'attarder là-dessus.

Rusty remua sur sa chaise.

— Vous comptez faire quelque chose ? s'enquit-il.

— Peut-être.

— Vous ne me connaissez pas assez bien pour me faire confiance, mais j'aimerais vous donner un coup de main. Je crois qu'il s'est passé un fait qui va sortir au grand jour et révéler des aspects pourris de cette ville.

Finn avait envie de le croire, de lui demander ce qu'il savait, mais il se ravisa.

— Si vous obtenez des informations, j'espère que vous m'en ferez part.

— Le problème, c'est que je vais avoir beaucoup de mal à dénicher des éléments sur la mort de votre père, remarqua Rusty.

Son nez se remit à saigner. Il prit son mouchoir qu'il plaqua sur son visage.

— Si je suis venu, c'est uniquement pour Denise. Vous le comprenez, j'espère ?

Finn opina.

— Bon, j'ai déjà quelques infos. Pas grand-chose, mais vous devez me promettre de n'en parler à personne.

— Promis.

— Denise m'a dit que la majeure partie des archives n'était pas ici.

— Nom de Dieu ! jura Finn en frappant du poing sur la table. Comment était-elle au courant ?

— Elle les a cherchées et ce qu'elle a trouvé était incomplet. Certaines pages manquaient. C'est ce qu'elle s'est dit, en tout cas.

— Qu'est-ce qu'elle a trouvé ?

— Elle ne m'a rien dit.

— C'est Billy qui a le dossier ?

— Je l'ignore. Je me disais que c'était peut-être vous.

— Moi ?

— Au cas où ce dossier se serait trouvé chez Denise, après sa mort.

Finn émit un sifflement.

— Vous avez affirmé ne pas avoir eu le temps de fouiller la maison.

— Comme je l'ai dit, tout était sens dessus dessous à mon arrivée. Mais je vous ai entendus très vite et je me suis demandé si vous n'étiez pas déjà venus.

Il le dévisagea avec attention.

— Vous croyez que je vous le dirais, si tel était le cas ?

Rusty secoua la tête et fit une grimace de douleur.

— Je ne suis arrivé avec Emma qu'au moment où vous nous avez entendus. Quelqu'un d'autre était passé avant nous.

— Oui, et si Denise avait caché des éléments utiles concernant la mort de votre père, ils ont disparu.

Le journaliste marqua une pause et réfléchit en se frottant la joue.

— Je n'ai pas de preuves, mais j'ai l'impression qu'elle avait mis la main sur des pièces à conviction. Je ne cessais de me faire l'avocat du diable. Du coup, elle a affirmé qu'elle me montrerait une preuve de ce qu'elle avançait.

— Et elle est morte avant d'avoir pu vous montrer quoi que ce soit.

— Merci de me le rappeler, fit Rusty avec amertume.

Finn serra les dents.

— Pardon… Comment a-t-elle obtenu le dossier ? C'est Billy qui lui a permis de le consulter ?

— Peut-être. Denise trouvait que Billy était un type bien, lui aussi. Pas aussi brillant que Tom, peut-être. Finn, votre père est mort en uniforme, mais ils n'ont jamais retrouvé son insigne.

Finn observa son poing crispé sur la table, puis leva les yeux.

— Vous en êtes sûr ?

— Denise l'était. Elle a dit que c'était noté noir sur blanc.

— Ce détail figure donc dans le dossier ?

Rusty fronça les sourcils.

— Ou alors quelqu'un à qui elle a parlé l'avait noté. Je ne peux pas vous affirmer que c'est écrit dans le dossier.

Jamais son père n'aurait pris son service sans son insigne. Il ne s'en séparait jamais, même en dehors de son travail.

— Il doit être au grenier, dans ses affaires, avança Finn.

— Ça m'étonnerait. Denise savait qu'il n'était pas dans la voiture ou ailleurs le soir de sa mort.

— Très bien. Je le chercherai.

— Je vous comprends. Si Tom a vraiment été assassiné, le tueur a pu garder son insigne comme un trophée.

Finn y avait déjà songé.

— Oui. Je ferais bien de demander à Billy de me montrer le dossier.

— Est-il tenu de vous le montrer ?

— Il me le montrera… S'il est encore là.

Il y eut soudain comme des grattements à la porte d'entrée. Ils sursautèrent.

Emma était-elle de retour ?

Non. Quand Finn ouvrit la porte, il découvrit Billy Meche sur le seuil, l'air mal à l'aise. Le jeune Clemens était derrière lui.

— Bonsoir, lança Billy. Ça va ?

— Plus que quelques heures et le jour va se lever.

— Euh, oui, fit Billy avant d'agiter son chapeau vers la droite. C'est bien la Harley de Rusty, près du garage ?

— Possible.

— Il est là ?

— Oui.

Billy entra, tandis que Clemens demeurait en retrait, visiblement désolé.

— Entre donc, dit Finn. Tout le monde entre, ici.

— Qu'est-ce qui vous est arrivé ? s'enquit Billy en découvrant Rusty.

Il se tourna aussitôt vers Finn.

— J'ai fait une chute de moto, expliqua vivement le journaliste.

Billy balaya la cuisine du regard. Il s'approcha de l'évier pour examiner la cuvette.

— Ça s'est produit juste devant la maison ?

— Tout près, oui.

— On en reparlera plus tard.

En voyant les jointures écorchées de Finn, il se racla la gorge.

— Nous aimerions que vous nous suiviez au poste, Rusty. Vous n'y voyez pas d'inconvénient ?

— Pourquoi ? demanda l'interpellé en pâlissant.

— Parce qu'on vous le demande gentiment. Ce ne sera

pas long, à moins que votre avocat ne soit pas du coin. Vous avez un avocat ?

— Non.

— Vous allez en avoir besoin. On peut vous en trouver un.

Se levant d'un bond, le journaliste mit les mains sur ses hanches.

— Attendez un peu ! Qu'est-ce que vous me faites, là ? Vous m'arrêtez ?

— Non. Simple vérification.

— Quoi ?

— Mieux vaut qu'on en parle en particulier, répliqua Billy.

Clemens griffonnait furieusement quelques notes. Finn se demanda ce qui pouvait avoir une telle importance.

— Allez, finissons-en au plus vite, lâcha Billy avec impatience. On veut simplement vous faire subir quelques tests.

19.

Emma ouvrit la porte de la boutique et balaya les lieux du regard.

— Sandra ! Où es-tu ?

Elle avait passé la matinée avec Holly chez leur avocat, à Toussaint, à quarante kilomètres de là. En revenant, elle avait déposé Holly chez elle et s'était rendue directement à la boutique. Elle comptait bien mettre la main sur Orville au cours de la journée.

— Par ici ! lança Sandra.

Perchée sur une échelle, elle empilait des cartons sur une étagère.

— Très jolis, tes dessous rose fuchsia, commenta Emma avec un sourire amusé.

Son amie esquissa un sourire canaille et leva une jambe pour en révéler davantage.

— Enfin, le peu qu'il y a, ajouta Emma. Allez, descends. Sandra, je t'adore, mais au cas où notre prochain client ne serait pas de sexe masculin, tu veux bien cacher ce porte-jarretelles ?

Sandra descendit de l'échelle en riant. Sa jupe moulante n'était pas faite pour ce genre d'exercice.

Emma se retourna vers la vitrine. De l'autre côté de la

rue se trouvait un massif d'azalées rouges et des bananiers vert vif. Elle poussa un soupir. Holly avait l'intention de faire ses bagages et de quitter son mari le jour même, pendant qu'il serait au travail. Elle avait loué un studio chez Ona. Emma craignait d'être responsable de ce départ précipité.

— Nous avons eu pas mal de clients, ce matin, déclara Sandra. Mais ça se calme. Les gens n'ont pas l'air de venir, cet après-midi.

— Ils doivent aller déjeuner ailleurs. Il faudrait des restaurants, par ici.

— Eh bien, ça ne risque pas d'arriver, maintenant.

— Comment ça ?

— Le propriétaire songe à vendre. J'ai l'impression que nous n'aurons pas de restaurants de sitôt.

Emma fit volte-face et affronta l'air soucieux de Sandra.

— Où as-tu entendu dire ça ? demanda-t-elle, le cœur battant.

— C'est Carl qui m'a mise au courant. Tu ne le savais pas ? Bizarre… Ça fait un moment, maintenant, qu'Orville a entamé les négociations.

Il aurait pu l'en informer ! Emma eut soudain les mains moites. Ses lèvres se mirent à trembler.

— Oakdale est superbe. Je suppose qu'ils vont tout détruire pour construire à la place des bâtiments de merde ?

— Emma !

— Arrête ! Je t'ai entendu parler bien plus vulgairement.

Sandra la prit par les épaules.

— Et si je te préparais un cappuccino ? Je suis une experte en la matière, tu sais.

— D'accord. Un double.

D'un pas rageur, Emma gagna l'arrière-boutique, rangea son sac dans le tiroir de la commode, puis revint dans la boutique.

— Pourquoi ne m'as-tu rien dit sur cette vente ?

Orville n'en aurait jamais assez.

— Je pensais que tu étais au courant mais que tu ne tenais pas à en discuter. Je regrette d'avoir craché le morceau.

Décidément, c'était une journée difficile !

Lors de leur entretien avec l'avocat, Joe Gable, Holly avait décidé de lancer la procédure de divorce. Une décision qu'elle avait prise assez facilement, à la grande surprise d'Emma. Elle-même avait l'impression d'être coincée. Sa personnalité, sa tendance à se raccrocher aux bons souvenirs l'empêchaient d'agir. L'avocat n'avait cessé de lui répéter que tout allait bien se passer, qu'il veillerait à ce que le divorce se déroule dans les meilleures conditions pour elle. En voyant les photos, il avait été sidéré d'apprendre qu'elle ne voulait pas conclure d'accord. Elle ne voulait utiliser ces clichés qu'en cas de nécessité. Elle n'avait même pas cherché à se justifier. Comment aurait-il pu comprendre qu'elle ne tenait pas à ce que les gens voient des photos de son mari avec une autre ?

Bien sûr, elle quitterait Orville, mais d'abord, elle préférait lui annoncer la nouvelle en terrain neutre. Elle n'était pas du genre à attaquer sournoisement. Sans compter qu'elle avait une proposition à lui faire qui faciliterait les choses.

— Viens t'asseoir, lui dit Sandra. Tu as déjeuné ?

— Je n'y ai pas pensé.

— Je m'en doutais. Je t'ai acheté un sandwich chez Ona. Il est encore chaud. Mange.

Emma n'avait pas faim, mais elle obéit.

— Hmm, fit-elle. C'est bon.

Le café lui fit un bien fou. Assise en face d'elle, Sandra croisa les doigts très fort au point d'avoir les jointures toutes blanches.

— Il y a une réunion du club, ce soir, lui rappela-t-elle. Eileen Moggeridge a appelé pour dire qu'elle aimerait venir, si tu es toujours d'accord. Elle te cherchait.

Encore une occasion de penser à Finn, songea Emma. Comme si elle en avait besoin.

— Tu as son numéro ?

Sandra opina.

— Je vais la rappeler. J'aurais dû lui parler de notre groupe, de son fonctionnement. Si elle a encore envie de nous rejoindre, elle sera la première nouvelle depuis Frances. Ça fait des années… Enfin, deux ou trois ans. Je pourrais passer la prendre de bonne heure pour l'emmener à la réunion. Comme ça, elle ne sera pas intimidée pour sa première fois. Tu te sens bien, Sandra ?

— Très bien, répondit la jeune femme avec un geste insouciant de la main. Je te reconnais bien là à penser aux autres avant toi. Je ne suis qu'une sale égoïste.

— Mais non. C'est très bien que tu aies ouvert la boutique, ce matin. Ç'aurait été dommage de perdre des ventes, d'autant que je ne peux plus me le permettre.

Car, bientôt, Orville serait en droit d'empocher tous les bénéfices réalisés par la boutique.

— Holly s'est bien entendue avec Joe Gable, commença-t-elle.

Elle s'interrompit. En face d'elle, Sandra semblait ailleurs. En voyant Emma l'observer, elle se secoua.

— Ecoute, ne pense pas que je sois distante, et tu sais que j'adore notre club, mais je n'ai pas envie d'y aller, ce soir.

Emma hocha la tête sans répondre.

— On peut tout se dire, n'est-ce pas ?

— Bien sûr.

— C'est Denise. Le fait qu'elle ait fait partie du groupe et que la police n'ait aucune piste… Plus rien n'est pareil.

— Je vois ce que tu veux dire. Je m'attends à tout moment à ce que l'une d'entre nous se retrouve en garde à vue ou que la police fasse une grande révélation, mais rien…

Elle fronça les sourcils et observa son amie avec attention.

— Qu'est-ce que tu as, Sandra ? Tu trembles.

La jeune femme posa les mains à plat sur la table comme pour lui prouver le contraire. En vain.

— Au fait, les biscuits sont arrivés, lança-t-elle tout à trac.

A l'évidence, elle cherchait à détourner la conversation.

Il y eut un silence, puis Emma reprit en consultant sa montre :

— Bon. Il faut que je trouve Orville. J'ai essayé de l'appeler à son bureau, mais il est sorti. Je dois lui parler.

Sandra mettait facilement la tête dans le sable, mais pas elle. Elle ne pouvait attendre plus longtemps la confrontation avec son mari.

— Ah bon ? fit Sandra en croisant les bras. Que s'est-il passé chez l'avocat ?

— Simplement des formalités.

— Alors, pourquoi dois-tu parler à Orville ?

Avec un sourire, Emma se pencha afin de redresser deux abris pour oiseaux.

— On dirait qu'on en a vendu plusieurs.

— Oui. Regarde les flamants.

Emma chercha des yeux les flamants roses en métal, aux yeux clignotants, dont le cou ressemblait à un tuyau d'aspirateur. Ils avaient disparu.

— Où sont-ils ? s'enquit-elle, étonnée.

— Vendus. Une dame a acheté les trois. Elle en aurait même pris davantage si on en avait eu d'autres. Elle veut que je l'appelle dès qu'il y aura un arrivage.

— Prenons-en encore quelques-uns, proposa-t-elle, ravie.

Chaque vente l'enchantait et la boutique commençait à bien fonctionner.

— Alors, de quoi dois-tu parler à Orville ? insista Sandra.

— Décidément, tu ne laisses jamais tomber ! En fait, ce n'est rien. J'aimerais juste le voir dans un endroit…

Elle se tut.

— Oui ?

— Je préférerais que ça ne se passe pas à la maison. Voilà.

Les yeux de Sandra s'embuèrent de larmes.

— Tu as peur de sa réaction ?

— Pas vraiment, mentit-elle. Je crois qu'on parlera plus facilement dans un lieu qui ne nous est pas familier. Et pas… Enfin, tu vois. Pas chez lui.

— Eh bien, ton désir va se réaliser, ma belle. Figure-toi qu'il arrive en compagnie de mon cher mari.

Emma se mit à tousser.

— Ça ira ?

— Bien sûr, assura-t-elle avec un sourire.

Comme elle gardait le dos tourné à la porte, Sandra se leva pour aller leur ouvrir. Un courant d'air chaud pénétra dans la boutique en même temps qu'eux.

— Salut, les gars ! Entrez donc.

Elle embrassa Carl avec une fougue telle qu'Emma l'entendit de là où elle se trouvait.

— Bonjour, Emma, dit Orville en se plaçant derrière elle.

Il semblait calme. Peut-être parce qu'ils ne s'étaient pas vus depuis deux jours. Elle agita une main, incapable de prononcer un mot.

Sandra et Carl approchèrent, bras dessus, bras dessous.

De taille moyenne, Carl Viator avait un visage assez agréable quoique banal, mais il exprimait une grande énergie. Emma ne connaissait pas d'homme plus athlétique, à part Finn. Il ne lui manquait que la beauté physique qu'il compensait par un certain charisme. Emma l'appréciait. Plus d'une fois, il avait désamorcé des conflits entre Orville et elle, ce dont elle lui était reconnaissante.

— Comment va la belle Emma ? s'enquit-il tandis que sa femme se hissait sur la pointe des pieds pour lui mordiller le lobe de l'oreille.

— Ça va. Et toi, Carl ?

— Pas mal. Le propriétaire actuel d'Oakdale est un peu nerveux. Il a hérité du vieux Thompson, un parent éloigné, je crois, et il est incapable de gérer son patrimoine. Ce qu'il veut, c'est la certitude d'en tirer le maximum d'argent, ainsi que deux ou trois autres choses. Je crois qu'il vendra, du

moment qu'il obtient les égards qu'il recherche. Ce n'est pas ce que nous espérions.

— Bah, on trouvera bien un moyen de s'en sortir, assura Orville avec bonne humeur. Allez, Carl, n'ennuie pas ces dames avec nos histoires.

— J'ignorais que M. Thompson était mort et que la propriété était en vente, intervint Emma.

— Tout est resté très secret, répondit Carl. Mais nous avons eu une idée formidable pour le quartier et nous avons fait à ce type une offre qu'il ne peut refuser.

Elle prit une profonde inspiration.

— Quelle est cette idée ?

— Un système d'activités mixtes, répondit Orville précipitamment. Naturellement, nous conserverons l'ambiance. Je sais combien ça compte, à tes yeux.

— Pour moi aussi, dit Sandra.

Devant l'air sceptique de Carl, elle comprit qu'Orville mentait, mais elle ne fit aucun commentaire. Ce n'était pas son problème.

— Qu'exige le propriétaire pour accepter de vendre ? insista-t-elle, n'aimant pas être écartée avec condescendance.

Orville haussa les épaules.

— Tout se passe en famille, alors autant que tu le saches. Il veut le bonus que j'ai déjà cité, plus des entrées au club de golf et le poste de directeur de l'urbanisme.

— Il croit que je vais lui donner les réseaux des négociations immobilières, railla Carl.

— C'est le genre de type à fourrer son nez partout, renchérit Orville.

Comme toi, songea-t-elle.

— Il y a déjà un directeur de l'urbanisme, non ?

Il posa sur elle un regard plein de pitié.

— Ça ne l'empêche pas de penser que je peux changer les choses, si je veux. Et il a raison.

— Tu vas le faire ?

Elle détestait ces basses manœuvres dont il était coutumier.

Il se mit à rire.

— Disons que nous ne pouvons inscrire ce genre de clause dans le contrat de vente. Il faudrait que ce soit un accord tacite. Et nul n'est à l'abri d'une mauvaise surprise, n'est-ce pas ? Ensuite, il est très difficile d'aller se plaindre. C'est la vie. Il aura plus de temps à consacrer au golf. Tant mieux pour nous s'il va dépenser son argent au club.

En d'autres termes, quand Orville aurait obtenu ce qu'il voulait, il n'y aurait pas de nouveau directeur de l'urbanisme. Emma s'en réjouissait, mais elle détestait ces magouilles.

— Le vieux bâtiment va rester ? demanda Sandra.

— Tu veux qu'il reste ?

Elle hocha la tête.

— Alors, on le garde, répondit Orville. On aime bien faire plaisir à nos petites femmes, hein, Carl ?

— Leur faire très plaisir, même.

— Emma, je veux que tu réfléchisses aux travaux de rénovation à effectuer dans cette boutique. Il y aura certainement des travaux, alors autant en profiter, non ?

Elle se leva et lui fit face.

— Je ne voudrais pas t'interrompre en pleine journée de travail, mais peux-tu me consacrer, disons, une heure ? Ce ne sera pas long.

Elle trouva elle-même son ton bien trop formel.

Orville pinça les lèvres, comme s'il allait refuser. Mais non.

— Bien sûr, répondit-il. Carl m'a conduit ici en voiture, alors il faudra que tu me ramènes au bureau après.

— Pas de problème.

Il y eut un silence pendant lequel tous les quatre évitèrent de se regarder, puis Carl reprit la parole.

— Je voulais t'emmener boire un verre, chérie.

Sandra ne répondit pas. Elle fixait Emma d'un air interrogateur.

— Vas-y, lui dit Emma. Je m'en sortirai.

— Tu es sûre ?

— Certaine.

Sandra prit son sac, la main de son mari, et quitta la boutique sans demander son reste, un sourire faux sur les lèvres.

— Où en sont les réponses à nos invitations ? s'enquit Orville dès qu'ils se retrouvèrent seuls. Il reste moins d'une semaine.

— Je crois que tout le monde veut faire la fête avec monsieur le Maire, répondit-elle en craignant que son sourire semble aussi forcé que celui de Sandra. Ces invitations auraient pu partir le même jour que la réception, les gens seraient venus quand même. Jusqu'ici, personne n'a présenté ses regrets de ne pouvoir être des nôtres.

Orville mit les mains dans ses poches.

— Si seulement je n'en avais pas non plus, des regrets… Je suis allé à Lafayette voir mon médecin.

— Tu es malade ? demanda-t-elle, le ventre noué.

— Pas dans le sens où tu l'entends. J'ai toujours pu parler franchement à Roger. Tu vois, d'homme à homme.

J'ai été direct. Je lui ai dit que ça n'allait pas très fort entre nous, depuis plusieurs mois.

Le Dr Roger French, l'un de ses vieux amis, se joignait parfois à la Bande de Pat. Elle ne le supportait pas. Notamment parce qu'il l'avait toujours regardée comme un sujet qu'il aimerait étudier de près. C'était lui qui l'avait auscultée après sa fausse couche, uniquement parce qu'il se trouvait à la maison à ce moment-là.

— Selon lui, il est normal qu'un couple connaisse des périodes de crises. On appelle ça des phases de désillusion.

Orville regarda en direction de la porte.

— Ferme donc le magasin et rentrons à la maison une heure ou deux.

Elle le fixa d'un air ébahi, les jambes en plomb. Il n'était tout de même pas en train de ?… Si, il lui proposait de faire l'amour !

Il alla verrouiller la porte et retourner la pancarte indiquant que le magasin était fermé.

— On va prendre tes affaires et sortir par-derrière. Si on ne croise aucun client, on n'aura pas à justifier la fermeture.

— Tu veux bien qu'on reste ici ?

Au moins, ils étaient entourés de vitrines. Orville était trop soucieux de son image pour s'emporter en public.

Il s'approcha lentement d'elle et ôta sa veste qu'il posa sur une statuette.

— Oui, je veux bien, du moment que ça ne te dérange pas que les gens nous voient nous embrasser.

Sa façon de se mouvoir, sa voix traînante étaient pitoyables. Malgré sa nervosité, elle tint bon.

— Beaucoup de choses ont changé entre nous, commença-t-elle en reculant d'un pas.

Il la prit par les bras.

— Roger pense que c'est en partie ma faute. Tu étais jeune quand tu m'as épousé, très jeune. Je n'en ai sans doute pas assez tenu compte.

Hein ?

— Je ne sais pas où est le rapport, mais de toute façon, ça n'a plus d'importance, répliqua-t-elle fermement. J'ai l'intention de ne conserver que les bons souvenirs.

Il eut un mouvement de recul et la dévisagea, les yeux plissés.

— Tiens, tes cheveux sont frisés, commenta-t-il après un moment. Finalement, ça me plaît. Et puis, c'est à la mode, en ce moment.

Le baiser vint sans prévenir, brutal, intrusif. Elle en perdit l'équilibre. Elle s'accrocha à lui, ce qu'il prit pour une invitation. Otant l'élastique qui retenait ses cheveux, il enfouit ses doigts dans sa masse dorée, puis glissa une main sous son chemisier. Pétrifiée, elle n'arrivait pas à se dégager.

Il interrompit son baiser pour respirer un instant. Elle plaqua les mains sur son torse afin de le maintenir à une distance raisonnable.

— Arrête ! N'importe qui pourrait nous surprendre.

— Je t'ai proposé de rentrer à la maison, ma belle, remarqua-t-il, la voix empreinte d'excitation.

Quand il était en proie à un désir violent, il pouvait être terrifiant. Il l'entraîna dans l'arrière-boutique et referma la porte. Elle l'entendit actionner le verrou.

— Au cas où Sandra aurait oublié quelque chose…

Il la ramena contre lui et se mit à la caresser de plus belle.

— Sandra possède les clés de toutes les portes, observa-t-elle, bien plus apeurée que par le passé, quand il la battait. Je ne veux pas, Orville. Sois raisonnable…

Il avait dégrafé plusieurs boutons de son chemisier et s'attaquait à son soutien-gorge.

— Tu as des seins superbes, commenta-t-il en les admirant, avant de titiller ses mamelons. C'est ce que j'ai remarqué en premier, chez toi.

Il émit un rire cruel.

— Lâche-moi ! s'écria-t-elle en se dégageant.

Elle s'efforça de rajuster son soutien-gorge et jeta un coup d'œil instinctif à la commode. C'était là que son sac à main — et son pistolet — était rangé. Le simple fait d'y penser la choqua.

Elle regarda Orville dans les yeux.

— J'ai une proposition à te faire. Dans notre intérêt à tous les deux. Mais je ne peux pas t'en parler tant que tu seras dans cet état.

— Roger a raison. Je t'ai toujours placée sur un piédestal, comme si tu étais de porcelaine, or ce n'était pas ce que tu voulais. Tu avais besoin d'un homme qui prenne les choses en main.

Elle plaça un portant chargé de vêtements entre eux.

— Tu as pris le contrôle dès notre rencontre. Au début, j'étais d'accord, mais je ne le suis plus.

— Parce que tu as changé ?

Il avança vers elle, mais elle recula.

— Nous parlerons de ton club après, dit-il.

Après ?

— Les femmes de ton espèce aiment faire comme si elles

étaient pures. Elles veulent qu'on les force. La brutalité les excite, dans le sexe. Tes désirs sont des ordres, chérie.

Il était capable de la forcer, elle le savait.

— Ça fait des mois que tu ne m'as pas approchée, lui rappela-t-elle. J'imagine que c'est parce que tu n'as plus envie de moi.

Elle marqua une pause, puis lança d'une traite :

— Je suis allée voir un avocat, Orville. Je veux divorcer.

Elle vit son visage virer au pourpre. Sans répondre, il attrapa le portant et la bloqua dans un coin de la pièce. Puis il la prit par la gorge.

— Tu vas laisser des marques sur ma peau, dit-elle. Les gens vont voir que tu m'as battue.

— Salope ! C'est à cause de ce Duhon, hein ? Les garces de ton espèce ont toujours besoin qu'un homme veille sur elles ! Tu ne parlerais pas de divorce si tu n'avais pas un autre lit où aller te coucher !

Du calme. Ne le provoque pas.

— Réponds-moi !

Ecartant le portant, il se jeta sur elle et la souleva avant de la projeter sur une table où étaient exposés plusieurs articles destinés à la vente. Sans façon, il glissa une main sous sa jupe, dans sa culotte.

Elle se débattit furieusement et lui donna un coup de pied entre les jambes. Il se plia en deux. Elle en profita pour sauter de la table.

Se tenant le bas-ventre, il la dévisagea, les yeux pleins de haine.

— Il n'y aura pas de divorce, tu m'entends ! Jamais ! cria-t-il, rouge de colère. Je t'ai regardée prendre de l'assurance d'heure en heure avec ces bonnes femmes frustrées que tu appelles tes amies. Si elles baisaient plus souvent, si elles avaient un homme qui les remette à leur place, elles resteraient à la maison au lieu d'inciter des débiles de ton espèce à manquer de respect à leur mari !

Comment avait-elle pu le trouver merveilleux ? Tomber amoureuse de lui et l'épouser ?

Il revint à la charge. A chacun de ses pas, elle reculait d'autant.

Comment avait-elle pu se laisser influencer par cet homme ? Il l'avait humiliée, usée, jusqu'à ce qu'elle soit persuadée de ne vouloir que lui.

— Ne bouge pas ! ordonna-t-il. Tu sais très bien que tu ne m'échapperas pas !

— Si, répliqua-t-elle aussi fermement que possible. A compter de ce jour, nous ne vivons plus ensemble. Ecoute-moi, Orville. Arrête et écoute-moi. Qu'est-ce qui compte le plus pour toi ? Tes projets ou mon humiliation ? Que fais-tu de tes ambitions ? On n'est pas dans une grande ville, ici. Les gens n'aiment pas être dirigés par des hommes violents.

— Je te garantis que tu vas regretter de jouer à ce petit jeu avec moi !

— Je le regrette déjà. Je vais te proposer un marché. Je le fais pour moi, par pour toi, mais tu y gagneras. Je ne tiens pas à ce que toute la ville sache à quel point tu m'as humiliée. Donne-moi ce que je veux et tu obtiendras ce que tu veux en échange.

— J'ai déjà ce que je veux et j'aurai bien plus encore ! Tu seras à mon côté jusqu'à ce que j'en décide autrement, c'est clair ?

Ils firent le tour de la table. Orville était en nage. La sueur coulait sur sa chemise bleue, dessinant des auréoles sombres sous ses bras. Le souffle court, il ne la quittait pas des yeux.

— Si tu acceptes une séparation tout de suite, sans heurts, je resterai à tes côtés en public, du moins pendant quelques semaines. Je jouerai les hôtesses, les épouses respectables, mais tu n'auras plus le droit de me toucher.

Il frappa du poing sur la table, faisant tomber des bibelots.

— C'est toi que je veux ! hurla-t-il. Je te veux près de moi, dans mon lit ! Je veux me glisser entre tes cuisses quand ça me chante et où je veux, espèce de salope !

Elle sentait ses jambes trembler à tel point qu'elle devait se retenir à la table.

Tout à coup, la sonnerie de son téléphone résonna dans son sac à main. Le cœur battant, elle se tourna vivement vers la commode.

— C'est sans doute ton amant, railla Orville. Sache qu'aucun homme ne me prendra ce qui m'appartient. Je préfère le tuer.

Elle ne dit rien, mais serra les dents en l'imaginant en face de Finn. Ce dernier aurait tôt fait de le massacrer. De toute façon, Orville n'était pas du genre à utiliser ses poings, sauf sur une femme.

La sonnerie se tut. Emma eut l'impression que son cœur s'arrêtait de battre.

— Je t'aimais, dit-elle. Vraiment. Je regrette que ce soit terminé. Il n'y a plus rien entre nous.

— Ce n'est pas ma faute si tu n'as pas pu mettre au monde un enfant vivant ! lui cracha-t-il au visage. Pas plus que ce n'est ma faute si tu n'as jamais pu retomber enceinte !

A ces mots, elle sentit un gouffre s'ouvrir au plus

profond d'elle-même. Des larmes lui montèrent aux yeux, des larmes glaciales. Elle ne sentait plus ni ses mains ni ses pieds.

La sonnerie du téléphone retentit de nouveau.

Cette fois, Orville se dirigea vers la commode. Il ouvrit le tiroir et prit le sac. L'espace d'un instant, elle crut qu'il allait prendre l'appel lui-même — et trouver, par la même occasion, le pistolet. Il n'en fit rien. Au lieu d'ouvrir le sac, il le lui balança à la figure. Le sac tomba à terre.

La sonnerie persista.

— Réponds et prends garde à ce que tu dis, la menaça-t-il, les mâchoires serrées. On n'en a pas terminé, tous les deux. Ce ne sera jamais fini entre nous. A toi de décider à quel point ta vie va devenir un enfer.

Tu ignores ce que je peux t'infliger, moi aussi.

Ramassant son sac, elle glissa une main dedans et en sortit son portable, sans quitter Orville des yeux.

— Oui ? fit-elle dans le combiné.

— Emma ?

Pourquoi fallait-il que ce soit Finn ?

— Oui.

— Tu peux parler ?

— Non.

Elle voulut couper la communication. Même si elle avait besoin d'aide, elle refusait d'impliquer Finn dans ce combat sordide.

— Quelque chose ne va pas, reprit-il précipitamment. Parle-moi. Dis-moi ce que tu as.

— Non.

— Il s'est passé des choses depuis hier soir. Il faut que j'en parle avec toi.

— Non.

Orville hocha la tête, comme s'il était satisfait de son attitude.

— D'accord, tu ne peux pas me parler. Tu peux me dire où tu es ?

— Non.

Par chance, il parlait tout bas.

— Tu es avec lui ?

Elle ne répondit pas.

— Bien, j'ai compris. Dis-moi au moins si tu es en sécurité.

Elle voulut fermer les yeux, mais n'osa pas.

— Oui.

Le pistolet était à portée de main.

— Hier, j'ai passé la plus belle nuit de ma vie, avoua Finn. Tu es vieux jeu, tu sais. Rongée par la culpabilité. Mais tu es la meilleure. Crois-moi. La meilleure que j'aie jamais connue. Et je ne renoncerai pas à toi, alors autant t'habituer à cette idée. Je te prendrai dans mes bras chaque fois que tu me laisseras faire, et ça suffira. Enfin, presque. Je suis patient.

Elle cligna les yeux. Pas une larme ne coula. Peut-être étaient-elles vraiment de glace.

— Tu as besoin de moi et je vais te trouver, conclut-il avant de raccrocher.

Elle referma son téléphone et, en le glissant dans son sac, en profita pour prendre son arme. Elle vit Orville observer son sac, la position de sa main, et froncer les sourcils. Il déglutit.

— Je veux que tu t'en ailles, déclara-t-elle. Sors d'ici sans te retourner. Ensuite, tu réfléchiras à ma proposition.

— Tu es armée.

— Je ne veux pas que mes parents sachent qui tu es

vraiment ou ce que tu m'as fait, poursuivit-elle en l'ignorant. Je veux vivre dans cette ville en paix et je ferai tout pour y arriver.

— Tu n'aurais pas les tripes de tirer.

Une fois encore, elle l'ignora.

— Nous allons faire comme si nous divorcions à l'amiable. Tu as compris ? Ensuite, tout se passera en douceur et tu me laisseras tranquille.

— Tu vas te retrouver sans rien.

— Je n'ai rien, de toute façon. Les choses ne peuvent que s'arranger. Je me débrouillerai seule. A présent, va-t'en !

Il ne bougea pas.

— Je ferai courir des rumeurs dans tout Pointe Judah qui te donneront envie de partir le plus loin possible, gronda-t-il, le regard plus froid que celui d'un serpent. Je te compromettrai avec Duhon de façon que tu ne puisses jamais refaire ta vie ici. Les femmes adultères et les putes, c'est la même chose pour les gens du coin. Je n'ai pas besoin de ton aide bidon. Je mènerai ma campagne dans le rôle du mari brisé trahi par sa pétasse de femme. Tu vas me rapporter bien plus de voix que tu ne l'aurais fait en souriant bêtement sur les photos.

Elle sortit le petit pistolet de son sac. Au lieu de le pointer sur lui, elle se contenta de le tenir nonchalamment dans la main. Puis elle sortit une photo, celle qui le représentait avec une femme penchée sur ses genoux. Joe Gable avait pris soin de réaliser des copies et de conserver les originaux.

— Je déteste les photos mièvres, pas toi ? lança-t-elle en lui tendant le cliché. Tiens, qu'est-ce que tu fais sur celle-ci ? Tu souris bêtement, non ?

20.

Elle ignorait comment Orville avait regagné son bureau, et peu lui importait. Après avoir vu la photo, il n'avait pas prononcé un mot. Il était parti par la porte de derrière, l'air penaud, le regard fuyant.

Elle resta dans l'arrière-boutique pendant une vingtaine de minutes, le temps de se ressaisir. Ensuite, elle se brossa les cheveux, enfila une chemise turquoise dont la couleur s'harmonisait avec sa jupe blanche, se passa un peu d'eau sur le visage et se remaquilla histoire de retrouver figure humaine. Bien que secouée, elle était pleine d'espoir en l'avenir, même si sa vie promettait de ne pas être facile, surtout dans les premiers temps.

Elle entendit quelqu'un frapper vigoureusement à la porte du magasin. Elle faillit l'ignorer, mais elle ne pouvait se permettre de manquer des ventes. Il fallait qu'elle accumule le plus d'argent possible avant d'être livrée à elle-même.

C'est Finn qu'elle découvrit à l'entrée de la boutique. Il regardait à l'intérieur. En la voyant, il lui fit signe.

Elle se précipita pour lui ouvrir la porte. Il tendit les bras vers elle, mais elle recula vivement.

— Les vitrines, expliqua-t-elle. Où est garée ta voiture ?

La prudence lui intimait de le renvoyer, mais elle avait perdu toute notion de prudence, surtout en ce qui le concernait, lui.

— Derrière les palmiers, de l'autre côté, répondit-il.

— Je veux être avec toi, dit-elle si vite qu'elle redouta de ne pas se faire comprendre.

Il comprit.

— Tu n'imagines pas combien j'en ai envie, moi aussi. Où étais-tu quand je t'ai appelée ? Ici ?

— Oui. Mais je ne pouvais pas te parler.

— Parce que Orville était avec toi ? Tu semblais avoir peur.

— Il était là.

Si elle voulait divorcer en douceur, mieux valait ne pas donner à Finn des raisons de s'en prendre à son mari.

— Rien de grave, assura-t-elle. C'est juste que je ne me sentais pas à l'aise pour discuter avec toi en sa présence.

Il esquissa un sourire canaille.

— Je suis ravi que tu me trouves important au point de ne pouvoir parler avec moi devant ton mari.

Les hommes avaient vraiment un ego démesuré, songea-t-elle, amusée.

— Va chez Ona dans l'arrière-salle. C'est calme. Je te laisse partir le premier et je te rejoindrai là-bas. Ne te gare pas sur le parking.

Il la salua, balaya les lieux du regard et l'embrassa furtivement.

— Ne roule pas trop vite.

*
* *

En entrant chez Ona, Emma ne le vit pas tout de suite. Son sang ne fit qu'un tour. D'un pas vif, elle traversa la salle et c'est alors qu'elle le localisa. Il était installé à la table la plus proche des cuisines, masquée depuis l'entrée. Il se leva pour l'accueillir. Elle eut envie de se précipiter vers lui, ce qui lui donna l'impression de retourner à l'époque de son adolescence. Et d'être complètement ridicule.

Avec plaisir, Finn nota que ses yeux bleus pétillaient de joie. Elle était heureuse de le voir, même s'il n'avait aucune raison d'en douter après leur entrevue à la boutique. Si seulement il n'y avait pas eu Lachance… Ils auraient été libres de laisser évoluer leurs sentiments, en espérant que leur histoire aille le plus loin possible.

Il lui offrit un siège avec un sourire.

— Tu remarqueras l'emplacement étudié de cette table, déclara-t-il. En cas d'approche ennemie, l'un de nous pourra filer par les cuisines vers la salle principale. Pas mal, non ?

— C'est ce qu'on vous apprend dans l'armée ?

Elle le regarda loger son grand corps souple dans le fauteuil. Elle aimait trop le contempler. Mieux valait se montrer prudente, même si Orville allait sûrement faire profil bas dans les jours à venir.

Elle ne regrettait rien de ce qui lui arrivait. Il ne faisait que récolter ce qu'il avait semé.

Annie Duhon apparut brusquement, à croire qu'elle guettait son arrivée.

— Du thé ? proposa-t-elle.

— Volontiers. Le même que la dernière fois. C'est un parfum de beignets que je sens ?

Annie opina avec un large sourire.

— D'après Finn, vous en avez besoin tous les deux pour reprendre des forces.

Dès qu'elle se fut éloignée, Emma se tourna vers Finn.

— J'en apprends des choses ! J'ignorais que les beignets avaient des vertus fortifiantes. Cela dit, ils sont excellents.

— Ne t'en fais pas pour Annie. Elle sait que nous sommes amis, rien de plus. De vieux camarades de lycée. Elle ne dira rien à personne.

— Tu l'as mise en garde ?

Elle se ne contentait jamais d'explications trop faciles, il aurait dû le savoir.

— En quelque sorte.

— Tu as sans doute dit la même chose à Eileen… Et Aaron ?

Il se demanda si elle était agacée.

— Une famille se doit de rester solidaire, se justifia-t-il.

Elle parut se détendre. Signe qu'elle n'était pas agacée, finalement.

— Eileen m'accompagne à la réunion du club, ce soir. J'irai la chercher de bonne heure pour la préparer.

— Tant mieux. Que vous racontez-vous, en réalité ? Des trucs et astuces ou des vrais secrets ?

— Nous nous soutenons et nous échangeons à l'occasion des confidences.

— Vous avez donc des règles de confidentialité ?

Il semblait un peu déçu.

— Absolument, répondit-elle, impassible. D'autant que, pour être admise, il faut raconter une histoire atroce susceptible de nous valoir la prison. C'est une façon de s'assurer la loyauté des membres.

Il l'observa un instant, les sourcils froncés.

— Nous ne sommes pas nombreuses, reprit-elle.

— Il y a la qualité, sinon la quantité.

— C'est ça. Nous nous sommes presque toutes rencontrées dans un salon de beauté. C'est grâce à Angela que nous avons pu former ce club.

Elle se garda de lui expliquer qu'Angela n'osait pas sortir à cause de ses marques de brûlure sur les mains et le visage.

— Un jour, Angela a entendu Lynnette, la directrice du salon, me dire qu'elle n'avait malheureusement pas trouvé de lieu de réunion pour le groupe. Quelques jours plus tard, Mme Merryfield est venue nous inviter, Lynnette et moi, chez Angela — elle loue la deuxième maison de John Sims, sur Mill Lane. C'est là que tout a commencé. Depuis, nous nous réunissons là-bas.

— Ah oui ? Qui est Mme Merryfield ?

— Une amie de Lobelia Forestier qui s'occupe de la maison d'Angela, précisa-t-elle. Au début, les membres n'avaient besoin que d'une invitation. Nous faisions confiance à notre instinct pour garantir la loyauté de chacune.

Elle réfléchit un instant.

— Nous nous confions nos soucis et les bonnes nouvelles. Tout ça tisse un lien spécial entre nous.

Elle se tut, songeuse. Finn ne put attendre plus longtemps d'évoquer Rusty.

— Après ton départ, cette nuit, Rusty est arrivé. Il voulait savoir si nous avions pris quelque chose chez Denise.

— Rusty nous a entendus arriver chez Denise. Et Billy

a débarqué peu de temps après. Comment aurions-nous fait ?

— Je l'ignore.

Il préféra taire les révélations du journaliste sur les archives liées à Tom Duhon et sur son insigne. Ses heures de recherches dans le grenier s'étaient révélées infructueuses. Après ses cours, Aaron allait venir passer le week-end chez lui et Finn comptait lui demander de débarrasser le grenier.

— Billy Meche est venu chez moi, lui aussi. Il a embarqué Rusty.

Elle écarquilla les yeux. Annie arrivait avec le thé, mais elle garda les yeux rivés sur Finn.

— Merci, Annie, dit-elle, distraite. Bon sang, pourquoi Billy a-t-il emmené Rusty ?

— Apparemment, ça a un rapport avec le meurtre de Denise.

— C'est ridicule. Rusty est toujours au poste ?

— Oui. Enfin, aux dernières nouvelles.

Que pouvaient-ils bien vouloir à Rusty, un homme triste, gentil, incapable de faire du mal ?

Les beignets arrivèrent à leur tour. Emma en prit un sans réfléchir et se brûla les doigts. Elle le laissa retomber dans l'assiette.

— Je ne saisis pas… Même si Rusty avait un moyen de se procurer des produits mortels, ce n'est pas du tout son genre. Je comprends que la police soit impatiente d'arrêter le coupable, mais de là à embarquer n'importe qui… Finn, on ne peut pas les laisser malmener Rusty !

Il se pencha vers elle.

— Il a accepté un test ADN.

— Ah…

— N'oublie pas qu'ils ont parlé de viol.

Elle fixa la théière comme si elle allait verser le thé toute seule. Finn s'en chargea. Il devinait ses pensées.

— Du lait ?

— Volontiers. Ecoute, je n'aime pas parler des affaires de mes amies, mais Rusty aimait sincèrement Denise et elle l'appréciait beaucoup.

— J'avais compris, dit-il en lui tendant une tasse. Tiens, bois.

— Ce que j'essaie de te dire, c'est qu'ils étaient amants.

— Ce qui signifie que le sperme pourrait être le sien.

Elle rosit et vida sa tasse d'une traite.

— Rusty va le dire à Billy, n'est-ce pas ?

— Je pense que oui. A moins qu'il ne croie… Je ne sais pas. Après tout, ça n'avait rien d'un secret.

— Denise était opposée à tout engagement et elle n'a jamais admis franchement qu'ils faisaient l'amour.

— Peut-être qu'ils ne le faisaient pas.

— Si !

S'apercevant qu'elle avait haussé le ton, elle pinça les lèvres.

— Désolée, je ne voulais pas crier, s'excusa-t-elle. Ecoute, j'ai vu Rusty quitter la maison de Denise à l'aube plus d'une fois. Denise et moi prenions souvent le café ensemble de bon matin. Je lui ai posé la question. Elle a souri, mais n'a pas dit non.

— Elle n'a pas dit oui non plus ?

Emma s'empourpra.

— J'ai vu quelque chose dans la salle de bains. Rusty

ne violerait ni Denise ni une autre femme. C'est une hypothèse écœurante. Et je vais le dire à Billy.

Il songea qu'il ne servirait à rien de l'implorer de rester en dehors de toute cette histoire.

Restait un fait qu'il n'osait pas lui avouer : le labo soupçonnait la présence de deux ADN masculins, en plus de celui de Denise. Apparemment, deux hommes avaient eu un rapport sexuel avec elle peu de temps avant sa mort.

— C'est la fête !

Holly se présenta à la réunion du club munie de quatre boîtes de gâteaux entourées de bolduc. Elle avait déjà enfilé son peignoir.

— Madame Merryfield ! Où êtes-vous ?

Emma était assise sur un pouf à côté d'Eileen Moggeridge. Grande et voluptueuse, cette dernière avait des cheveux noirs et bouclés, une version féminine de son frère.

— C'est Holly, lui expliqua Emma. Elle est…

— Je l'ai déjà vue, fit Eileen, un peu hésitante. Elle n'habite pas loin de chez moi. Je crois que son mari cultive du riz.

— Holly, voici Eileen. Notre première nouvelle depuis deux ans. Sois gentille avec elle, elle est un peu intimidée. C'est bien naturel.

Holly éclata de rire. Quand Mme Merryfield apparut, elle lui remit les boîtes et la pria de ne pas bouger, le temps qu'elle aille serrer la main d'Eileen.

— Salut, chère voisine. Moi aussi, je t'ai déjà vue. Bienvenue parmi nous. Nous aurions dû faire connaissance avant. Ton mari travaille sur l'une des plates-formes, non ?

— Oui, répondit Eileen d'un ton neutre.

— Nous sommes de vraies cinglées. Et tu le deviendras très vite, toi aussi ! Tu verras, c'est très agréable.

— Merci, j'attends ça avec impatience.

— Où sont les autres ? Je n'arrive jamais en avance, d'habitude.

— Eh bien, ce soir, tu l'es, remarqua Emma en souriant. Peut-être que tu as eu moins de mal à partir de chez toi. Enfin, de ta nouvelle maison.

Holly porta un index à ses lèvres.

— Chut ! Je vais tout vous raconter.

Les autres arrivèrent une à une. Avec ses perles rouges et blanches dans les cheveux, Frances était superbe dans son peignoir rose. Emma n'avait pas encore enfilé le sien, de façon qu'Eileen s'accoutume un peu au groupe.

— Je suis censée attendre comme ça depuis combien de temps ? protesta Mme Merryfield.

Un chapeau en velours noir était posé sur ses boucles rousses. Sans doute avait-elle oublié de l'enlever en rentrant de ses courses. Comme toujours, ses bas étaient roulés sur ses chevilles.

— Madame M., commença Holly, à la stupeur générale — jamais la gouvernante ne les avait invitées à une telle familiarité. Je l'ai dit, c'est la fête, ce soir. Une double célébration, puisque nous accueillons un nouveau membre. Eileen Moggeridge, voici Mme Merryfield, qui s'occupe d'Angela et de cette maison. Mme M. est une perle.

Lynnette, qui avait déjà adressé un signe de la main à la nouvelle venue, s'esclaffa, tandis que la gouvernante affichait un air de dédain. Alanguie sur un divan, elle arborait des pantoufles roses assorties à son peignoir. Ses ongles impeccables, rayés et ourlés de brillants, vantaient les qualités de son salon de beauté.

Suky-Jo s'approcha à son tour d'Eileen.

— Nous nous sommes déjà croisées. Je t'ai vue avec ton fils, un garçon superbe, soit dit en passant. Il était temps que nous fassions connaissance. Tiens, c'est pour toi, ajouta-t-elle en lui tendant un sachet arc-en-ciel. En le plaçant sous ton oreiller, tu feras de beaux rêves.

Eileen la remercia et huma le parfum du sachet.

— Madame M., reprit Holly, j'ai apporté des échantillons d'un tas de desserts qu'Annie et moi servirons à la grande réception donnée chez Emma la semaine prochaine. J'espère que j'ai bien fait de mettre des bouteilles de champagne au frais.

Elle ne donna pas à la gouvernante l'occasion de répondre.

— Si vous ne voulez pas vous donner la peine de disposer tout ça sur des assiettes, je m'en chargerai volontiers. Dites-moi simplement quelles assiettes je dois utiliser.

Angela, qui arrivait en général la première, fit enfin son entrée dans un bruissement de soie. Aussitôt, elle adressa un signe de tête à Eileen.

— Bienvenue, lui dit-elle.

Elle avait coiffé ses cheveux de façon à masquer ses cicatrices les plus disgracieuses, ce qu'elle ne faisait plus depuis longtemps.

— Emma nous a parlé de toi. J'espère que tu comprendras nos petites règles.

Pourquoi tant d'histoires ? se demanda Emma, un peu énervée. Ce n'était pas la première fois qu'Angela l'agaçait. Peut-être avait-elle subi trop d'émotions en une seule journée… Un rien lui tapait sur les nerfs.

— Il n'y aura aucun problème, assura-t-elle à la place d'Eileen.

— Il y a une fête, intervint Mme Merryfield. Holly a apporté à manger et du champagne. Dites, c'est une odeur de cuisine que je sens là ?

— Eh bien, je fais chauffer la soupe aux haricots rouges que j'ai préparée hier, répondit Holly.

Des exclamations d'enthousiasme fusèrent, même de la part d'Angela.

— C'est une recette de ma mère. Il n'y a pas plus riche. Si nous voulons boire du champagne, même avec les desserts, il ne faut pas le faire l'estomac vide.

Angela s'installa dans son fauteuil à bascule et s'étira. Elle semblait plus pâle que de coutume, mais elle finit par se détendre.

— Il y a une heure, si on m'avait demandé ce que je souhaitais le plus au monde, je n'aurais su que répondre, déclara Wendy, les yeux pétillant d'impatience. Mais maintenant, la réponse est évidente : la soupe aux haricots rouges de Holly ! Je parie qu'elle est très pimentée, avec beaucoup d'oignons et du lard.

— Et de gros morceaux de jambon. Ma mère dit que c'est meilleur.

De nouveau, Emma ressentit une pointe de culpabilité à avoir poussé Holly à divorcer précipitamment. Bien sûr, c'était son choix, mais elle n'y était pas complètement étrangère.

— Je vais servir la soupe, grommela Mme Merryfield, à la surprise générale. Et je porterai les desserts dans la cuisine pour les disposer sur des assiettes. Vous les mangerez avec le champagne ?

— Absolument, répondit Holly. Merci. Je vous confie le service de la soupe, puis je vous donnerai un coup de main pour les desserts.

— Ici, nous partageons tout, expliqua Angela à Eileen dès que la gouvernante se fut éloignée. Nos espoirs, nos rêves, nos chagrins. Nous rions beaucoup, nous pleurons parfois. Tiens, où est Sandra ?

Emma avait déjà remarqué son absence. A l'évidence, son amie n'avait pas changé d'avis.

— La mort de Denise l'a beaucoup choquée. Je doute qu'elle vienne, ce soir.

Les traits d'Angela exprimèrent une certaine irritation.

— Elle sait que nous devons nous serrer les coudes pour traverser cette épreuve. Elle croit être la seule à souffrir ?

Emma haussa les sourcils. Ce commentaire ne ressemblait guère à Angela. Cherchait-elle inconsciemment à affirmer son autorité devant Eileen ?

— Pardon... Je suis fatiguée. J'ai du mal à dormir, en ce moment.

Mme Merryfield apporta des bols de soupe et des cuillères qu'elle posa sur la table basse avant de s'éclipser de nouveau.

Assises par terre, autour de la table, toutes mangèrent en silence, dégustant chaque bouchée.

Puis Holly déclara :

— J'ai tant de choses à vous raconter !

— Tu as inscrit ton nom sur le registre ? s'enquit Angela.

— Bien sûr.

— Quiconque souhaite évoquer un sujet particulier doit s'inscrire dans le registre posé près du fauteuil d'Angela, expliqua Emma à Eileen. Ne crois pas que nous ne parlons que de sujets graves. On est toujours en quête d'idées pour s'amuser, pas vrai, les filles ?

— Oui ! répondirent-elles en chœur.

— Je suis la première inscrite ! s'exclama Holly. C'est à moi de commencer.

Angela se mit à rire, amusée par son enthousiasme.

— Hum. N'oublions pas qu'Eileen vient juste d'arriver.

— Elle a très bien compris que nous comptons les unes sur les autres pour ne pas divulguer nos secrets, intervint vivement Emma.

Angela fronça les sourcils.

Eileen eut un geste de la main.

— Ne vous inquiétez pas, commença-t-elle avec un sourire. Je sais que le groupe s'est formé parce que vous cherchiez du réconfort, de la force. Je sais aussi que vous avez un passé commun. Moi, vous me connaissez à peine.

Elle posa sa cuillère et regarda toutes les femmes présentes.

— Si je ne partage pas quelque chose de vraiment personnel, vous ne serez pas à l'aise pour parler devant moi. Sachez que je suis amoureuse d'un homme depuis des années. Pas de mon mari, qui n'est pas au courant, bien sûr. J'espère bien m'installer avec lui, à la longue. Avec mon amant de rêve, je veux dire.

Les autres posèrent à leur tour leur cuillère, en silence. Emma en eut des sueurs froides.

Un rire retentit. Celui d'Eileen. Elle riait à gorge déployée.

— Vous devriez voir vos têtes ! fit-elle entre deux hoquets. J'étais censée partager un secret, non ? J'attends mon amant de rêve.

21.

Emma courait autour du terrain de golf. C'était la première fois qu'elle sortait courir depuis la mort de Denise. Le moment était venu pour elle de reprendre ses habitudes.

L'orage menaçait. En cette saison, le temps était capricieux. Un ouragan pouvait frapper à tout moment. La peau moite, elle contempla le ciel bleu-gris strié de noir. Le vent chaud qui souffla dans son dos la soulagea un peu.

La veille, elle avait dormi dans un sac de couchage, par terre, dans le nouvel appartement de Holly, un studio qu'elle louait à l'étage de chez Ona. Elle comptait aussi y passer la nuit à venir. S'isoler dans la maison de ses parents tant qu'Orville et elle n'avaient pas conclu un accord ne lui plaisait qu'à moitié.

Depuis la veille, c'était Sandra qui tenait les rênes de la boutique de façon qu'elle puisse attendre le retour d'Orville chez lui. Manque de chance, il n'était pas rentré. Elle aurait cru qu'il l'appellerait plus rapidement, après leur dernière explication. Or il n'avait pas donné signe de vie.

Certes, elle n'était pas rassurée à l'idée de l'affronter seule, mais sa détermination prenait le pas sur sa peur.

Et puis, elle avait pris la précaution d'informer Sandra de ses projets et ne se séparait pas de son arme.

Le pavillon du club apparut à sa droite, au cœur du parc. Le gazon d'un vert émeraude était parsemé de joueurs de golf, parmi les bosquets de chênes.

Le dimanche soir, le club était bondé. Emma scruta le parking en quête de la Mercedes d'Orville. En vain. Cela dit, tous les véhicules étant du même standing, elle avait pu ne pas la voir.

Maintenant, la balle était dans le camp d'Orville. Elle avait décidé que, sans nouvelles de lui dans la journée, elle enverrait un message à son bureau, l'informant qu'elle ne serait pas disponible pour la réception. Elle poursuivrait son chemin sans se retourner. S'il ne cherchait pas à lui compliquer la vie, elle ne le dérangerait pas non plus et ne dirait pas de mal de lui.

Finn l'avait appelée la veille. Elle lui avait déclaré qu'elle devait franchir ce cap toute seule. Depuis, il n'avait pas rappelé. Elle n'était pas sûre de s'en réjouir. Il avait déjà souffert à cause d'une femme et elle espérait qu'il ne lui en tiendrait pas rigueur.

L'humidité rendait sa course difficile. Elle amorça la courbe qui la ramènerait chez Orville. La Mercedes était garée dans l'allée. Appuyé sur le capot, Orville scrutait la route.

Elle s'arrêta et se pencha en avant pour reprendre son souffle. Pouvait-elle affronter son futur ex-mari ?

— Emma ?

Le ton de sa voix l'étonna. Orville ne criait jamais en public. En proie à un sentiment de malaise, elle leva une main avant de se remettre à courir pour le rejoindre. Ses pas suivaient le rythme de ses pulsations cardiaques.

Autant en finir. Cette phrase l'encouragea, mais mettre en branle un divorce n'était pas évident.

Alors qu'elle s'approchait, Orville s'écarta de sa voiture de façon à venir vers elle. Où était-il allé pendant tout ce temps ? Chez Damalis ? On lui avait dit qu'il y avait des chambres, là-bas.

— Emma, répéta-t-il d'une voix douce qu'elle ne lui connaissait pas.

Il lui prit la main. Elle ne résista pas.

— Comment vas-tu ? Je ne suis qu'une ordure. Je regrette, même si ça n'a plus d'importance à tes yeux.

Il devait avoir des vêtements de rechange quelque part, car son costume marron et sa chemise crème étaient impeccables. Il ne montrait aucun signe de fatigue ou de souffrance, juste un air tendu.

— Je vais bientôt partir, lui annonça-t-elle.

Ce n'était pas qu'une intention, c'était son souhait le plus cher. Elle voulait s'éloigner de lui.

— Tu n'es pas venue me parler ?

— Je suis venu hier et aujourd'hui toute la journée, répliqua-t-elle. Je n'ai pas beaucoup de temps, mais je peux rester quelques instants.

En réalité, elle ne voulait pas se retrouver seule avec lui sans son pistolet, surtout dans la maison. Elle se dirigea vivement vers la barrière et entra.

Orville referma la barrière derrière lui.

— J'ai rencontré Harold Chandall, reprit-il. Il cherche sa femme. Tu sais où elle se trouve ?

Malgré la brusque sensation de froid qui la submergea, elle parvint à ne pas ralentir le pas.

— Sans doute en train de faire des courses…

Ce n'était pas vraiment un mensonge. Harold avait

passé les derniers jours à La Nouvelle-Orléans, ce qui avait permis à Holly d'emménager tranquillement chez Ona.

Emma prit une chaise au bord de la piscine et s'assit à l'ombre des bambous. Le ciel semblait se refermer sur le paysage.

Orville s'installa en face d'elle. Il ôta sa veste et sa cravate qu'il posa sur le dossier de la chaise. Puis il la regarda fixement, assez pour la mettre mal à l'aise.

— Pourquoi me regardes-tu ainsi ? demanda-t-elle enfin.

— Je veux me rappeler de quoi tu as l'air, tant que nous sommes encore mari et femme. Je me suis conduit comme un imbécile et j'aimerais pouvoir y changer quelque chose.

Elle ne réagit pas, refusant de l'aider en quoi que ce soit.

— Reste avec moi, chérie.

Ben voyons…

— Trop tard. Il était déjà trop tard le jour de notre mariage. Comme tu l'as dit, j'étais très jeune. Les gens changent, j'ai beaucoup évolué. Et nous ne sommes plus un couple depuis longtemps.

Sans doute ne l'avaient-ils jamais vraiment été.

— Que comptes-tu faire ?

— Vivre dans la maison de mes parents jusqu'à ce que j'aie les moyens de reprendre mes études. Travailler, trouver un emploi.

— Je ne veux pas que tu fasses ça.

Elle pencha la tête et le considéra avec un air signifiant qu'il n'avait pas son mot à dire.

— Tu aimes la boutique, poursuivit-il. Sandra aussi,

et c'est ta meilleure amie. C'est bien que vous soyez ensemble.

Combien de temps encore allait-il chercher à l'écraser ?

— Travailler avec elle va me manquer, c'est sûr. On s'amusait bien, mais nous resterons amies. Elle n'a pas besoin de l'argent que je lui verse. De toute façon, elle gagne trois fois rien.

— Je te donne la boutique.

Croyant avoir mal entendu, elle plissa les yeux.

— Toute la propriété sera bientôt à moi, reprit-il. C'est à moi de décider ce que j'en ferai. Tu auras la boutique. Tu l'as bien méritée.

L'argent que la boutique rapportait ne lui permettrait pas de gagner sa vie, mais elle fut tentée d'accepter. Même si elle redoutait d'accepter quoi que ce soit venant de lui.

— Merci, Orville, mais ce que j'aimerais, c'est en devenir la gérante. Tu me verserais un salaire. La boutique ne rapporte pas grand-chose, mais les ventes se développent. Ça te conviendrait ?

— Comme tu voudras. Tout ce que tu gagneras sera pour toi. Tu en auras besoin.

Elle sourit. Il avait raison. Et elle ne voulait pas renoncer à sa boutique.

— J'ai emballé mes affaires, dit-elle, la gorge nouée. Je n'ai rien pris d'autre.

Elle qui avait rêvé de partir était bien capable de verser des larmes le moment venu.

— Prends tout ce que tu veux, répondit Orville en se penchant vers elle. Emma, je sais que nous devons nous séparer, mais ce n'est pas la peine de nous précipiter, pour le divorce. Laissons passer un peu de temps.

— J'en ai déjà laissé passer beaucoup.

Il hocha la tête.

— Je sais. Pourtant, je te demande d'attendre encore un peu. Tu n'imagines pas combien j'ai besoin de toi. Je suis vraiment un imbécile. Je ne m'en suis rendu compte qu'en apprenant que tu partais, avoua-t-il en passant la main sur ses yeux.

— A la boutique, je t'ai dit que je voulais devenir ton amie. Ça ne se fera pas du jour au lendemain, mais nous pouvons en faire un objectif à atteindre, si tu veux.

— Très bien. Je suppose que tout le monde va savoir que nous nous séparons. Je n'ai pas peur pour ma réputation, mais je ne veux pas de la pitié des gens.

Elle déglutit.

— Ça se saura, mais je ne vais pas aller le crier sur les toits. Et j'étais sincère en te proposant de jouer le rôle d'hôtesse, du moins jusqu'à ton élection.

— Pour l'heure, c'est une bonne chose que Rusty ait pété les plombs et que son maudit journal ne paraisse pas, remarqua Orville. Je ne devrais pas dire ça, mais je n'ai pas besoin de problèmes de ce côté-là. Merci, chérie. Nous serons les meilleurs amis du monde, j'en suis persuadé. Même si te perdre va me faire mal, très mal.

— Pas longtemps, tu verras.

Il se voûta, tel un homme brisé. Elle s'en voulut d'en être la cause.

— Tu te remarieras.

— Tu es la seule que j'aie jamais voulu épouser, assura-t-il, les yeux embués de larmes. Après toi, il n'y en aura pas d'autre.

Elle se redressa en songeant à cette femme, penchée sur son sexe.

— Mais si.

Peut-être était-il sincère en partie, mais il avait dû avoir très peur pour son image pour en arriver à une telle prise de conscience. Il ne fallait pas qu'elle l'oublie.

— Tu es en sécurité dans la maison de tes parents ? Quand tu seras en ville, tu pourras habiter ici. C'est aussi chez toi. Je promets de ne jamais t'embêter.

Plutôt crever, songea-t-elle.

— C'est gentil, mais je suis parfaitement en sécu…

— Tu as des cartes de crédit. Utilise-les. Je ne veux pas que tu manques de quoi que ce soit, d'accord ?

Elle n'avait aucune intention d'accepter sa charité.

— Ne parlons plus de tout ça. Je m'en vais.

Avant qu'il lui fasse son grand numéro.

— Emma, la réception a lieu dans quelques jours, lui rappela-t-il, l'air soucieux. Tu seras présente, n'est-ce pas ?

— Naturellement.

Holly et Annie qu'elle avait embauchées allaient faire preuve de leur talent et elle se sentait tenue de les soutenir, voire de leur trouver de nouveaux clients.

— Il y aura d'autres réceptions, pas forcément ici, insista-t-il. Je serai plus tranquille en sachant que je peux compter sur toi.

— Je te l'ai promis.

Mais elle le regrettait déjà.

— Achète tout ce dont tu as besoin, une garde-robe entière, si tu veux. Tu es superbe en jean, mais je veux que tu sois belle à couper le souffle. Je… Achète-toi ce que tu veux, chérie.

— Merci.

Elle avait déjà des vêtements plein ses armoires, y compris des robes qu'elle n'avait jamais portées.

— Orville, ce divorce aura lieu. Quoi que tu fasses.

Il secoua lentement la tête.

— C'est parce que nous n'avons pas eu d'enfants, n'est-ce pas ? Je suis désolé de te l'avoir jeté à la figure comme ça. J'étais furieux. Rien ne prouve que tu ne peux plus avoir d'enfants. Les médecins nous ont conseillé de ne pas réessayer tout de suite, mais depuis, tu as eu le temps de te remettre.

Dix ans. Elle n'osa pas lui répondre.

— Je sais, je ne devrais pas en parler. C'est trop douloureux pour toi.

Elle se leva.

— Merci pour tout ce que tu fais, déclara-t-il en l'imitant. Tu ne le regretteras pas, mais je compte essayer de te faire changer d'avis.

— On se parlera dans les jours à venir.

Il l'accompagna jusqu'à la grille. Quand elle se fut installée au volant de sa Lexus, il ajouta :

— Mon père va être très mal, à cause de tout ça.

— S'il était lui-même, peut-être. Il ne se rend plus compte de rien.

Orville soupira.

— Avant que tu partes, je peux te poser une dernière question ?

— D'accord.

Elle redoutait le pire.

— Tu me fais encore suivre par un détective privé ?

— Non.

Elle n'allait pas lui dire qu'elle ne l'avait jamais fait.

— Tu lui as demandé de te remettre les négatifs des photos ? insista-t-il.

A sa place, elle aurait voulu le savoir, elle aussi. Mais sa question lui donna encore plus envie de s'en aller.

— Les photos sont en sécurité. Au revoir, Orville.

Elle reprit la route, le laissant sur le bord du chemin. Il n'était pas le seul à s'inquiéter de ces photos. Car une question demeurait : qui les avait prises ? Et pourquoi ?

22.

— En général, les gens savent qu'il vaut mieux ne pas me parler tant que je n'ai pas bu mon café, déclara Billy en toisant Finn d'un œil mauvais. Surtout le lundi matin. Qui vous a laissé entrer dans mon bureau ?

— Je suis entré tout seul. Je me suis dit que vous aviez une journée chargée, alors qu'il valait mieux s'y mettre tout de suite. Comment se présente l'affaire Steen ?

— Vous m'avez posé la même question hier et je vous ai répondu.

Le café était prêt. Billy versa le breuvage brûlant dans une grande tasse ornée d'une tête de mort.

— Vous en voulez ?

— Non merci, répondit Finn. Je suppose que vous avez vérifié auprès de tous les vétérinaires de la région. Ainsi que des médecins, des pharmaciens, de tous ceux qui détiennent ces substances ?

— Merci pour ces évidences, Duhon. Si j'ai besoin de vos lumières, je vous ferai signe. Vous savez, quand on veut tuer quelqu'un, on y arrive.

— C'est dingue. Vous détenez toujours Rusty ?

Billy but une gorgée de café, les yeux baissés vers sa tasse.

— Il a pris un avocat. Il a été libéré sous caution.

— Vous savez bien qu'il n'a pas tué Denise.

— Ah bon ?

Quand il était de mauvaise humeur, Billy n'était pas drôle du tout. Il traversa son bureau, le teint grisâtre à la lueur des néons. Finn sentit le parfum de sa lotion après-rasage. Son uniforme sombre était froissé, mais ses chaussures impeccablement cirées.

— S'il est sorti, c'est grâce aux deux ADN. Ça m'ennuie.

— Vous auriez préféré ne relever que le sien, ce qui aurait fait de lui l'assassin, c'est ça ?

Billy posa brutalement sa tasse sur son bureau, éclaboussant certains documents. Il ignora les dégâts.

— Je ne fabrique pas les coupables, Finn. Pas plus que votre père ne le faisait. J'ignorais que Rusty Barnes était votre copain. Il a couché avec elle.

— Il était amoureux d'elle. Ils étaient amants.

Il plissa les yeux.

— Comment le savez-vous ? Il n'en a même pas parlé pour se disculper.

— Denise ne voulait pas que toute la ville soit au courant.

— Denise est morte.

— Parfois, on aime encore les gens après leur mort.

Il y eut un silence pendant lequel Billy reprit son café tout en observant son visiteur de biais.

— J'aimerais jeter un coup d'œil sur le dossier de mon père, déclara Finn.

Billy lui adressa un regard perçant.

— Pourquoi, après tout ce temps ?

— Un an, ce n'est pas si long. Quand c'est arrivé, je

n'étais pas en mesure de revenir. A mon retour, quelques mois plus tard, j'aurais fait de la peine à ma mère si j'avais tenté quoi que ce soit. Elle était assez bouleversée comme ça.

— Vous cherchez à me dire quelque chose ? demanda Billy en pivotant sur son fauteuil pour poser les pieds sur son bureau.

La main sur sa souris, il regarda son écran. Puis il jura et se tourna vers Finn.

Celui-ci secoua la tête en faisant de son mieux pour afficher un air innocent.

— A ma place, vous n'auriez pas cherché à y jeter un coup d'œil ?

— Peut-être.

— Ecoutez, Billy, j'aimerais juste consulter les archives.

— Vous venez de me le dire. Bon, pourquoi pas ? Désolé, mais je n'ai pas le temps de vous aider dans cette tâche. Je viens d'obtenir un mandat pour fouiller le logement de Rusty Barnes et les locaux du journal. S'ils avaient été plus vite, nous aurions pu faire ça hier, pendant qu'on l'avait encore sous la main.

Pauvre Rusty, songea Finn. Qu'aurait fait son père, à la place de Billy ? Sans doute pareil, mais il n'aurait pas regretté de ne pas avoir trouvé le coupable facilement.

— Les archives n'ont pas changé de place ?

— Quelqu'un vous renseignera, là-bas, répondit Billy en opinant.

Sur ces mots, il se leva et sortit sans un regard en arrière. Bientôt, Finn l'entendit hurler à la réception. Billy n'était vraiment pas lui-même, ce matin.

La salle des archives était assez vaste. Finn constata

avec soulagement que rien n'avait changé, à part la présence d'ordinateurs.

— Je viens de parler avec Billy, annonça-t-il à une femme qui ouvrait une armoire à fournitures.

Elle se retourna et afficha un air médusé.

— Finn ? Ma parole, tu te bonifies en vieillissant !

— Madame Valenti ! Ça faisait un bail. Vous avez l'air en forme, vous aussi.

Mieux valait ne pas user de flatterie.

— Tu veux dire pour une vieille peau comme moi ? Allez, ne tourne pas autour du pot, mon garçon. Qu'est-ce que tu veux ?

— Les archives concernant mon père, répondit-il en retrouvant malgré lui son sérieux. Billy accepte que j'y jette un coup d'œil.

Elle se retourna avec un soupir.

— Par ici.

Finn sur ses talons, elle se fraya un chemin parmi les rayonnages de cartons et les tiroirs.

— Tom me manque. C'était le meilleur.

— Ce n'est pas moi qui dirai le contraire.

Enfin, elle s'arrêta devant un meuble à tiroirs étiquetés. Elle croisa les bras sur sa poitrine et le considéra avec attention.

— Je sais que ce ne sont pas mes oignons, mais pourquoi remuer le passé ? Tu ne feras pas revenir ton père.

— J'ai encore des difficultés à accepter la situation, avoua-t-il. Il faut que je me mette en paix avec moi-même.

— Très bien, commenta-t-elle en ouvrant un tiroir.

Elle prit un dossier et en vérifia les références avant de le lui tendre.

— Tu trouveras tout ce qu'il te faut là-dedans. Appelle-moi en cas de besoin.

Il demeura seul, les yeux fixés sur le dossier. Rien ne pourrait lui rendre son père, en effet, et les détails de sa mort risquaient même d'attiser sa colère et son incrédulité.

Mais il savait qu'il allait lire ce dossier.

Thomas Duhon.

La liasse de feuillets était très fine. Il alla s'asseoir devant un ordinateur dont il écarta le clavier pour lire plus tranquillement.

Une demi-heure plus tard, il leva la tête.

Il ferma le dossier qu'il remit à sa place dans le tiroir. En partant, il trouva Billy sur le seuil de son bureau, le regard noir. Le policier lui tourna le dos. Finn le rattrapa avant qu'il ait refermé la porte.

Billy poussa un profond soupir et l'invita à s'asseoir en face de lui.

— Laissez tomber, mon garçon. Parfois, il vaut mieux laisser la vérité reposer en paix. Tom était un type bien. Il n'a commis qu'une seule erreur. C'était humain. Vous devez lui pardonner.

— Il n'est pas mort sur les lieux, répliqua Finn. Personne ne me l'avait dit.

— Vous étiez loin. Ensuite, les détails n'avaient plus d'importance.

— Pour moi, si. Qu'est devenu l'uniforme qu'il portait, ce soir-là ? Et son insigne ?

— Comment voulez-vous que je le sache, nom de Dieu ! s'exclama Billy. Je l'ai accompagné à l'hôpital, à Lafayette. On lui a tout enlevé. Ses affaires ont été mises dans un sac. Elles sont sans doute avec les pièces à conviction, maintenant.

— Où se trouve le reste des archives ? Je n'ai trouvé que les notes de l'hôpital et le rapport d'autopsie.

Billy n'eut pas la présence d'esprit de masquer sa surprise, d'abord, puis son soulagement.

— Tout y est, assura-t-il.

Sa voix se brisa.

— Vous n'avez pas bien regardé.

— Je peux vous emmener là-bas et vous montrer, insista Finn. De toute façon, il le faut. On ne peut pas cacher ça plus longtemps. Je veux la vérité. Il manque toutes les notes relatives à la scène de crime.

— Ne m'accusez pas d'avoir mal fait mon boulot ! Allez dormir un peu, histoire de retrouver vos esprits, et venez dîner à la maison. Blanche va vous préparer sa spécialité. Vos parents auraient apprécié cette idée. On va tout passer au peigne fin jusqu'à ce que vous soyez satisfait, d'accord ?

— Non, je ne suis pas d'accord.

Finn se leva et fit un pas vers lui. Billy ne bougea pas.

— Vous me cachez quelque chose. Pourquoi ne m'avez-vous pas dit que mon père était mort sur le billard ? Nous savons tous les deux que s'il avait décidé de se supprimer, il aurait fait le boulot correctement. Il se serait mis le canon dans la bouche pour se faire sauter la cervelle. Il n'était pas homme à prendre le risque de se retrouver comme un légume. La balle a traversé le haut du crâne. A un centimètre près, elle aurait évité le cerveau.

— Où voulez-vous en venir ?

— Mon père a été assassiné.

23.

Elle allait jouer de nouveau.

Devant un public.

Mercredi soir.

Au volant de sa Lexus, Emma roulait vers le centre-ville en se demandant si elle débordait d'enthousiasme ou si elle était morte de trac. Il pleuvait à grosses gouttes au point que les essuie-glaces peinaient à dégager le pare-brise.

Si le lundi était souvent une journée calme, les affaires avaient bien fonctionné, ce jour-là. Sandra et elle avaient même retardé la fermeture d'une heure. Emma en avait profité pour lui expliquer ce qu'il adviendrait de la boutique après son divorce. Sandra avait eu la réaction qu'elle attendait : elle l'avait embrassée et lui avait promis d'être de la partie, quoi qu'il arrive.

C'était le soir idéal pour s'installer dans la maison de ses parents. Son court séjour chez Holly leur avait fait du bien à toutes les deux, mais sa période de camping était terminée.

Seigneur, jamais elle n'aurait dû accepter de jouer du piano… Holly et Annie étaient venues spécialement à la boutique pour la persuader de jouer chez Ona à l'occasion d'une soirée caritative. Cela faisait des mois qu'elle n'avait pas touché à un clavier. Et jouer devant ses amis l'intimidait.

Mais c'était pour une cause noble : réunir des fonds afin de rénover et développer la bibliothèque pour enfants. Comment refuser ?

Holly et Annie avaient d'autres motivations, elles l'avaient admis. Non seulement elles avaient décidé de lui mettre le pied à l'étrier, mais en plus elles comptaient servir des petits-fours et des boissons dans l'espoir de trouver de nouveaux clients.

Elle se dit que personne ne viendrait l'écouter.

Concentrée sur sa conduite, elle se pencha en avant pour mieux voir la route. Ses mains glissaient sur le volant, au point qu'elle dut serrer les doigts. Sous cette pluie battante, les enseignes au néon semblaient floues le long de la rue principale. Si le déluge ne se calmait pas bientôt, elle serait obligée de s'arrêter et d'attendre une accalmie.

A sa droite, un cycliste mal équipé roulait tête baissée. L'eau dégoulinait de ses bras et des roues du vélo. Emma ralentit pour voir de qui il s'agissait et s'arrêta quelques mètres devant lui.

Abaissant la vitre, elle se mit à crier :

— Aaron !

Il ne l'entendit pas.

— Aaron !

Cette fois, il posa un pied à terre, puis se tourna vers elle en souriant.

— Madame Lachance ? Bonjour. Vous avez un problème ?

Ses boucles noires étaient plaquées sur son crâne. Son polo blanc et son jean étaient trempés.

— C'est toi qui as un problème, répondit-elle. Le siège

arrière est rabattu. Mets vite son vélo dans le coffre et monte. Je te raccompagne chez toi.

— C'est gentil, mais ça ira. Merci quand même.

— Mets ton vélo à l'arrière, insista-t-elle.

— Je ne rentre pas chez moi, je vais chez mon oncle.

Son cœur manqua un battement. Elle se reprit vivement.

— Et moi, je me rends dans la maison de mes parents. C'est tout près de chez lui. Monte !

Sans perdre une seconde, il souleva son vélo et le déposa dans le coffre de la Lexus. Puis il monta à côté d'Emma.

— Je vais salir votre voiture, remarqua-t-il.

— Si tu y tiens, tu n'auras qu'à la laver, un de ces jours.

— Marché conclu, dit-il en tendant une main.

Elle tapa dedans et se remit en route.

— Je ne peux pas rouler trop vite, à cause de la visibilité.

— J'aime bien les orages.

— Moi aussi.

Il y eut un silence, puis l'adolescent reprit :

— Je vais débarrasser le grenier de mon oncle.

Elle hocha la tête.

— D'après toi, combien de temps va-t-il rester dans cette maison ?

Elle s'en voulut de l'utiliser pour obtenir des réponses à ses questions.

— Il aime bien la région, observa Aaron. Il cherche à acheter.

— Pour construire une autre maison ?

— Non. Il compte rester là. Je crois qu'il cherche un

local commercial, mais je ne sais pas quoi. D'après lui, Pointe Judah pourrait disposer de plus d'habitations s'il y avait davantage d'entreprises, et tout le monde s'en porterait mieux. Moi, ça me va — jusqu'à ce que je parte faire des études, en tout cas. Il est très fort en affaires, vous savez. Je lui ai dit que je voulais travailler pour lui après mes études. Il est persuadé que je vais changer d'avis. Mais non.

— Je suis sûre que tu iras au bout de tes projets.

Le seul point qui comptait à ses yeux était que Finn voulait rester à Pointe Judah.

— Je crois qu'il n'a pas envie de nettoyer son grenier tout seul parce qu'il y a les affaires de mes grands-parents, là-haut. De vieilles affaires, des papiers, des photos, ce genre de choses. Ma mère veut les photos, mais elle ne les regardera sans doute jamais.

— Ta mère est quelqu'un de formidable.

Elle quitta enfin la ville. Les arbres étaient courbés par le vent et l'on entendait l'orage gronder au loin.

— Moi aussi, j'aime conserver les objets, même sans raison, avoua-t-elle.

— Finn vous aime bien.

Elle le regarda du coin de l'œil. Il rougit légèrement.

— Qu'est-ce qui te fait croire une chose pareille ?

Elle aurait dû avoir honte.

— Ma mère lui a parlé de vous, lui disant combien elle vous appréciait, et il a répondu que lui aussi.

Ce n'était pas tout à fait ce qu'elle espérait entendre, mais elle ne méritait pas mieux après cet interrogatoire en règle.

— Il n'a pas eu de petites amies depuis son divorce.

Enfin, il n'en a ramené aucune à la maison, corrigea-t-elle.

— Je crois qu'à cause de ce que son épouse lui a fait subir, il évitait toutes relations avec les femmes. Mais avec vous, c'est différent. Même si vous êtes mariée, c'est bien que vous soyez amis, tous les deux.

Cette fois, elle se garda bien de le pousser plus loin.

— On n'y voit plus rien, commenta-t-il en mettant en marche la ventilation. Je crois que Rusty est rentré chez lui.

— Comment es-tu au courant, pour Rusty ?

Elle espérait que son arrestation resterait discrète, mais apparemment, c'était trop demander.

— C'est Finn qui me l'a dit, répondit-il. Je ne devais le répéter à personne, mais avec vous, c'est différent. Je suppose que vous savez déjà tout.

— En effet. Si nous restons discrets, l'affaire sera peut-être résolue avant que Rusty ait à subir d'autres épreuves.

— Oui. Vous savez, je ne répète ce que me dit Finn qu'à ma mère. Et à vous, maintenant.

Un sacré compliment !

Il resta silencieux un instant.

— Mon père doit bientôt rentrer. Du coup, je ne viendrai plus chez Finn pendant un moment.

— Je suppose que tu vas devoir aider ton père, avança-t-elle. Je suis sûre que les petits travaux s'accumulent, en son absence.

— Mon père ne fait rien à la maison. Quand il rentre, il se détend. Mais il tient à ce que maman et moi soyons toujours là. Il ne reste pas longtemps chaque fois.

Emma ne put s'empêcher d'être choquée par la façon

dont il parlait de son père. Il semblait attendre avec impatience qu'il s'en aille de nouveau.

Elle se rappela un détail qui la taraudait.

— Aaron, tu te souviens de ce bouquet que tu as livré chez Angela, après la mort de Denise ?

Il poussa un long soupir.

— Et comment ! J'ai de la chance que Fred soit sympa, parce que j'aurais pu me faire virer. Tous ces bouquets que j'ai apportés, c'était une blague. Vous vous rendez compte ? Personne n'avait commandé de fleurs. Pas même le maire.

Il lui jeta un regard en coin, puis continua :

— Ce qui est bizarre, c'est que tous ont donné leurs numéros de compte. Ensuite, quand les factures sont parties, les gens ont commencé à appeler pour avoir des explications. J'ai bien cru que j'étais grillé. Certains ont quand même payé, mais pas tous.

— Fred est gentil. Je lui commande toutes mes fleurs.

Naturellement. Sur le compte d'Orville.

Qui avait bien pu s'amuser à envoyer des fleurs pour Denise en utilisant les comptes des clients ? La plaisanterie faisait froid dans le dos. Sans doute était-ce l'objectif de son auteur. Le bouquet qu'elle avait reçu à son nom devait provenir du même expéditeur.

— Tu n'as pas reconnu la personne qui appelait ? C'était peut-être un…

Elle se retint de dire « gamin ».

— Vous voulez dire un môme, acheva-t-il à sa place avec un sourire. Pas de problème. C'est ce que j'aurais cru, moi aussi, si ce n'avait pas été une femme.

Ils avaient rejoint l'allée qui menait à la maison de

Finn. L'orage s'était rapproché et les éclairs zébraient le ciel à intervalle régulier.

— Je ne vois pas la voiture, remarqua-t-elle.

— J'ai la clé. Finn m'a dit qu'il avait des affaires à régler, aujourd'hui. Il a peut-être trouvé un bien à acheter.

Il descendit du 4x4, récupéra son vélo dans le coffre, puis se tourna vers elle.

— Merci ! lança-t-il avant de s'éloigner vers la maison.

Elle le regarda ouvrir la porte d'entrée, puis partit en direction de la maison de ses parents. Il fallait qu'elle les appelle afin de les informer de sa décision. Si elle ne parvenait pas à les joindre, elle laisserait un message les priant de la joindre.

Rejoindre sa maison lui prit dix minutes. La première chose qu'elle vit en arrivant fut le pick-up de Finn, garé devant le garage ouvert. Une bâche protégeait son chargement à l'arrière.

Finn apparut sur la galerie en s'essuyant les mains sur un chiffon.

— Emma, enfin, murmura-t-il.

Il avait passé la majeure partie de la journée à condamner la porte dérobée du cellier. Suite à ce dur labeur, il éprouvait une bonne fatigue et rêvait d'une soirée tranquille. Si, toutefois, on ne lui offrait une bonne raison pour retrouver toute son énergie…

Il se promit de partir sans entrer dans la maison, même si elle le lui proposait.

Après avoir enfilé son imperméable, Emma descendit de la Lexus et vint à sa rencontre. Aussitôt, Finn se raidit. C'était mal parti.

— Bonjour, la salua-t-il avec un entrain travaillé. Il

manque encore une couche de peinture sur le panneau que je viens de poser. Sinon, c'est terminé et plutôt solide.

— Merci infiniment. Que pourrais-je faire pour te remercier ? Le ménage chez toi ?

— Tu pourrais éviter de m'insulter quand je fais une bonne action. Je tenais à m'occuper du cellier pour toi, O.K. ? Sans rien demander en échange.

Elle détourna le regard de peur qu'il devine ses pensées. Il ne savait que trop bien ce qu'elle pouvait faire pour lui. Les hommes étaient des bêtes.

Elle ouvrit la porte d'entrée et plissa les yeux en voyant un éclair zébrer le ciel.

— Entre, dit-elle. Une douche chaude et un bon repas feront de toi un homme neuf. J'ai déposé Aaron chez toi. Il m'a dit qu'il allait travailler dans le grenier.

Finn saisit ce prétexte.

— Je ferais mieux de le rejoindre pour lui donner un coup de main.

— Je crois qu'il veut le faire à ta place. Tout comme tu voulais condamner cette porte pour moi. Tu es son héros.

Vraiment ? Dans ce cas, il faudrait qu'il veille à ne jamais le décevoir.

— Je t'en prie, insista-t-elle, réchauffe-toi et sèche-toi avant de partir.

Il dut la suivre pour entendre ce qu'elle lui disait.

— Va prendre une douche et laisse tes vêtements sur le palier. Je les passerai dans le sèche-linge.

Je préférerais que tu viennes avec moi sous la douche.

Il renonça à lutter. Pourquoi ne pas profiter de sa compagnie, tout simplement ?

Plein de bonnes résolutions, il la suivit à l'intérieur.

— Rusty est sorti moyennant une caution, lui apprit-il. Il a pris un avocat, mais j'espère qu'il n'en aura pas besoin.

— Moi aussi, répondit-elle en accrochant son imperméable.

Voyant qu'elle se dirigeait vers l'escalier, il lui emboîta le pas. A leur arrivée sur le palier, le chat ouvrit une large gueule et poussa un miaulement strident.

— Bonjour, Teddy, fit Emma en le prenant dans ses bras.

Le chat observa Finn d'un air méfiant. Avec ses oreilles pointues et ses yeux vairons, l'animal ne manquait pas de charme.

Emma l'emmena dans sa chambre et le posa sur le lit. Puis elle se rendit dans la salle de bains. Finn avait l'impression d'être un garnement crotté que l'on allait baigner de force. Sur un autre plan, il se sentait parfaitement adulte, en cet instant.

Un édredon moelleux couvrait le lit, un lit qui devait être très confortable...

— Serviettes, savon, shampooing, brosse à dents, énuméra-t-elle depuis la salle de bains. Je vais te prêter le peignoir de mon père.

— Pas la peine. Je ne suis pas timide. Une serviette suffira en attendant que mes vêtements soient secs.

— Très bien. Prends ton temps.

Dans la salle de bains, il hésita à s'enfermer, de peur de paraître un peu maniéré. Il laissa donc la porte entrouverte et se déshabilla. Puis il passa ses vêtements par l'entrebâillement.

— Rien ne vaut une bonne douche après l'effort, commenta Emma en les attrapant.

Il préféra ne pas répondre.

Il s'attarda sous la douche bien plus longtemps que nécessaire. En réalité, il n'osait se présenter à elle drapé dans une serviette, brûlant de la prendre dans ses bras. Sachant qu'elle le désirait tout autant.

Car elle le désirait.

Quand il se fut frictionné plusieurs fois, il décida qu'il était temps de sortir. Lissant ses cheveux en arrière, il se sécha à la hâte et noua une serviette autour de sa taille.

Emma n'était plus dans la chambre.

C'était prévisible, mais il n'avait pu s'empêcher d'espérer le contraire.

Retournant dans la salle de bains, il se coiffa, se brossa les dents, puis descendit au rez-de-chaussée. La maison était plongée dans la pénombre. Il avança à pas de loup, appelant Emma pour ne pas l'effrayer.

Derrière une porte, il entendit vrombir un lave-linge. Il frappa à la porte. Pas de réponse. Il entra dans une buanderie. Emma se trouvait tout au fond. De l'eau chaude coulait dans l'évier, créant un nuage de vapeur.

— Emma ?

Elle ne l'entendait pas. Cela dit, il ne parlait pas très fort.

Il s'approcha d'elle et posa une main sur son dos nu, entre son haut à rayures et sa jupe.

— Emma ? C'est moi.

— Seigneur, tu m'as fait peur ! s'exclama-t-elle en se redressant vivement.

— Désolé.

Ce qui n'était pas le cas.

Il se tenait tout près d'elle. Elle observa son torse nu, se gardant de descendre vers sa serviette.

— La douche t'a fait du bien ?

— Je suis effectivement un homme neuf, répondit-il en admirant son teint rosi. La vapeur te va bien…

Elle inclina la tête.

Il effleura sa joue du bout du doigt. Le sang pulsait dans ses veines.

— Tu es radieuse.

Il caressa sa lèvre inférieure, son menton, traça la ligne de sa mâchoire, jusqu'à son décolleté.

— Regarde, tu es humide, fit-il avant de glisser son index dans sa bouche.

En dépit de la chaleur, elle frissonna. Elle lui posa les mains sur les épaules et les caressa. Immobile, il sentait son cœur battre la chamade sous sa paume. Il ne broncha pas non plus lorsqu'elle effleura ses reins, avant de revenir vers son ventre. Elle atteignit enfin le bord de la serviette.

— J'ai si chaud que je dois avoir la peau brûlante. Tu me trouves chaud ? demanda-t-il.

— Oui.

— Et toi, tu as chaud ?

Elle hocha la tête.

Il la prit par la taille et l'assit sur le lave-linge. Il l'embrassa, insinuant sa langue entre ses lèvres, puis souleva son bustier pour libérer ses seins. Elle avait des seins magnifiques, ronds et généreux. Jamais il n'aurait cru se soucier de la taille d'une poitrine, mais ces seins superbes le rendaient fou.

Ses mains glissèrent vers sa jupe qu'il descendit, puis remontèrent sur sa peau nue, de sa taille jusqu'à ses seins.

— Appuie-toi sur moi, murmura-t-il.

Dès que ses seins effleurèrent la toison brune de son torse, elle gémit, les lèvres entrouvertes. Elle se frotta contre lui pour attiser un désir proche de la douleur. Avant lui, elle ignorait que le contact d'un homme pouvait déchaîner de tels élans de passion.

Elle sentit bientôt contre sa cuisse son pénis durci. Sans hésiter, elle lui ôta la serviette et prit son sexe dans ses mains. Finn était un homme fort mais tendre, doté d'un tel contrôle sur lui-même qu'il était capable du plus difficile : ne pas insister pour obtenir ce qu'elle n'était pas disposée à lui donner.

Désormais, elle était prête à s'abandonner corps et âme.

Un air chaud et humide les enveloppait au point qu'il avait l'impression de glisser entre ses mains. Elle se rapprocha du bord du lave-linge de façon à enrouler les jambes autour de sa taille.

Il se força à se calmer. La tenant par les épaules, il lui embrassa les seins, lentement, encore et encore, sans cesser de caresser ses cuisses et sa chute de reins.

Seigneur, il était trop tard pour faire marche arrière, maintenant. Si elle le repoussait… Si elle le repoussait, il se forcerait à la respecter, mais il en mourrait.

Lovée tout contre lui, elle lui mordit l'épaule, puis écarta sa culotte pour l'accueillir en elle. Il la pénétra en douceur et se mit à bouger en elle, lentement puis de plus en plus vite. Elle s'accrocha à lui, bougeant au même rythme, l'accueillant toujours plus profondément en elle.

Enfin, l'extase la priva de toute raison. Et elle succomba, en proie à des spasmes de plaisir. Au même instant, il se déversa en elle, la serrant contre lui de peur de la faire tomber.

Elle réprima un sanglot contre son cou, puis rejeta la tête en arrière, les yeux fermés.

Serrés l'un contre l'autre, ils attendirent que leurs cœurs reprennent un rythme normal. Au bout d'un moment, Finn la souleva et l'emporta dans ses bras jusqu'à la chambre. Il l'allongea sur le lit et s'installa près d'elle afin de profiter le plus longtemps possible de ces instants de fusion qu'ils venaient de vivre ensemble.

— Ma belle…

Elle tendit le bras et éteignit la lampe de chevet.

24.

Tenant le bras de Mme Merryfield, Lobelia Forestier traversa le parking en direction de l'arrière-salle de chez Ona. Malgré les outrages qu'elle avait subis de la part de la police, la journée promettait d'être satisfaisante.

Tout ce qu'elle avait fait était d'aller voir Billy Meche pour s'enquérir des progrès de l'enquête. Ce goujat lui avait répliqué de se mêler de ses affaires. Quel toupet ! Cela l'avait confortée dans l'idée que la police ne prenait pas ce meurtre suffisamment au sérieux.

Face à ces menaces de viol et de meurtre, Lobelia prenait soin de boutonner son corsage jusqu'au cou. Si ces jeunettes n'avaient pas la manie de s'exhiber, elles ne réveilleraient pas les bas instincts des hommes. Elle-même ne s'était jamais dénudée en présence de feu M. Forestier, paix à son âme. Fort heureusement, il savait se hâter lors du devoir conjugal et en finir au plus vite.

— C'est à peine croyable ! s'exclama-t-elle. La femme du maire qui joue du piano chez Ona ! Et Sandra Viator qui chante ! Je sais ce qu'elle raconte dans mon dos, celle-là. Que je suis une vieille frustrée ! C'est Rosa qui me l'a répété. Maintenant, on va bien voir qui est ridicule. Il y a une justice, quand même !

Comme à son habitude, Mme Merryfield ne répondit pas.

Lobelia se retint de lui faire une remarque acerbe. A ses yeux, la gouvernante était un cas. Elle ne disait rien pendant un long moment, puis faisait une réflexion mordante. Et quelle dégaine ! Si Lobelia n'avait pas eu besoin de toute l'aide possible, elle ne l'aurait jamais acceptée au sein du comité des fêtes de septembre.

— Tiens, voilà Rosa et Bob. Comment a-t-elle réussi à le convaincre de l'accompagner ?

Elles atteignirent la porte du restaurant en même temps qu'eux.

— Bonjour, Lobelia, dit Rosa. Bonjour, madame Merryfield. J'ai l'impression que nous sommes tous venus apprécier le spectacle.

Elle rit de son sous-entendu. Rosa Valenti n'était pas femme à remettre en question ce qui se passait autour d'elle. Il suffisait de lui raconter une histoire pour qu'elle l'arrange à sa façon. Très fière de travailler au poste de police, elle se rengorgeait de ne pouvoir révéler ce qu'elle entendait et voyait là-bas.

Mme Merryfield ouvrit la porte et entra la première. Il y avait déjà foule. Lobelia constata avec effroi que la clientèle plus populaire, qui fréquentait la salle principale, voire l'établissement de Buzz, était présente, elle aussi.

Des tables et des chaises supplémentaires avaient été disposées dans la salle. Lobelia réunit deux tables qu'elle entoura d'autant de sièges que possible, insistant pour que les Valenti se joignent à elle. Puis elle appuya les autres chaises contre les tables.

— Comme ça, nous n'aurons pas à supporter des gens que nous n'aimons pas, expliqua-t-elle en levant la tête vers le vieux piano noir. Si quelqu'un veut s'asseoir avec nous, dites que c'est réservé.

Elle consulta sa montre.

— Encore quelques minutes… Regardez tous ces gens qui arrivent. Ils doivent s'attendre à une grande pianiste et à une virtuose comme… Comment s'appelle cette grande soprano, déjà ?

— Pour la soprano, je ne sais pas, dit Bob Valenti, un peu trop vite du goût de Lobelia.

Encore un qui se prenait pour quelqu'un ! Tout cela parce qu'il avait mis un peu d'argent de côté.

Elle suivit des yeux une jeune femme blonde qui poussait un chariot chargé d'assiettes, sur des plaques chauffantes. Un parfum de grillade la fit saliver.

— Qui est-ce ? Je ne l'ai jamais vue.

— C'est la cousine d'Eileen Moggeridge, répondit Rosa. Elle a l'air gentille. Discrète.

Lobelia croisa les bras.

— On ne peut pas en dire autant d'Eileen… Enfin, assez parlé de ça. Inutile de proférer des méchancetés.

La porte s'ouvrit de nouveau. Lynnette fit son entrée, en compagnie d'une de ses coiffeuses, Frances quelque chose. Elles balayèrent la salle du regard et se dirigèrent droit vers la table de Lobelia.

Cette dernière se redressa et dit :

— Venez, toutes les deux ! Nous vous avons gardé des places.

Du moment qu'elle veillait à exclure certaines personnes, elle se montrerait à la hauteur de son poste de présidente de la chambre de commerce. Elle devait veiller à ne pas donner l'impression de mépriser les petites gens. Ces deux-là pouvaient lui être utiles.

Soudain, Mme Merryfield se leva.

— Eileen ! Par ici ! lança-t-elle avec un enthousiasme inattendu de sa part. Vous, Aaron et votre ami !

Lobelia se voûta. Décidément, la gouvernante aimait semer la pagaille. Elle savait pourtant qu'elle n'appréciait guère Eileen Moggeridge.

— C'est Finn Duhon, le frère d'Eileen, lui apprit Rosa. Beau mec, non ?

Abasourdie, Lobelia la dévisagea.

— Beau mec ? Quelle expression ! Vous regardez trop la télé-réalité, je suppose.

Elle-même ne se gênait pas pour suivre les feuilletons télévisés, mais c'était tout autre chose.

— Il est très gentil, reprit Rosa. Il est passé l'autre jour au poste. Il me rappelle son père…

— Paix à son âme, coupa Lobelia.

— Oui. Finn n'est toujours pas remis de sa mort. Il finira par l'accepter, à la longue, mais il n'est pas encore prêt.

— Pourquoi serait-il passé vous voir ? s'enquit Lobelia, qui connaissait parfaitement la réponse. Il fouine un peu partout, je suppose. Il ferait sans doute mieux de laisser tomber.

— Chut !

Eileen s'assit à côté de Mme Merryfield avec un sourire timide. Finn et Aaron déclarèrent vouloir être plus près de la porte pour mieux respirer et s'éloignèrent.

— Je suppose que nous ne sommes pas assez intéressantes pour eux, commenta Lobelia qui se força à sourire. Vous devez être heureuse d'héberger votre frère, Eileen.

Brusquement, le brouhaha s'intensifia. Emma et Sandra apparurent sur le seuil de la cuisine. Très élégantes, elles aidèrent la nouvelle et Holly Chandall à garnir les assiettes de fruits de mer et de petits croissants en pâte feuilletée. Lobelia huma un parfum de pain chaud et de sucre.

Elles renoncèrent à pousser le chariot entre les tables, préférant le laisser à côté du piano, puis elles déposèrent les assiettes garnies sur les tables, avec serviettes et gobelets. A leur suite, Ona servait de la bière. Lobelia aimait bien savourer une petite bière, le soir. L'alcool l'aidait à s'endormir.

Finn scruta la salle pour voir qui était présent. A son arrivée, Emma et lui avaient échangé quelques regards furtifs, mais il avait préféré ne pas s'asseoir trop près du piano, dans leur intérêt à tous les deux.

Quand Ona passa avec les boissons, Aaron prit une bière en regardant son oncle avec appréhension. Finn fit mine de ne se rendre compte de rien.

— Toute la ville s'est déplacée, remarqua l'adolescent. J'aurais le trac si je devais jouer du piano devant tout le monde.

— Tu ne sais pas jouer du piano.

— J'ai dit « si ».

John Sims apparut, visiblement agité. En voyant Finn, il se faufila à côté de lui. Tous les deux s'étaient croisés à plusieurs reprises, ces derniers temps.

— Je ne voulais surtout pas rater ça, déclara-t-il. Cette soirée est un événement, dans cette ville où il ne se passe jamais rien.

Piochant dans l'assiette, il prit un crabe farci.

— Je n'ai jamais rien mangé d'aussi bon ! s'exclama-t-il

quand il eut terminé. Enfin, depuis la dernière fois que je me suis régalé, bien sûr…

Il se lécha les doigts et jeta un coup d'œil à Finn d'un air d'excuse.

— Je viens juste de rentrer. Je ne suis même pas passé chez moi. Et vous, ça avance, le nettoyage ?

— Hein ? fit Finn en arquant les sourcils.

John but quelques gorgées de bière.

— Je sais ce que c'est que de débarrasser une maison après le décès de personnes âgées. Moi, ça m'a pris une éternité, avec tous mes déplacements. Mes grands-parents gardaient tout. Vous comptez vendre ?

Dans les petites villes comme Pointe Judah, tout se savait.

— Je n'ai pas encore pris de décision, avoua Finn.

— Moi non plus, je ne pensais pas rester, à l'époque, mais en tant que représentant en produits pharmaceutiques, c'est un peu mon territoire, ici. Et l'endroit me plaît.

— Je comprends.

C'était fou ce que l'on apprenait rien qu'en écoutant les gens parler. On parlait librement dans la région, ce que lui ne faisait plus depuis longtemps.

— Vous savez peut-être que je possède deux maisons, reprit John, décidément très prolixe. Mes grands-parents les avaient réunies en une seule propriété, mais étant célibataire, je n'habite pas les deux. Du coup, je loue l'une d'elles. Devinez qui habite à côté de chez moi ?

Finn leva les sourcils en signe d'interrogation.

— Angela, la fondatrice du Club des Secrets ! Leurs réunions se tiennent toujours là-bas. J'ignore ce qui s'y passe, mais si vous entendiez leurs cris ! Certaines des participantes sont vraiment sexy, vous savez. Quant à

Angela, elle est complètement cinglée. Elle ne sort jamais de chez elle.

En l'imaginant en train d'épier les faits et gestes d'Emma lors des réunions, Finn se crispa.

Une fois de plus, il reporta son regard sur elle, comme hypnotisé. Vêtue d'un petit haut crème et un pantalon de soie assorti, elle avait les pieds nus dans des sandales à hauts talons. Il sentit le désir renaître en lui. Sans aller jusqu'au fétichisme, il trouvait ses pieds ravissants. Tout en elle lui plaisait, d'ailleurs. Il aimait dormir avec elle, faire l'amour, la serrer dans ses bras, lui parler, partager ses pensées... Jamais il n'avait été aussi proche d'une femme.

Le tintement d'une fourchette sur un verre l'interrompit dans ses pensées. Tournant la tête, il vit Holly Chandall réclamer l'attention de l'assemblée.

— J'espère que vous appréciez les plats que nous vous proposons, déclara-t-elle en souriant. Vous trouverez ma carte sur les tables et à l'entrée. Si vous avez besoin d'un traiteur pour vos réceptions, je suis à votre entière disposition. Bien. Passons aux choses sérieuses, maintenant. Merci de bien vouloir accueillir Emma et Sandra qui nous font l'honneur de jouer pour nous ce soir.

Les deux jeunes femmes s'avancèrent sous les applaudissements.

— Je vous rappelle que cette soirée a été organisée afin de recueillir des dons pour la rénovation de la bibliothèque pour enfants, reprit Holly. Nous ferons circuler des enveloppes destinées à recueillir vos dons. Et maintenant, place à la musique !

Annie éteignit les lampes, sauf celles qui éclairaient le piano. Quand Emma s'installa devant le clavier, Finn sentit son cœur battre la chamade. Pourquoi cette nervosité soudaine ? Bon sang, ce n'était pas lui qui se produisait en public !

Avant qu'Emma ait pu commencer, un murmure de voix masculines se fit entendre depuis l'extérieur. Orville Lachance apparut, suivi de son fidèle associé, Carl Viator. Au lieu de s'asseoir sur les chaises libres, ils allèrent se placer dans la lumière qui éclairait Emma au piano et le décolleté plongeant de Sandra.

John se pencha vers Finn.

— Regardez un peu ces nibards, lui chuchota-t-il d'un air grivois.

Finn ne répondit pas. Ce genre de propos le mettait extrêmement mal à l'aise et il en vint à éprouver une profonde antipathie pour John. Il jeta un coup d'œil à Aaron qui n'avait visiblement pas entendu sa remarque.

Peu de temps auparavant, Emma lui avait avoué qu'elle mourait de peur à l'idée de jouer en public, mais cela ne se voyait pas. Un sourire aux lèvres, elle caressait les touches du piano, accompagnant à merveille la voix mélodieuse de Sandra. Les habitués de chez Buzz se mirent à taper du pied avec enthousiasme en criant, jusqu'à ce qu'on les fasse taire.

Tout en écoutant les deux jeunes femmes, Finn ne pouvait s'empêcher d'observer Lachance, qui souriait comme si Emma était son épouse adorée.

C'est fini, pour toi, mon vieux. Tu as eu ton heure.

Il n'aurait pas dû éprouver ce genre de sentiments, mais c'était plus fort que lui. De plus, il se demandait ce que Lachance fabriquait là. Emma lui avait relaté sa dernière entrevue avec lui et il avait plutôt imaginé que le bonhomme se ferait discret.

— Elle a une voix superbe, murmura John lorsque Sandra eut terminé sa prestation.

Les spectateurs applaudissaient à tout rompre les deux interprètes. Certains hommes s'étaient même levés et lançaient des compliments à Sandra, séduits par son interprétation très sensuelle et suggestive.

Lachance se leva et montra tour à tour les deux jeunes femmes.

— C'étaient Sandra Viator et Emma Lachance ! Qui a dit que Pointe Judah n'était pas digne de La Nouvelle-Orléans ?

Les applaudissements redoublèrent.

Finn serra les poings, mourant d'envie d'effacer ce sourire du visage de Lachance.

— Maintenant, nous allons écouter la suite du programme, annonça Sandra. A toi, Emma !

Emma prit le temps de poser les doigts sur le clavier avant de se lancer dans une série de valses de Strauss. Sur leurs sièges, les aînés se balançaient en rythme.

— Je sors, chuchota brusquement John à l'oreille de Finn. Toute cette fumée me gêne. Je reviendrai quand ce sera la brune.

Sur ces mots, il sortit discrètement.

Aaron prit sa place à côté de son oncle.

— Emma joue vraiment bien, mais je trouve qu'elle aurait dû choisir autre chose que des valses. C'est pour les vieux de ton âge, ça.

Finn fit mine de lui donner un coup de poing, auquel il répondit gaiement.

— Je crois avoir entendu dire qu'elle préférait le jazz, répliqua-t-il.

Mieux valait ne pas donner l'impression de trop bien la connaître.

— Si elle a choisi les valses, c'est parce qu'elle pense s'adresser à un public assez mûr.

Comme pour le contredire, elle enchaîna avec des morceaux de jazz, puis de vieilles chansons cajun que les spectateurs reprirent en chœur, lui compris.

En jetant un coup d'œil sur Lachance, il s'aperçut qu'il continuait à couver sa femme d'un regard possessif. Ce n'était pas sa faute à elle si ce type ne savait pas quand il fallait se retirer.

Sandra but un grand verre d'eau et ouvrit la porte de la cuisine qui donnait sur l'arrière du bâtiment et les bennes à ordures. Elle avait vu John s'éclipser dès la fin de sa prestation. Son stock de cachets commençait à baisser et elle espérait qu'il lui avait apporté quelques doses.

Elle scruta les alentours sans le voir. Tant pis. De toute façon, elle devait retourner dans la salle dans dix minutes, alors autant profiter un maximum des cachets qu'il lui restait. Elle en sortit deux de son décolleté et les avala avec un peu d'eau. Ce coup de fouet lui ferait du bien.

— Petite futée, murmura John à son oreille.

Elle sursauta, surprise.

— Derrière la benne ! ordonna-t-il en la prenant par la taille pour l'entraîner. Ne fais pas un bruit.

Dans l'espace sombre et malodorant, il la fit pivoter vers lui.

— Tu n'as qu'un mot à dire et je te laisse retourner

dans la salle. Mais je me suis dit que tu serais contente de me voir.

Il agita une enveloppe bien garnie devant ses yeux.

Sandra se passa la langue sur les lèvres. Il méritait d'être remis à sa place. Mais ce soir, elle voulait sa dose.

— Je suis très contente de te voir, répondit-elle en refermant les doigts sur l'enveloppe. Je suis à toi, mais fais vite.

A l'arrivée de Harold Chandall, Finn se raidit. Emma lui avait raconté le départ de Holly, son installation dans un studio chez Ona, sa prise d'indépendance. De toute évidence, Chandall était désormais au courant, lui aussi. Tout en lui indiquait qu'il cherchait la bagarre.

— Ne bouge pas, ordonna Finn à Aaron.

Il se leva et se plaça près de la fenêtre, prêt à intervenir, en cas de besoin.

Emma remporta un vif succès. A la fin de ses morceaux, elle salua le public et se rassit, tandis que Sandra arrivait précipitamment. Mais avant que le spectacle ait pu continuer, Lachance réclama le silence.

Finn observait toujours Chandall. L'homme avait vu sa femme et tentait difficilement de se frayer un chemin dans la foule.

— Je ne pensais pas faire une annonce officielle, ce soir, commença Lachance d'une voix forte. Mais je suis si heureux, ici, entouré de mes amis, que je ne peux me retenir plus longtemps. Chers amis, je suis candidat au poste de gouverneur. Ce sont des gens comme vous qui me donnent la force d'avancer, et je tiens à devenir votre représentant.

Les spectateurs se mirent à scander son nom. Finn secoua la tête, dégoûté devant son sourire vaniteux. Ce type était vraiment impossible.

— Pour fêter cet événement, reprit Lachance en prenant la main d'Emma, je vous annonce que je verserai une somme équivalente à celle récoltée ce soir pour la bibliothèque. Je la double, même !

Emma, ne le laisse jamais t'utiliser de la sorte.

Elle garda le sourire et ne retira pas sa main.

Chandall voulut profiter de cette diversion pour bondir, mais Finn se montra plus rapide. Il se posta devant lui.

— Bonsoir, Harold. J'aimerais vous dire deux mots, dehors.

— Dégagez !

— Allons, ressaisissez-vous. Vous n'arrangerez rien de cette façon. Allez, venez. Nous allons bavarder.

— Qui diable êtes-vous ?

— On se connaissait, à l'époque. Finn Duhon.

Chandall tiqua, visiblement hésitant.

Après quelques secondes de réflexion, il tourna les talons et quitta la pièce. Finn lui emboîta le pas et le rattrapa près d'un 4x4 de couleur foncée.

— Fichez-moi la paix ! lança Chandall en montant en voiture.

Il mit le contact et fit marche arrière dans un crissement de pneus.

Après l'avoir vu disparaître au coin de la rue, Finn alla se poster à la fenêtre de l'arrière-salle. Des applaudissements, des exclamations lui parvenaient à travers la vitre.

Il s'adossa au mur, pensif. En voyant Emma avec son mari ce soir, n'importe qui aurait juré qu'il s'agissait d'un couple uni. Les femmes étaient du genre inconstant, il le savait. Pourtant, jamais il n'aurait cru cela de la part d'Emma. Avait-elle changé d'avis sur son mari ? Dans ce cas, que devenait-il, lui ? Un simple passe-temps ?

25.

Emma composa le numéro de Finn. Faire le premier pas n'était pas une preuve de faiblesse, se répétait-elle depuis qu'elle avait pris la décision de l'appeler.

— Duhon, lâcha-t-il d'un ton bourru.

— C'est Emma.

— Salut.

Elle posa les coudes sur la table de la cuisine.

— J'ai passé la journée à me dire qu'il ne fallait pas que je t'appelle, mais tu vois, je le fais quand même.

— On dirait que tu as du mal à suivre tes propres préceptes.

Que voulait-il dire ?

— Ai-je eu tort de t'appeler ?

— Qu'est-ce qui te fait penser une chose pareille ?

Teddy sauta sur la table. Au lieu de le chasser, elle le prit sur ses genoux. Elle avait besoin de s'accrocher à un être vivant.

— Je t'ai vu chez Ona, hier soir.

— Je n'aurais raté ça pour rien au monde. Je t'avais dit que je viendrais. Tu as vraiment bien joué. Et Sandra a bien chanté, aussi. Vous devriez partir en tournée.

On s'écarte du sujet qui nous intéresse.

— Merci. Je crois que Sandra s'est bien amusée. En tout cas, j'ai trouvé ça formidable. J'avais oublié le plaisir de me laisser porter par la musique pour n'émerger qu'au moment des applaudissements.

— Tu devrais jouer plus souvent. Ce serait dommage de gâcher ton talent.

Elle se mordilla les lèvres.

— Emma ?

— Je suis là. Merci encore. Mais tu as disparu subitement au milieu du concert. Que s'est-il passé ? Il est arrivé quelque chose ?

— Tu ne sais pas ce qui m'a fait sortir ?

— Non.

Mais elle devinait que c'était important.

— Nous avons fait l'amour, tous les deux. Nous avons partagé des choses que nous n'avions encore partagées avec personne.

— Tu n'as pas à me rappeler ce que nous avons fait ensemble. Je ne l'oublierai jamais. Jamais.

Elle l'entendit soupirer longuement.

— Je pensais… Ça me semblait bien, mais je me trompais peut-être. Je ne sais pas si tu es capable de savoir ce que tu veux.

Teddy se mit à miauler. Emma le lâcha.

— Comment peux-tu dire une chose pareille ?

— Je réfléchis tout haut. Ce n'est pas ce que j'ai envie de croire, mais, d'après toi, qu'est-ce que j'ai ressenti en te voyant tenir la main de ton mari, souriante, tandis qu'il se comportait comme si vous formiez le couple idéal ?

Elle pensait lui avoir expliqué comment elle comptait gérer son divorce.

— Tu voulais peut-être que je fasse une scène lorsque Orville s'approcherait de moi ?

— Si tu étais à ma place, tu comprendrais. Mais voilà, tu ne comprends pas. Je ne t'en veux pas. Ecoute, je crois qu'il faut simplement qu'on prenne notre temps.

Elle retint son souffle, s'attendant à ce qu'il raccroche. Il n'en fit rien.

— Je suis à la maison — enfin, chez mes parents, déclara-t-elle. Tu veux venir dîner ? Je pourrais faire un barbecue.

— Je ne suis pas chez moi.

Où es-tu, alors ?

— Je vois, fit-elle, incapable de formuler la question qui lui brûlait les lèvres. Quand tu seras rentré, peut-être ?

— Il sera trop tard, mais merci quand même.

Il y eut un silence.

— Finn, je t'ai fait de la peine, hier soir ? demanda-t-elle.

— Qu'est-ce qui te fait penser une chose pareille ? railla-t-il. Je suis un homme et les hommes ne souffrent pas.

Ce sarcasme ne lui ressemblait pas.

— Je croyais que nous nous comprenions, tous les deux, et je le crois toujours, assura-t-elle. Par rapport à ce qui s'est passé hier soir, je pense simplement que nous ne nous connaissons pas encore assez pour bien le gérer.

— Emma, jamais nous ne nous connaîtrons assez pour pouvoir gérer ce genre de scène. Pas moi, en tout cas.

A court d'arguments, elle n'osa pas lui avouer qu'elle avait les larmes aux yeux, de peur qu'il le prenne pour du chantage affectif.

— Alors tu penses que nous ne devrions pas…

Elle s'interrompit. Si elle allait jusqu'au bout de sa phrase, il risquait de répondre par l'affirmative — ce qu'elle ne voulait surtout pas.

— Qu'est-ce que tu veux ? reprit-elle.

Il réfléchit longuement.

— Je ne sais plus quoi dire, si tant est que j'aie jamais eu quelque chose à dire.

Elle l'entendit déglutir.

— Je crois que nous devrions prendre un peu de distance, lâcha-t-il finalement. Attendre et voir.

De là où il se trouvait, Finn avait l'impression que le lac Suehanna était posé à la surface de la terre. Allongé au sol, il s'appuya à un arbre abattu depuis si longtemps qu'il était méconnaissable.

C'était ici que son père et lui venaient pêcher, autrefois. Voilà pourquoi il avait décidé de venir, n'hésitant pas à rouler trente kilomètres depuis Pointe Judah. Dans ce lieu perdu, il était sûr de ne croiser personne, ou presque. Quelques rares maisons, dont plusieurs étaient fermées depuis longtemps, bordaient l'une des rives, avec parmi elles une seule auberge où nul ne séjournait jamais. L'établissement, tenu par un couple âgé, servait les meilleurs *gumbos* de la région.

C'était lui qui aurait dû appeler Emma. Les différences essentielles entre hommes et femmes n'étaient pas un mystère pour lui et il savait qu'elle attendait encore de ses nouvelles. Mais il ignorait quoi lui dire.

Un ciel rouge et pourpre teintait le lac de rose. Finn aimait la passion, mais la colère attisée par l'immobilité et la moiteur ambiante lui donnait des idées sombres. Peut-être allait-il louer une chambre pour la nuit…

Nom de Dieu.

Se ressaisissant, il composa le numéro de portable d'Emma, qui prit l'appel à la quatrième sonnerie.

— Bonjour, Finn.

— Je m'y suis mal pris, tout à l'heure, quand tu m'as appelé. Je ne dis pas que j'ai changé d'avis, mais je te demande de m'excuser de m'être mal comporté.

— Tu sais, quand j'ai dû jouer la comédie avec Orville, je me suis sentie très mal, avoua-t-elle. Je croyais que tu comprendrais.

Il plissa les yeux face aux couleurs chatoyantes du lac.

— Avais-tu vraiment besoin d'en faire autant ? Enfin, laissons tomber. Tu as fait ce que tu as jugé bon. Et moi, je n'étais pas prêt à voir ça, c'est tout.

Il changea de sujet, ne voulant pas s'appesantir sur ce qui lui brisait le cœur.

— Une idée m'est venue. Je suppose que tu n'as pas parlé des photos de ton mari à Billy ?

— Pourquoi l'aurais-je fait ? demanda-t-elle, le souffle court.

— Parce que nous devons trouver qui les a prises et te les a données. Et pourquoi.

— Je crois qu'il s'agit de ce type qui a pénétré chez moi. Tu sais, le cow-boy qui m'a donné de l'argent.

Il ne voulait pas l'effrayer, mais elle devait se montrer très prudente, à l'avenir.

— C'est toi qu'il voulait, répliqua-t-il sèchement. Tu l'obsèdes au point qu'il est disposé à t'acheter. Mais ce n'est pas forcément lui qui a pris les photos.

— Et si ce n'était pas moi que ce cinglé voulait ? S'il voulait m'utiliser pour faire tomber Orville ? Tout le monde a des ennemis, Orville sans doute plus que d'autres.

Finn y avait déjà songé.

— Dans ce cas, nous voilà contraints d'attendre qu'il se manifeste de nouveau. Tu ne penses toujours pas que Billy devrait être informé de tout ça ?

Elle marmonna quelques paroles indistinctes.

— Pardon ?

— Tu ne comprends pas. Je ne dois peut-être pas grand-chose à Orville, mais rendre ces photos publiques ferait de lui la risée de la ville. Le moment est mal choisi. Il est un peu débordé, en ce moment.

— Explique-moi quelque chose : je croyais que tu n'en avais plus rien à faire, que tu divorçais parce que c'est un salaud.

— J'ai un peu honte de l'admettre, mais je refuse d'être l'épouse bafouée, répondit-elle avec un rire nerveux. Je sais, je le suis déjà, mais je n'ai pas envie que tout le monde le sache.

— C'est de l'orgueil, commenta-t-il en le regrettant aussitôt.

— Et toi, tu n'en as pas, peut-être ? rétorqua-t-elle, visiblement fâchée. J'ai subi suffisamment d'humiliations de la part d'Orville. Comment peux-tu me reprocher de vouloir divorcer sans heurts, sans scandale ?

Il songea que cette conversation ne menait décidément à rien.

— Je sais. Donc, tu as décidé de soutenir Orville pour l'avenir prévisible, c'est ça ?

— Je te l'ai déjà expliqué.

— De toute évidence, je n'avais pas tout compris.

J'ignorais qu'un divorce à l'amiable impliquait de protéger un homme coupable de violences psychologiques et physiques. Es-tu de ces femmes qui reviennent sans cesse vers leur mari violent ?

— Non ! Comment peux-tu me poser une telle question ?

Il y eut un autre silence. Emma finit par le rompre, la voix altérée par l'émotion.

— Tu as raison, nous nous sommes précipités, tous les deux. Il vaut mieux prendre un peu de recul.

— Tu as compris.

Elle coupa la communication avant lui.

26.

Toutes les portes de la maison étaient ouvertes. Les premiers invités s'étaient présentés une heure plus tôt et, déjà, une foule dense envahissait le rez-de-chaussée et les bords de la piscine.

Juchée sur des talons hauts, Emma circulait parmi les invités, redoutant une chute ou une entorse à la cheville. Elle évitait Orville dans la mesure du possible, mais ne pouvait lui échapper quand il la cherchait et la prenait fermement par la taille ou par la main, comme un adolescent, pour la présenter à certaines personnes. Elle ne connaissait pas tout le monde.

A en juger par le sourire confiant d'Orville, tout se déroulait à merveille. A plusieurs reprises, il s'écarta de la foule en compagnie d'une personne ou d'un groupe, pour un entretien en privé durant lequel il hochait la tête et souriait de plus belle.

Il avait tout d'un vainqueur. L'incarnation même d'un futur gouverneur.

— C'est vraiment spectaculaire, déclara Sandra en tendant à Emma une coupe de champagne.

Elle vida sa propre coupe d'une traite et la brandit devant un serveur afin qu'il lui en donne une autre.

— Qui a décoré la maison ? s'enquit-elle.

— Moi, répondit Emma avec un sourire. Fred, le fleuriste, s'est surpassé. Il m'a facilité la tâche.

Des bouquets de delphiniums et de lis tigrés aux tons orangés, rehaussés de fines fleurs blanches, étaient disposés çà et là dans des vases en cristal et embaumaient les lieux de leur parfum capiteux. Emma avait choisi les fleurs de façon à ce qu'elles soient assorties aux nappes et autres drapés qu'elle avait posés sur les meubles.

— C'est superbe, répéta Sandra.

Elle se tint immobile, le temps que le serveur remplisse sa coupe.

Orville avait pris soin d'inviter quelques concitoyens utiles. Les mains derrière le dos, John Sims déambulait parmi la foule en observant la maison. Il s'arrêta à côté d'Emma et lui sourit.

— Très belle maison, commenta-t-il. La fête est réussie. Je ne te ferai qu'un reproche.

Elle haussa les sourcils.

— Où sont donc les ravissantes célibataires ? s'enquit-il en lui donnant un coup de coude complice. Ce qu'il nous faut, ce sont quelques femmes aussi belles que Sandra et toi, mais pas mariées.

— Tu devrais sortir plus souvent, John, et pas seulement pour ton travail, intervint Sandra.

Il haussa les épaules et la toisa d'un œil critique.

— Tu n'aurais pas un peu maigri, ma belle ? Je ne parle pas de tes nichons, qui sont sublimes, mais ailleurs ?

Loin de se fâcher, elle éclata d'un rire hystérique. Des larmes apparurent aux coins de ses yeux.

Elle lui tapota la joue.

— Vilain garçon. Tu ne devrais pas regarder de cette façon la femme d'un autre. Et surtout ne pas en parler.

Il la dévisagea avec gravité.

— Tu vas bien ? Je n'ai pas eu l'impression de dire quelque chose d'amusant.

Elle rit encore plus fort, puis mit une main devant sa bouche.

Emma se sentait mal à l'aise. Pourquoi John essayait-il de ridiculiser Sandra en sa présence ?

— Bonjour, Emma, lança une voix grave et charmeuse derrière elle.

Patrick Damalis se joignit à eux. Son regard bleu intense et son attitude suggéraient qu'il se sentait en droit d'être au cœur de toutes les attentions.

— On ne se voit pas assez souvent, reprit-il. Ton mari te garde cloîtrée dans ta maison. Remarque, je le comprends, mais tu es trop belle pour ne pas te montrer.

Il se tourna vers Sandra pour la saluer à son tour.

— Il se trouve que nous sommes trop occupées, répondit-elle poliment. Je suis ravie de te voir, Patrick.

— Emma, Orville fera un formidable gouverneur. Je lui dirai de t'amener au club, un de ces jours. Tu t'y amuserais bien.

Elle pencha la tête, espérant avoir l'air ravi. Elle n'avait aucune intention de mettre les pieds chez lui.

— Merci. Tu connais John Sims ? Il habite dans le centre-ville. Il est représentant en produits pharmaceutiques.

Damalis tendit la main.

— Justement, je voulais vous parler, déclara John en lui serrant la main. Je voyage beaucoup, mais on m'a dit beaucoup de bien de votre club et j'aimerais m'y inscrire.

— Carl tient John en haute estime, renchérit Sandra. Je suis sûre qu'il soutiendrait sa candidature.

— Moi aussi, je la soutiens, intervint Emma. Même si ça ne compte pas.

— Ce que tu dis compte énormément, assura Damalis tout en toisant John.

Ce dernier se comportait avec l'assurance d'un homme de pouvoir, ce que Damalis parut apprécier. Il prit une carte dans sa poche et la lui tendit.

— Vous montrerez ceci à la réception du club.

John prit sa carte et lui remit la sienne.

— Je passerai à l'occasion pour profiter de votre gentillesse.

Il fut le seul à rire de cette boutade.

Damalis s'excusa et s'éloigna.

— Que penses-tu de lui ? s'enquit John à voix basse.

— Je ne sais pas, en fait, répondit Emma. Orville l'apprécie beaucoup, en tout cas.

Sandra glissa les doigts le long du pied de sa coupe de champagne.

— Il a très bien réussi. Faire partie de son club ouvre beaucoup de portes.

— J'ai besoin d'un verre, déclara John.

Il les salua rapidement avant de s'éloigner.

Au milieu du buffet spectaculaire trônait la sculpture de glace désirée par Orville, qui représentait le prestigieux bâtiment abritant le sénat. Emma ne pouvait s'empêcher de l'examiner de temps à autre, car elle commençait à fondre en certains endroits. Sans savoir pourquoi, elle ne jugeait pas souhaitable que les gens voient ce symbole en train de se liquéfier.

— Combien de temps encore dois-je laisser la statue

fondre sur cette table ? chuchota-t-elle à l'oreille de Sandra. Ce ne sera pas beau à voir.

Sandra rejeta la tête en arrière et éclata de rire, révélant ses dents parfaites. Tous les regards se tournèrent vers elle.

— Je pourrais te dire ce que je pense vraiment, à savoir la laisser se transformer en une flaque d'eau, mais tu ne le ferais pas, même pour moi. Elle tiendra encore une heure, non ?

Elle portait une robe rouge parsemée de sequins qui lui donnait un peu l'air d'un poisson écarlate aux formes généreuses. Tous les hommes présents lui jetaient des regards furtifs. Quant aux femmes, elles semblaient soit admiratives, soit franchement jalouses.

— Peut-être. Quand Holly reviendra, je lui demanderai de la surveiller. Comment trouves-tu le buffet ?

— La ville n'a jamais rien connu de tel, assura Sandra. Regarde comment les gens se goinfrent. Rien que ça devrait te rassurer.

— C'est vrai, admit Emma.

Sandra glissa une mèche de cheveux derrière son oreille.

— Je parie que c'est Annie, le génie. D'après ce que j'ai compris, elle veut ouvrir une sorte de dancing. Un dancing où l'on mange bien.

Emma ouvrit des yeux ronds à cette nouvelle, puis s'esclaffa.

— On a du mal à l'imaginer en responsable d'un dancing. Elle semble si discrète… Voilà qui prouve qu'on ne peut pas se fier aux apparences.

Sandra scrutait la foule.

— Je croyais que Finn devait venir avec Eileen ?

— Il n'y a guère de place pour davantage d'invités, commenta Emma, évitant de répondre franchement à sa question.

Elle avait toutes les peines du monde à se retenir de guetter l'arrivée de Finn. De toute façon, après leur dernière conversation, il ne viendrait pas.

— Mesdames ? fit Carl en s'approchant, suivi d'un homme plus âgé doté d'un triple menton. Je vous présente Rupert Douglas. Il tenait à vous rencontrer. Et il obtient toujours ce qu'il veut.

Il rit un peu trop fort.

— Bonsoir, monsieur Douglas, dit Emma en lui tendant la main. Je suis Emma Lachance.

— Et voici Sandra, ma ravissante épouse, déclara Carl.

Douglas prit Emma par la taille et se pencha vers elle.

— Appelez-moi Rupe, ma belle. Salut, Sandra !

Il chancela et agita son verre.

— Il y en a qui ont de la chance. Enfin, Cissy n'est pas si mal.

Il fit un clin d'œil et envoya un baiser à une rousse trop jeune pour être sa fille.

Carl claqua des doigts en désignant Rupert. Aussitôt, un serveur apparut et lui servit un verre d'alcool ambré.

Sans glace, nota Emma.

— Rupe est P.-D.G. de Bolin International.

— Vous êtes dans le plastique ? demanda Sandra en gloussant.

Rupert ricana à son tour et plongea les yeux dans son décolleté.

— Je fais un tas de choses, ma belle. Je devrais plutôt vous dire ce que nous ne faisons pas, ce serait plus rapide.

— Bolin n'aurait pas un rapport avec les armes ? intervint Emma, se rappelant un article qu'elle avait lu.

A cette remarque, Rupert se tourna vers elle, lui accordant toute son attention.

— Je vous l'ai dit, nous avons des activités très diverses. J'aime bien votre mari. Le poste de gouverneur peut ouvrir bien des portes, et des plus prestigieuses.

Il se pencha vers elle.

— Faites en sorte que sa réputation ne soit jamais ternie. Il aime bien s'amuser, ce garçon. Si vous avez besoin de parler à quelqu'un, je suis votre homme, Emma. Et même si vous n'avez pas besoin de parler, d'accord ?

— C'est très gentil, marmonna-t-elle, dégoûtée par son haleine chargée d'ail et de whisky.

Carl mit une tape dans le dos du vieil homme.

— C'est très important pour nous que vous soyez de notre côté.

Rupert le dévisagea.

— Vous êtes très efficace, déclara-t-il. J'espère que Lachance est conscient de votre potentiel. Vous avez un avenir brillant devant vous.

Emma eut envie de disparaître, de se retrouver loin de ces hypocrites.

Apercevant Billy Meche et sa femme, elle s'excusa.

— Vous êtes très élégant, Billy ! Blanche, vous devriez lui dire de vous sortir plus souvent.

— Je suis venu uniquement pour surveiller l'argenterie, répondit le policier, pince-sans-rire.

Blanche, qui semblait bien frêle à côté de son mari, le gronda gentiment.

— Tu es odieux, Billy. Vraiment, Emma, il n'est pas sortable.

Ils discutèrent quelques instants, au grand soulagement d'Emma qui avait besoin de se détendre un peu. La plupart des gens qu'avait rassemblés Orville lui donnaient envie de vomir.

Soudain, elle regarda vers l'autre extrémité de la salle et n'entendit plus un mot.

Vêtu d'un costume noir et d'une chemise blanche qui soulignait son teint bronzé, Finn se tenait dans l'entrée, les mains dans les poches. Les muscles de ses cuisses saillaient sous son pantalon.

Sa sœur et lui formaient un couple saisissant.

— De nouveaux invités, articula-t-elle non sans mal. Excusez-moi un instant.

Elle abandonna les Meche pour se diriger vers les nouveaux venus.

Dans son fourreau noir, Eileen attirait tous les regards. Radieuse comme pouvait l'être une femme épanouie, elle saluait Roger French, le médecin de Lachance, et sa compagne. Un peu en retrait, Finn l'observait avec un sourire. Voir sa sœur susciter autant d'intérêt lui plaisait.

En voyant Emma s'approcher de lui, il sortit les mains de ses poches. Elle semblait nerveuse, inquiète à l'idée de l'affronter. Il pinça les lèvres et ses traits se durcirent.

— Bonsoir, Emma.

— Finn, répondit-elle.

Il n'y avait pas l'ombre d'un sourire sur son visage.

C'était à la fois une joie et une souffrance de la voir dans cette robe de satin blanc, qui moulait ses formes comme une seconde peau. Elle portait des boucles d'oreilles en diamants et ses cheveux cascadaient librement sur ses épaules.

Jamais il n'arriverait à respecter ses bonnes résolutions. D'ailleurs, à en juger par son expression, elle n'allait pas tarder à frapper à sa porte s'il ne faisait pas le premier pas.

— Excuse-nous, nous sommes en retard.

— C'est ma faute, avoua Eileen en les rejoignant. J'ai pris peur. Finn a dû me forcer à venir.

— Sur l'insistance d'Aaron, précisa-t-il avec un sourire.

— Tu es superbe, Eileen, assura Emma en l'embrassant sur la joue.

Elle tendit une main à Finn qui la serra poliment, puis elle lui sourit enfin.

— Je suis contente que vous soyez venus, tous les deux. Très contente, ajouta-t-elle, plus bas.

— Moi aussi. Il y a des choses qu'il ne faut pas manquer.

French tapota l'épaule d'Eileen et lui proposa d'aller lui chercher un verre. Elle se tourna vers lui.

Finn remit les mains dans ses poches.

— Ne faisons pas ça, murmura Emma.

— Nous allons devoir faire quelque chose, et très bientôt, ma belle.

— Sois patient.

— Je pense que je n'ai pas le choix. Plus maintenant.

— Je n'ai jamais voulu te mettre dans une telle position, se défendit-elle.

— J'ai envie de te prendre dans mes bras.

Elle scruta les alentours, même si personne ne pouvait avoir entendu.

— Regarde-moi, lui ordonna-t-il.

Elle obéit lentement.

— Nous allons nous faire remarquer. Il faudrait être plus prudents.

Une cloche retentit.

Finn se retourna à contrecœur. Un serveur fit rouler un chariot surmonté de ce qui ressemblait à un chapiteau. Annie le suivait. Vêtue d'une tenue de chef, les cheveux rassemblés en un chignon, elle semblait très professionnelle. Une fois au centre de la pièce, elle attendit que les lumières se tamisent.

Des chandelles projetèrent des ombres sur les visages impatients.

— Pas de doute, tu sais organiser une réception, remarqua Finn à voix basse. Regarde un peu ma cousine. On dirait qu'elle a fait ça toute sa vie.

— Quelque chose me dit que ça va être le cas.

Annie regarda le serveur et hocha la tête. Attrapant le voile, ils le soulevèrent d'un geste élégant.

Sur une nappe en organdi blanc apparut une farandole de desserts. Et d'autres choses.

Finn se précipita en avant, l'air horrifié.

— Couvrez ça, vite ! cria-t-il en tendant la main vers le voile.

Trop tard. Une femme se mit à hurler. Un autre invité s'écroula au moment où Billy bondissait à son tour vers le chariot, hurlant des ordres dans sa radio.

Quelques personnes reculèrent, d'autres restèrent là, comme pétrifiées.

Sous les rangées de desserts, parmi la crème chantilly et les fruits confits, surgissait la tête d'une femme. Des tranches de kiwi lui masquaient les yeux. Ses mains levées tenaient des grappes de raisins, tandis que d'autres ornaient ses chevilles et ses pieds.

Les alignements de gâteaux dissimulaient le reste du corps de Holly Chandall.

27.

— J'espère ne plus jamais avoir affaire à une telle horreur, avoua Billy en avalant une gorgée de café.

Finn acquiesça.

— Un vrai cauchemar. A bien des égards.

Plusieurs heures s'étaient écoulées depuis qu'ils avaient éloigné les invités de cette macabre mise en scène. Billy lui avait donné des ordres comme s'il faisait partie de ses agents. Du coup, Finn était resté avec lui jusqu'à l'arrivée des renforts de Pointe Judah et des hommes du shérif.

— Elle n'était morte que depuis quelques minutes quand elle est apparue sur le chariot, expliqua Billy. La température du corps avait à peine baissé, alors qu'elle se trouvait sur un chariot réfrigéré.

Il secoua la tête.

— Je n'en reviens pas. On était tous là, à boire et à manger, et elle est morte sous notre nez !

Tous les deux étaient installés dans le bureau d'Orville Lachance, mis à la disposition de la police. Les interrogatoires avaient été assez rapides, les personnes interrogées servant d'alibis aux autres. A 1 heure du matin, tous les invités avaient pratiquement quitté la maison.

Le cadavre, lui, n'avait pas quitté le grand salon et était aux mains de la police scientifique.

— Rusty n'est toujours pas rentré chez lui ? demanda Finn.

Billy soupira et croisa les mains derrière sa nuque.

— Non. Mieux vaudrait qu'il ne se soit pas trop éloigné et qu'il revienne vite. Sinon, il va se retrouver en cellule, qu'il soit ou non impliqué dans ce meurtre.

— Vous savez bien qu'il ne l'est pas. Pas plus que dans le meurtre de Denise.

— Qu'est-ce que j'en sais ? Bon sang, pour l'instant, ma seule certitude, c'est que cette femme, là-bas, a été assassinée dans une fourgonnette de traiteur stationnée devant le garage !

— Rien d'autre ?

Billy secoua la tête, visiblement découragé.

— Comment va Sandra ? s'enquit Finn.

La jeune femme avait perdu connaissance peu après le meurtre.

— Ça va.

— Elle semble pourtant solide.

— Elle l'est, mais d'après les médecins, elle a un peu trop forcé sur les médicaments et l'alcool, sans oublier le choc, expliqua Billy. Elle a réussi à attirer l'attention de pas mal de gens, ce soir, ce qu'elle va sûrement regretter. Carl n'a pas voulu qu'on la conduise à l'hôpital. Je crois qu'il n'a pas apprécié la façon dont John Sims la collait. A moins que je me fasse des idées ?

— Je l'ai remarqué, moi aussi. Vous savez où est Emma, en ce moment ?

— Avec son mari. Je la trouve trop calme. Elle a essayé de toucher Holly.

— J'ai vu. Elle se sent coupable.

— Parce qu'elle a engagé Holly et Annie pour cette réception, je suppose. Elle parle sans cesse de Harold Chandall comme si c'était lui le coupable. Mais si Harold s'était trouvé là, ce soir, quelqu'un l'aurait vu. Il y avait du monde partout et, d'après ce que j'ai entendu, il n'arrête pas de picoler ces derniers temps.

Finn songea au départ de Harold de chez Ona, le soir du concert.

— Je ne pense pas qu'il soit du genre à réfléchir à un plan subtil, remarqua-t-il. Pas en ce moment. Tout ce qu'il voulait, c'était récupérer sa femme. Sait-on où il se trouve ?

— Au poste, comme suspect.

Tournant la tête vers la fenêtre, il aperçut du mouvement dans l'allée bien éclairée.

— On dirait qu'ils se préparent à emmener Holly.

Billy leva les yeux de son ordinateur portable et se frotta le visage.

— Ils vont lancer l'autopsie. Seigneur, j'ai horreur de ça.

— La mort fait partie intégrante de certains métiers, commenta Finn en songeant à sa propre expérience.

— C'est une petite ville où l'on ne s'attend pas à des meurtres en série. A La Nouvelle-Orléans ou dans toute autre grande métropole, les flics connaissent rarement les victimes. Ici, ce sont des amies que nous perdons. Je vais devoir faire protéger les autres membres du club des Secrets. Malheureusement, je manque de personnel. Il va falloir faire appel à des renforts extérieurs.

Finn savait que tous les invités avaient parlé du club

en attendant d'être interrogés, mais c'était la première fois que le policier en parlait devant lui.

— Je ne vous envie pas.

Il ne pouvait ignorer le lien potentiel entre ce groupe de femmes et le meurtrier. Pour sa part, il décida de veiller sur Emma, qu'elle le veuille ou non.

— Toute la propriété est considérée comme scène de crime, déclara Billy. Les Lachance vont devoir faire leurs bagages et s'installer ailleurs pendant quelque temps. Dieu sait quand l'affaire sera bouclée.

Finn se garda de déclarer que, de toute façon, Emma ne voudrait plus jamais vivre là.

— Votre cousine est sans doute la dernière personne à avoir vu Holly vivante. C'est ce qu'elle pense.

— Elle a dit ça ? demanda-t-il, étonné. Sans la présence de son avocat ?

— Oui. Je n'ai rien suggéré. Le type qui a apporté le chariot dans la maison a dit avoir ouvert la porte arrière de la fourgonnette, avoir sorti la rampe, puis s'être placé derrière le chariot. Le voile était déjà en place.

— Rien ne prouve qu'il dit vrai.

— En effet. Mais on l'a vu monter dans la fourgonnette et faire exactement ce qu'il a décrit.

Naturellement, le véhicule était sous scellés.

Finn se leva pour regarder le brancard rouler vers le fourgon du médecin légiste. En voyant le sac contenant le cadavre, il se sentit submerger par la haine. Il serra les dents.

Billy le rejoignit près de la fenêtre alors qu'un flic empêchait Emma et Annie de s'approcher de la victime.

— Nom de Dieu, murmura Finn. Ça n'a pas de sens.

— Ou alors c'est très bien élaboré. Emma a dit quelque

chose d'intéressant quand je l'ai interrogée. Elle se demandait si ces crimes ne servaient pas d'écran de fumée, histoire de couvrir autre chose.

Il hocha lentement la tête. Les portières du fourgon se refermèrent sur la dépouille.

— Parfois, il n'y a pas d'explication rationnelle. Mais elle n'a peut-être pas tort.

— Je ne cesse de penser à ce que j'ai vu de mes yeux. J'ai vu Holly vérifier la table du buffet et faire un tour pour s'assurer que tous les verres étaient pleins.

— Moi aussi.

— Mais je n'ai pas vu Holly quitter la pièce, ni la maison, acheva Billy. J'ignore si elle est revenue ou ressortie.

Il secoua la tête.

— Je veux une cigarette.

— Vous ne fumez pas.

— C'est vrai, admit-il en cherchant ses pastilles à la menthe.

Il en croqua une bruyamment.

— Vous imaginez combien de théories on va trouver dans la presse, déclara Finn, sans savoir pourquoi il songeait aux médias.

— On ne peut pas empêcher les gens de parler.

Ils se turent un instant, chacun pensant aux conséquences de ce nouveau meurtre.

— Est-ce que je peux faire raccompagner Annie chez elle ?

Aaron était passé chercher sa mère, mais Annie avait dû rester pour répondre à d'autres questions. Finn détestait la voir impliquée dans cette histoire.

— Je préférerais qu'elle reste. Je veux revoir avec elle l'enchaînement des événements.

Finn consulta sa montre.

— Ne vaudrait-il pas mieux prendre un peu de repos et recommencer demain matin à la première heure ?

— Annie ne va pas tarder à arriver. Ce ne sera qu'une formalité. Je veux juste voir si ses propos ne changent pas, à ce stade de l'enquête.

— Vous préférez sans doute que je sorte.

On frappa à la porte qui s'ouvrit sur Annie, accompagnée d'une femme agent de police. Elles entrèrent toutes les deux. Annie adressa un sourire à son cousin, mais retrouva vite son air grave.

Il la serra dans ses bras.

— Je n'arrive pas à y croire, murmura-t-elle.

— Moi non plus.

— Elle était si enthousiaste. Tout se déroulait à merveille. Jusqu'à ce que…

Elle se mit à pleurer en silence et les larmes ruisselèrent sur ses joues avant qu'elle ait pu les essuyer.

— Vous pouvez rester, Finn, déclara Billy. C'est un interrogatoire informel. Annie, venez vous asseoir.

Il contourna le bureau et lui désigna un divan. L'agent de police la surveillait du coin de l'œil.

— Je suis désolée, bredouilla-t-elle tandis qu'il s'installait à côté d'elle. Ce n'est pas juste. Ce qui est arrivé à Holly n'est pas juste. Les gens travaillent dur pour s'en sortir et, au moment où ils voient enfin le bout du tunnel, il y a quelque chose qui les ramène à leur point de départ.

Finn s'approcha d'elle à son tour.

— Non, ce n'est pas juste. Et je ne supporte pas que certains disent « c'est la vie » comme si ça justifiait le malheur.

— Vous croyez que c'est son mari qui l'a tuée ?

— Nous ignorons qui est le coupable, précisa Billy avec un regard entendu à l'intention de Finn. Ça m'ennuie de vous demander ça, mais il le faut. Répétez-moi ce qui s'est passé avant que vous retourniez dans la maison pour attendre l'arrivée du chariot des desserts.

S'enfonçant dans son siège, elle déglutit péniblement puis s'essuya les joues.

— Nous étions à la fois débordées et heureuses d'avoir réussi notre pari, commença-t-elle d'une voix brisée. Tout était parfait.

— En effet. Ma femme, Blanche, est excellente cuisinière et elle voulait vous demander certaines recettes.

Annie sourit.

— La sculpture sur glace était pratiquement fichue, alors j'ai décidé de faire entrer les desserts et de sortir la sculpture pendant que l'attention des invités se tournait ailleurs.

— Je n'aurais jamais pensé à ça, avoua Finn.

— Moi non plus, dit Billy.

— Les desserts étaient rangés dans des boîtes réfrigérées. Il ne restait plus qu'à les réunir. Nous en avions parlé, nous avions même répété plusieurs fois la manœuvre. Les plats étaient sur le chariot, sous les rangées de gâteaux. Les étages supérieurs avaient quatre pieds pour pouvoir poser des assiettes dessous, qui remplaceraient celles qui seraient vides. Tout était solidement fixé. C'était beau… Non ?

Elle parut s'étouffer.

— Oui, acquiesça Billy.

— C'était superbe, renchérit Finn.

Elle hocha la tête.

— Holly m'a dit de retourner à l'intérieur pendant qu'elle

préparait tout et d'envoyer Walter dans vingt minutes. Walter, c'est le serveur qui a apporté le chariot. Ensuite, elle devait me rejoindre pour soulever le voile, mais elle n'est pas venue. Je savais que je ne devais pas tarder, à cause de la glace qui fondait.

Finn croisa le regard de Billy. Le tueur devait déjà être caché dans la fourgonnette, à attendre que Holly soit seule.

— Mais la portière de la fourgonnette est restée ouverte, remarqua-t-il, presque pour lui-même.

— Non, corrigea Annie. Je l'ai fermée pour conserver la fraîcheur. Et je ne voulais pas que quelqu'un voie les desserts avant tout le monde.

Billy lui tapota la main.

— Je vous remercie, Annie. Maintenant, vous allez pouvoir rentrer chez Eileen. L'agent Murray va vous raccompagner. Vous pensez pouvoir dormir ?

— Quand je serai totalement épuisée, oui.

Dès que les deux hommes se retrouvèrent seuls, Billy déclara :

— Je sais que certains peuvent faire beaucoup de choses en vingt minutes, mais celui-là a agi très vite.

— Il a eu un peu de temps après le départ d'Annie et avant l'arrivée du serveur.

— Quand même, il fallait être sacrément habile. On dirait une stratégie de guerre.

La porte se rouvrit sur Lachance, qui entra sans avoir pris la peine de frapper.

— Il y a des équipes de la télévision, dehors, déclara-t-il. Excellent départ pour ma campagne.

Finn le fixa. A côté de lui, Billy secoua la tête.

— Ce n'est pas ce que je voulais dire, reprit précipitamment Lachance. Nous avons un gros problème. Je suis simplement abasourdi que tout ait commencé ici, ce soir.

— Ce n'est pas le cas, répliqua Finn. Rappelez-vous Denise.

Lachance fronça les sourcils.

— Bon sang, l'opposition va tout faire pour m'anéantir ! Il faut absolument que j'établisse un plan de défense.

Finn vit Billy maîtriser à grand-peine sa colère et décida d'en faire autant.

— J'ai appris pour Rusty Barnes. Billy, il faut mener une enquête sérieuse sur cet homme. Vous l'avez remis en garde à vue, j'espère.

— Qui vous a parlé de Rusty ? s'enquit Finn.

L'antipathie de Lachance à son égard réapparut de façon évidente.

— Peu importe. Je suis au courant, c'est tout.

— Ne vous inquiétez pas, monsieur le Maire, intervint Billy. Nous connaissons notre travail.

— Si tel était le cas, tout ça ne serait pas arrivé. Vous n'auriez jamais libéré Barnes.

— Rusty n'a pas tué Holly Chandall, assura Finn. Et Denise non plus.

Lachance se tourna vers lui.

— Duhon, officiellement, vous n'avez aucun droit de vous trouver ici. J'ignore ce que vous faites là, d'ailleurs.

— Il a déjà eu affaire à des situations délicates de ce genre, expliqua Billy. Et j'ai sollicité son aide avant l'arrivée de mes hommes. Il y avait beaucoup de travail.

Il se garda de préciser que lui, au contraire, n'avait été d'aucune utilité, se contentant de faire les cent pas en se tordant nerveusement les mains, pendant que les autres calmaient le jeu.

— Faites comme chez vous, railla Lachance avec un regard dédaigneux pour l'ordinateur portable posé sur son bureau.

— Merci.

— Je serai à mon club.

— Le club de golf ? avança Billy en toute innocence.

Lachance pinça les lèvres.

— Bien sûr que non. Chez Damalis. J'y ai mes appartements. N'hésitez pas à passer me voir en cas de besoin.

— Vous risquez de ne pas pouvoir revenir ici avant un certain temps, le prévint Billy.

— Pas de problème.

— Emma vous accompagne, n'est-ce pas ?

Lachance désigna Finn d'un air pincé.

— Elle préfère se rendre dans ce taudis qui appartient à ses parents. Elle prétend qu'elle s'y sent plus à l'aise. Je tiens à ce qu'elle se sente bien. Duhon, vous habitez tout près des chez les Balou, il me semble.

— A quelques kilomètres, oui.

— Je ne voudrais pas m'imposer, mais, si elle avait besoin de quelque chose, vous pourriez peut-être…

Finn s'efforça de garder un air impassible. Que cherchait-il ? Il avait forcément une idée derrière la tête.

— Bien sûr.

— Billy, j'ai dit à Emma de partir. J'espère que ce n'est pas un problème.

Si, c'est un problème, espèce d'ordure !

S'il n'en montra rien, il était furieux qu'Emma soit déjà en route pour une maison vide.

— Je crois savoir que toutes les serrures ont été changées, là-bas, répondit Billy. C'est une bonne chose.

Lachance réprima sa surprise mais trop tard.

— Oui, ma femme n'a pas son pareil pour s'occuper de ces détails.

Il n'était pas au courant, pour les serrures.

Finn jubilait.

— Vous n'avez plus de questions à me poser, Billy ?

— Je ne pense pas. De toute façon, je sais où vous trouver. Prenez soin de ne rien oublier en partant.

Lachance hocha la tête et sortit.

L'agent Clemens apparut sur le seuil, visiblement maussade.

— Vous n'allez pas apprécier, chef, annonça-t-il à contrecœur. Un couple qui batifolait dans la nature a découvert quelque chose au sud de la ville, non loin de l'usine laitière désaffectée.

Billy faillit s'étouffer avec une pastille de menthe.

— La suite, allez ! cria-t-il, les mains sur les hanches

— Pas loin du Nespique. La végétation est si dense que c'est un miracle qu'ils aient vu quelque chose.

— Où est ce couple ?

— On les a reconduits chez eux parce que leur véhicule ne démarrait pas. Ils sont fiables, chef. Ce sont eux qui nous ont appelés. Ils n'étaient pas obligés.

— Bien, Clemens. Le civisme de certains m'impressionne toujours. Maintenant, allez-vous m'indiquer la nature de cette découverte ?

— Bien sûr. Une Harley. Celle de Rusty Barnes. Ne vous

inquiétez pas, j'ai déjà lancé une équipe à sa recherche. Le sergent Boudreaux m'a donné le feu vert.

Il regarda son chef dans les yeux et ajouta :

— Le bus Greyhound s'arrête à proximité de l'ancienne laiterie. Vous pensez qu'il a quitté la ville ?

28.

— Tu viens tout de suite, Emma ?

Elle s'était garée au bord de la route, non loin du parc de caravanes, et écoutait Rusty Barnes lui demander des choses terrifiantes au téléphone.

— Qui te dit que je ne vais pas raccrocher et appeler la police ? C'est ce que je devrais faire.

Il ne se tut qu'un instant.

— Tu ne le feras pas. Denise te faisait confiance, et moi aussi. Ne le fais pas pour moi, mais pour elle. C'est elle qui a souffert.

— Et ce qui est arrivé à Holly, c'était une partie de plaisir, d'après toi ?

— Garde tes sermons, Emma. Je suis à bout. Dis-moi que tu ne veux pas m'aider et j'agirai en conséquence.

Elle grimaça.

— On dirait du chantage, Rusty. Je n'ai pas envie de venir chez toi en pleine nuit, alors qu'un assassin rôde dans le coin.

Il émit un rire qui lui fit froid dans le dos.

— Comment ça, dans la nature ? Je suis là.

Même si elle le savait innocent, elle n'était pas d'humeur à apprécier son humour noir.

— Rien ne me dit que ce n'est pas toi. Comment es-tu au courant pour Holly ?

— Parce que je l'ai tuée, bien sûr.

— Arrête !

— On ne parle que de ça aux informations, expliqua-t-il. Emma, quelqu'un d'autre est au courant de ce qui se passe, quelqu'un qui sait tout. Je ne peux te dire qui, car j'ai promis de me taire.

— J'appelle Billy.

Rusty ne répondit pas.

— Tu m'entends ?

Silence.

— Rusty, ne raccroche pas.

— Je suis là.

— Dis-moi à qui tu as parlé.

— Si je te le disais, je n'obtiendrais plus aucune information. Ce que nous avons suffira peut-être, mais au cas où…

— La vie de cette personne est-elle aussi en danger ?

— A moins qu'on ne me tende un piège.

Elle remit le contact, fit demi-tour et repartit d'où elle était venue.

— Tu seras là ? demanda-t-elle. Mets-toi à la fenêtre de devant, avec la lumière allumée, que je te voie.

— C'est impossible.

— Alors je ne viens pas.

— La police est déjà venue fouiller chez moi. S'ils reviennent, il faut que je sois ailleurs.

Tout en réfléchissant, elle traversa le centre-ville, désert à cette heure tardive, excepté chez Buzz. Elle finit par freiner, hésitante.

— Je ne peux pas faire ça, Rusty. Qu'est-ce que tu attends de moi ? Si tu n'es pas là, que veux-tu que je fasse ?

— Que tu prennes les papiers cachés derrière la télévision. L'arrière de l'appareil coulisse. Donne-les à Finn, il saura quoi faire. J'ignore ce qu'ils contiennent. Je ne les ai pas lus. C'était l'accord.

A la sortie de la ville, il n'y avait plus d'éclairage public et les conducteurs devaient compter sur leurs seuls phares pour ne pas quitter la route. Emma croisa quelques rares stations-service ou enseignes lumineuses dans les ténèbres. Elle était seule.

Elle avait posé son arme sur le siège passager. Désormais, elle ne s'en séparait plus.

Elle ne s'était rendue qu'une seule fois chez Rusty et Denise conduisait. C'était de la folie que d'aller chez lui seule et en pleine nuit, sans connaître la route. D'un autre côté, Rusty avait besoin d'aide. Et il était digne de sa confiance. Parfois, la nécessité donnait non pas le courage, mais la témérité.

— Je ne crois pas que tu aies quoi que ce soit à voir avec tout ça, mais tu es ton pire ennemi. Tu es si mal à l'aise avec les gens et les flics ont besoin d'un suspect. Rusty, tu as tout d'un suspect. Tu risques d'en baver avant que les autorités cessent d'essayer de te faire porter le chapeau.

— Merci. Tu es sûre de ne pas être suivie ?

Elle regarda dans le rétroviseur.

— Je le regrette presque, mais je suis toute seule.

— Tu connais le chemin, n'est-ce pas ?

— Je suis venue une fois avec Denise. J'y arriverai.

C'est à la première fourche, à droite au bout, près du bayou. C'est ça ?

— Oui.

La fourche apparut dans la lueur des phares. Elle tourna à droite. La route était jalonnée d'ornières.

— Je dois remettre les papiers à Finn ?

— Il saura quoi en faire.

— Tu ne peux pas attendre mon arrivée ? Je ne vais pas tarder.

— Emma, je ne suis plus chez moi.

Il s'interrompit.

— Denise disait que tu étais la meilleure, et elle avait raison. Elle était excellent juge en ce qui concernait les gens. Dommage qu'elle n'ait pas eu plus d'estime pour moi.

— Elle n'était pas prête à se fixer, mais il n'y avait pas d'autre homme que toi.

— Non, je sais. Une fois que tu auras les documents, pars de chez moi au plus vite, d'accord ?

Elle en eut la chair de poule.

— De quoi devrais-je avoir peur ?

— De rien, répondit-il. Tu entres, tu ressors et tu te débarrasses des documents. Emma ?

— Oui ?

— Promets-moi de ne dire à personne où tu les as trouvés ou de parler de notre conversation. Quelqu'un a risqué sa vie pour faire ça. Ne me pose pas de questions, promets-le-moi simplement.

Elle réfléchit.

— Finn va m'interroger. Il faudra bien que je lui réponde.

— D'accord, dis-lui que je suis le seul impliqué, que

je t'ai demandé de le faire. Il ne doit pas savoir qu'une autre personne est concernée. O.K. ?

— Billy va le savoir et je serai grillée.

— J'espère que non. Alors, tu es d'accord ?

— D'accord, répondit-elle en le regrettant aussitôt. Quand te verrai-je ?

La communication fut coupée.

Un terrain séparait la maison de Rusty du bayou. En voyant de la lumière à l'entrée de l'allée, Emma se sentit un peu mieux. Bientôt, la bâtisse apparut devant elle. Elle gara sa voiture au pied de l'escalier qui menait à la galerie et coupa le moteur.

Avant de quitter la maison d'Orville, elle avait enfilé un survêtement et des tennis. Prestement, elle gravit les marches et poussa la moustiquaire. Il y eut un terrible grincement. Posant une main sur son cœur, elle se rendit compte que cette main tenait le pistolet.

Une fois à l'intérieur, elle tendit l'oreille, le cœur battant à tout rompre. Le silence était presque assourdissant. Grâce à la faible lueur des lampes de l'allée, elle distingua la porte du salon où se trouvait la télévision.

Elle traversa le vestibule, s'attendant à se faire agresser à chaque pas.

Une horloge sonna 2 heures. Elle poussa un cri, brûlant d'envie de prendre ses jambes à son cou. Pourtant, elle continua son avancée. Ses yeux s'adaptaient peu à peu à l'obscurité, de sorte qu'elle pouvait éviter les meubles.

Le téléviseur était placé devant une fenêtre donnant sur la galerie. Au loin, elle vit des petits points lumineux, sans doute des habitations, de l'autre côté du bayou Nespique.

Cette fenêtre ne lui plaisait pas beaucoup, mais elle se

glissa derrière l'écran de façon à passer la main sur le fond de l'appareil. Arme au poing, elle insinua les ongles dans une fente pour trouver une prise. Par deux fois, elle lâcha prise et dut recommencer. Enfin elle parvint à soulever le panneau. Elle le posa contre le mur.

Ce qu'elle cherchait se trouvait là : une grande enveloppe, semblable à celle qui contenait les photos, mais plus épaisse.

Un instant, elle hésita à laisser le panneau contre le mur pour s'enfuir au plus vite, puis se ravisa. Avec soin, elle remit le panneau en place… Et entendit quelqu'un sur la galerie. Serrant l'enveloppe sur sa poitrine, elle se plaqua au sol.

Le bruit venait de derrière elle.

Allongée par terre, elle rampa vers les fenêtres situées à l'avant de la maison et regarda dehors.

Elle retint son souffle. Une personne de petite taille, mince, penchée en avant, parcourait la galerie au pas de course. Emma se raidit et se coucha à terre. Elle appuya son arme sur la porte d'entrée, qui ne s'ouvrit pas.

Une fois de plus, elle risqua un coup d'œil dehors, à temps pour voir la petite silhouette passer devant la Lexus et plonger dans la végétation avant d'atteindre l'allée.

Emma tremblait de tous ses membres, ses vêtements étaient trempés de sueur.

Une explosion la fit sursauter. Elle entendit un moteur se mettre en marche, puis des phares balayèrent les arbres, de l'autre côté de la route. Le bruit du moteur mit longtemps à s'éloigner.

Courbée en deux, elle courut vers son propre véhicule et se jeta dedans. Vérifiant que les portières étaient verrouillées, elle fit marche arrière dans l'allée, si vite que la Lexus tangua.

Son téléphone se mit à sonner. Le souffle court, elle l'alluma et cria :

— Oui ?

— Où diable es-tu ? fit la voix de Finn.

29.

S'il avait eu assez de volonté pour rentrer chez lui, il l'aurait fait, mais il fallait qu'il voie Emma. Il resta donc dans sa voiture, devant la maison des Balou, à attendre son arrivée.

Quand elle descendit de la Lexus pour venir vers lui, il eut envie de crier, de la secouer, de lui dire qu'elle lui avait fait une peur bleue. Enfin, il savait ce que ressentait un père dont l'enfant traversait la rue au moment où surgissait une voiture.

Son visage las faillit lui faire changer d'avis. Faillit, seulement. Prenant son temps, il descendit de son pick-up.

— Emma, tu es inconsciente ou quoi ? lança-t-il, les mâchoires crispées. Tu as choisi ce soir précis pour faire un détour en rentrant ? Bon sang, tu viens de me faire vieillir de dix ans. Il est presque 3 heures du matin.

Il ne voulait pas la gronder, mais son inquiétude avait atteint son paroxysme.

— Je ne comptais pas m'éloigner, bredouilla-t-elle d'une petite voix pathétique qui le calma aussitôt. J'ai eu si peur… Je… je n'avais pas le choix.

Il lui prit la clé des mains et la fit entrer dans la maison. Elle alluma toutes les lampes.

— Voilà, déclara-t-elle au milieu du salon. C'est mieux comme ça.

Elle posa les mains sur ses hanches, les yeux écarquillés.

— Qu'est-ce qu'il y a ? s'enquit Finn en se dirigeant vers elle d'un pas lent. Qu'est-ce qui te prend ?

— Je n'ai rien fait de mal. J'ai les nerfs à fleur de peau. Je suis… Oh…

En voyant son visage douloureux, il la prit dans ses bras.

— Raconte-moi ce qui s'est passé.

Elle posa la tête sur son épaule et pleura en silence. Il lui massa le dos. Il y avait quelque chose de dur dans sa veste.

— J'ai vu Rusty, avoua-t-elle.

— Où ça ? demanda-t-il en cessant de la caresser.

— Enfin, je ne l'ai pas vu à proprement parler, mais je lui ai parlé et je suis allée chez lui.

Sa colère revint au galop.

— Tu es allée chez Rusty Barnes ? Près du bayou ? s'exclama-t-il. Nom de Dieu, Emma, il n'y a personne là-bas ! Dieu sait ce qui aurait pu t'arriver. Tu sais que la police recherche Rusty partout ? Où est-il ? Il faut le dire aux flics.

— Même si je le savais, je ne le leur dirais pas.

Il la prit par les épaules et la regarda dans les yeux.

— Emma, la police recherche Rusty Barnes dans le cadre d'une enquête pour homicide. On ne plaisante pas avec ça.

Elle s'écarta de lui.

— Je déchargerai mon 4x4 demain matin. Pour l'instant, je suis trop fatiguée.

— Emma !

— J'ai des choses à te dire et quelque chose à te remettre, mais j'ignore où est Rusty. Et je n'ai rien d'utile à révéler à Billy.

Elle gagna la cuisine et prit deux verres dans lesquels elle versa du vin rouge. Après en avoir tendu un à Finn, elle s'écroula sur une chaise.

— Assieds-toi.

La première gorgée de vin ne lui fit aucun effet. Elle en but une deuxième.

— Ralentis un peu, lui conseilla-t-il.

— Ne me dicte pas ma conduite. Assieds-toi et bois ton vin.

Il savait quand une femme n'était plus elle-même. Il s'assit et observa l'avant de sa veste, là où quelque chose masquait ses formes.

— Je ne voulais pas y aller, avoua-t-elle entre deux gorgées. Si je n'avais pas fait autant confiance à Rusty, je n'y serais pas allée. C'était si effrayant dans la pénombre. Sa maison est isolée et je ne pouvais pas allumer la lumière.

— Où était Rusty ? insista Finn.

— Parti. Pendant que j'étais dans la maison, quelqu'un a parcouru la galerie. J'ai cru mourir de peur. Il s'est enfui en voiture à travers le bois.

— Tu es sûre que ce n'était pas Rusty ?

— Pas à moins qu'il n'ait perdu un tiers de sa taille. Pendant que j'étais là-bas, l'horloge a sonné. C'était affreux. Quand on entre dans un lieu sombre, on n'y voit rien dans un premier temps. J'ai cru que j'allais tomber et…

Ses phrases s'enchaînaient à une vitesse stupéfiante. Finn tenta de l'arrêter.

— Doucement, du calme, tu parles trop vite.

— D'accord.

En dépit de sa peur, elle était magnifique.

— Tu as subi beaucoup d'épreuves, ce soir, remarqua-t-il gentiment. Tu as besoin de repos.

Elle cligna des yeux et détourna la tête.

— Toi aussi. Pourquoi ai-je engagé Holly pour cette réception ?

— Parce qu'elle était compétente. Très compétente, même.

— Si je ne l'avais pas engagée, elle ne serait pas morte comme ça.

Il voulut lui prendre la main, mais elle s'écarta.

— Celui qui a tué Holly aurait trouvé un autre moyen, affirma-t-il. Ça n'a rien à voir avec toi.

— Si c'est Harold, si. C'est moi qui ai donné à Holly l'idée de divorcer. Mais je ne m'attendais pas à ce qu'elle déménage aussi vite.

— Je sais. Alors, qu'est-ce que tu dois me remettre ?

Elle baissa la fermeture Eclair de sa veste et posa une grosse enveloppe sur la table.

— Rusty affirme que tu sauras quoi en faire. Ne me pose pas de questions, parce que je ne connais pas les réponses. Rusty ne savait rien non plus. Il n'a jamais vu ces documents.

— Je ne comprends pas…

— Il n'a pas eu le temps de découvrir pourquoi ce type était venu lui confier ça. Peut-être parce que Rusty était poursuivi et que lui aussi se sentait traqué.

— Qui est ce type, Emma ?

— Seigneur, j'avais promis de ne pas te dire qu'il y avait quelqu'un d'autre !

Finn s'étira.

— Rusty t'en demande trop. Tu aurais dû m'appeler. J'y serais allé. Qui est l'homme ?

— Je ne sais pas, avoua-t-elle. Franchement, je ne sais pas. Rusty m'a dit qu'il était important que nous ne le sachions pas parce que ce serait dangereux. Ne lui en veux pas de ne pas avoir fait appel à toi. Il ne te connaît pas vraiment.

— C'est pour moi ? s'enquit-il en désignant l'enveloppe.

— Oui. Au moins, tu ne trouveras pas de photos de ta femme avec un autre homme.

Elle se rendit compte un peu tard de ce qu'elle venait de dire.

— Oh, pardon ! Je n'aurais pas dû parler de ta femme, comme ça.

— Ce n'est rien.

Il ne quittait pas l'enveloppe des yeux.

— Rusty semble persuadé que tu sauras quoi faire de ces documents.

Après avoir décacheté le rabat, il regarda à l'intérieur, puis fit glisser une liasse de feuilles sur la table. Il s'agissait de formulaires officiels, avec des en-têtes, mais rédigés à la main.

— Rusty ne veut pas que Billy soit informé que je lui ai parlé, précisa-t-elle, soudain désireuse de le protéger.

Finn examinait les documents, sans cesser de tripoter le coin supérieur droit de la liasse.

Emma écarta le vin pour mieux le voir. Elle n'était pas certaine de ce qu'elle décelait sur son visage. Puis elle s'aperçut qu'il relisait sans cesse les deux premiers paragraphes de la première page.

Il prit son verre et le reposa sans boire, concentré sur sa lecture. Plissant les yeux, il se mit à feuilleter la liasse. Quand il eut terminé, il se prit le visage dans les mains, puis recommença sa lecture du début.

Une fois à la dernière page, il regarda Emma comme s'il avait oublié sa présence. Elle ne dit rien, le laissant décider de lui parler ou non.

— Tu sais ce que c'est ? demanda-t-il d'une voix étrange.

— Non.

Il avait passé tant de fois sa main dans ses cheveux qu'il était complètement décoiffé.

— Je ne suis pas sûr de ce que ça signifie. Mais j'ai bien l'intention de trouver.

Elle patienta encore.

— Ce sont les notes que la police a prises après la mort de mon père. Elles ont été enlevées du dossier. Billy ignorait où elles se trouvaient ou comment elles avaient disparu. Enfin, d'après ce qu'il m'a dit.

— Finn, je suis désolée. J'ignorais de quoi il s'agissait. Sinon, j'aurais fait en sorte de ne pas te les imposer aussi brutalement.

— Non, non, fit-il en posant une main sur sa joue. J'avais besoin de les lire, mais je ne comprends pas comment elles se sont retrouvées chez Rusty.

— Lui aussi ignorait de quoi il s'agissait.

— Je sais, tu me l'as dit. Je dois trouver un moyen d'en parler à Billy.

Il tapota la première page.

— Il a été obligé d'inscrire ses découvertes dans le

dossier, mais il a menti à tout le monde, y compris à ma mère et moi. Ensuite, il a escamoté le dossier de façon que personne n'y ait plus accès.

Elle n'y comprenait rien.

Il roula la liasse de feuilles.

— Je savais que mon père ne s'était pas suicidé. Jamais il n'aurait fait ça. Mais il y a quelque chose qui cloche dans ces conclusions.

Elle ne savait que dire.

— Mon père n'était pas mort quand ils l'ont retrouvé. Il est mort sur la table d'opération. D'après ces documents, il s'était battu avec quelqu'un dans la voiture et le coup de feu est parti. Il n'a peut-être pas tiré lui-même.

— Mais Billy n'aurait pas pu couvrir une chose pareille…

— Peut-être que si. Pour épargner ma mère, déjà très malade.

Il marqua une pause.

— Mon père était avec une femme quand on lui a tiré dessus. Ils… Ils avaient couché ensemble.

30.

Où ailleurs que dans une petite ville comme Pointe Judah pouvait-on entrer au poste de police à 4 heures du matin en toute impunité ? La réception était déserte et les sièges vides.

— Nous aurions mieux fait d'attendre demain matin, remarqua Emma. Personne ne pourra nous aider.

Finn la prit par le bras.

— Les crimes n'ont pas toujours lieu aux heures de bureau.

— On devrait appeler, non ?

— Ils n'avaient qu'à fermer la porte à clé et demander aux visiteurs de montrer patte blanche, grommela-t-il, conscient de saisir le moindre prétexte pour défouler sa colère. Il est temps de moderniser un peu tout ça. Allons-y.

Il connaissait le bâtiment comme sa poche et s'y sentait un peu chez lui. Longeant les couloirs, il trouva rapidement les archives. La salle des pièces à conviction était verrouillée. Il frappa, puis perçut quelques bruits métalliques. Un battant s'ouvrit, révélant un agent de police plutôt âgé.

— Désolé de passer si tard, s'excusa-t-il. Je…

— Finn Duhon !

Avec sa couronne de cheveux blancs et son visage rubicond, l'agent ressemblait à n'importe quel grand-père bienveillant.

— Bon sang, j'avais bien entendu dire que tu étais en ville. Pourquoi n'es-tu pas venu me voir plus tôt ?

Il lui donna un coup de poing amical sur le bras. Finn se réjouit qu'il n'ait pas cherché à lui faire mal, car il ne semblait pas connaître sa force.

— Salut, Colin, dit-il, gêné de ne pas l'avoir reconnu tout de suite. J'aurais dû venir, c'est vrai, mais j'ai été un peu débordé depuis mon retour.

Il l'aurait fait s'il avait su que Colin était encore là.

— Toute la ville est sens dessus dessous, confirma le vieil agent avant de poser les yeux sur Emma. Madame Lachance ? Qu'est-ce que vous faites ici à cette heure ?

Elle lui tendit une main qu'il serra avec enthousiasme.

— Je pense que vous savez ce qui est arrivé chez moi, hier soir.

Il opina. Sans doute Billy avait-il décidé de garder Colin pour surveiller la salle des pièces à conviction, bien qu'il ait largement passé l'âge de la retraite. Le moment était venu de mentir.

— Billy me donne un coup de main pour examiner de plus près le dossier de la mort de mon père, expliqua-t-il.

A l'évocation de l'ancien commissaire, le sourire de Colin disparut. Il renifla et leva la tête. Finn vit sa pomme d'Adam s'agiter.

— C'est le meilleur policier qu'on ait eu dans cette ville. Il aurait pu diriger un service n'importe où.

Finn partageait son point de vue, mais il n'avait pas de temps à perdre.

— Merci, Colin. Moi aussi, je le trouvais génial.

Le vieil homme se tourna de nouveau vers Emma. Il était âgé mais pas sénile, et Finn pria pour qu'il ne lui pose pas de questions. Elle aurait mieux fait de l'attendre dans la voiture, mais il n'aimait pas la savoir seule, et elle n'y tenait pas non plus, d'ailleurs.

Par chance, Colin reporta son attention sur lui.

— Qu'est-ce que je peux faire pour toi, mon garçon ? Je travaille de nuit de sorte que je ne sais pas ce qui se passe le jour. Mais on va sûrement trouver une solution.

— Je cherche l'uniforme de mon père et le reste de ses effets personnels. Maman était tellement malade que personne n'est venu les chercher.

— Et c'est maintenant que tu as décidé de le faire ? Tu es le deuxième, ce soir, à demander les affaires de Tom. L'autre a téléphoné.

S'apercevant qu'il serrait fortement le bras d'Emma, Finn la relâcha.

— C'est bizarre, dit-il.

Plus que bizarre.

— Je trouve aussi, admit Colin. L'autre type s'est montré grossier. Il pensait que je n'y comprenais rien. D'après lui, les affaires étaient forcément là et je n'avais pas bien cherché. Je lui ai dit que les affaires de Tom Duhon étaient inscrites, mais qu'elles devaient être sorties, parce qu'elles avaient disparu. C'est aussi simple que ça. Tu sais bien que je suis toujours prêt à aider quand je le peux.

Finn garda le sourire, mais il avait l'impression d'avoir reçu un coup de poing dans le ventre.

— Qui était-ce ?

— Il ne me l'a pas dit. Ou plutôt, il n'a pas voulu me le dire. Je lui ai expliqué que s'il y avait eu quelque chose ici, il ne l'aurait obtenu qu'avec un mandat du juge. Mais bon, comme il n'y a rien…

— Merci, Colin. Désolé de t'avoir dérangé.

— Ce n'est rien. Tu es sûr que ce n'est pas un autre membre de la famille qui a pris les affaires de Tom ? C'est ce qui se passe en général dans ces cas-là.

Il baissa les yeux tristement.

— C'est affreux, mon garçon. Jamais je n'aurais cru ça de la part de Tom, mais va savoir ce qui se passe dans la tête d'un homme, parfois…

Emma ne dit rien lorsqu'ils s'éloignèrent du poste de police. En fait, elle ne savait pas quoi dire. Depuis qu'il avait pris connaissance des documents, Finn se comportait comme un possédé.

— Avant que tu me le demandes, nous allons chez Billy, déclara-t-il. Il est temps qu'il réponde franchement à mes questions.

— Il cherchait à te protéger, avança-t-elle. Toi et le reste de ta famille.

— Je n'ai pas besoin de protection. Ce qu'il aurait dû faire, c'est creuser l'affaire, ne pas accepter ce qu'il croyait voir et ne pas mentir.

A l'évidence, rien de ce qu'elle pourrait dire n'apaiserait sa colère.

— Finalement, Billy est peut-être l'homme qu'il te faut. Quand il saura que tu as compris la vérité, il sera plus franc.

Finn se tourna vers elle.

— Seulement parce qu'il n'aura plus le choix. Tu veux

bien m'attendre dans la voiture, cette fois ? Il ne faudrait pas que Billy se pose déjà des questions sur nous deux.

Déjà ? Il s'exprimait comme si leur relation allait être un jour révélée.

Elle l'observa de profil. Jusqu'à présent, elle avait eu tendance à culpabiliser, à se dire qu'elle n'était qu'une épouse infidèle. Pourtant, ce qu'elle ressentait pour Finn n'était pas seulement sexuel. Cela signifiait qu'elle pouvait être plus indulgente envers elle-même.

— A quoi penses-tu ? s'enquit-il.

— Je suis d'accord avec toi. Il vaut mieux que je reste dans la voiture, balbutia-t-elle en se détournant, les joues rouges.

— Bien, mais tu ne réponds pas à ma question.

Elle secoua la tête.

— Allez…

— Je suis une femme mariée. Je me trouve des excuses, je parviens à me convaincre que tout va bien, mais est-ce que ma conduite n'est pas aussi condamnable que celle d'Orville, finalement ?

Il freina brutalement au point qu'elle fut projetée contre sa ceinture de sécurité. Tournant le volant, il fit crisser les pneus sur le gravier. Le véhicule s'immobilisa sous un bosquet.

— Finn !

Elle s'attendait à l'entendre crier. Les hommes criaient quand ils étaient en colère, non ? Et d'après ce qu'elle voyait, Finn était fou de rage.

Il ne cria pas. Lentement, il coupa le moteur, croisa les bras sur le volant et y appuya la tête.

Elle n'osa pas broncher. Puis elle respira lentement. Finn venait de subir un choc en apprenant quelque chose qui ternissait le souvenir de son père. Tout était en train de s'écrouler sous ses pieds.

— Tu as couché avec moi pour récupérer ton mari ? lança-t-il à brûle-pourpoint.

Abasourdie, elle le fixa.

— Réponds, Emma !

— Non. J'en avais envie. Et j'en ai encore envie. Mon couple était mort depuis longtemps, mais je pense à des principes auxquels je croyais. J'y croirais encore, d'ailleurs, si je ne m'étais pas trompée de mari.

— D'accord. As-tu fait quelque chose pour inciter ton mari à se comporter comme un coq dans une basse-cour ?

— Non, répondit-elle. Il ne voulait pas de moi. Je me demande s'il a jamais voulu de moi, enfin comme un homme est supposé désirer une femme. Il me traitait comme une poupée, un objet qu'il pouvait sortir, exhiber, mais il n'y avait pas de… de passion.

— La passion diffère selon les personnes.

— Entre nous, il y a de la passion, Finn. Je connais la différence, désormais.

Une lueur apparut entre les arbres. L'aube n'était pas loin.

— J'ai envie de toi en cet instant, avoua-t-elle dans un souffle.

Il se tourna vers elle.

— J'ai envie de toi, moi aussi. Je ne peux poser les yeux sur toi sans te désirer. Je n'arrive même plus à dormir. Si ça fait de moi un homme mauvais, tant pis. Tu es une femme trop merveilleuse pour mener la vie que tu as menée jusqu'à présent.

Elle avait détaché sa ceinture de sécurité et se frottait

distraitement le buste. Il l'observa, puis écarta sa main et ouvrit sa veste.

— Je t'ai fait une ecchymose, dit-il en effleurant sa peau. J'ai un caractère emporté, Emma. J'ai failli tuer Rusty Barnes l'autre jour, quand il s'est faufilé derrière moi.

— Tu me l'as expliqué plusieurs fois, répondit-elle. Tu as des problèmes à régler. Tu y arriveras.

Il se pencha lentement afin de frôler ses lèvres. Ils n'étaient pas pressés. Sous les arbres, au bord de la route, ils s'embrassèrent à perdre haleine. Emma lui ouvrit sa chemise pour dénuder ses épaules. Il finit de l'enlever.

— Je veux te sentir contre moi, murmura-t-elle en dégrafant son soutien-gorge.

Le regard brûlant, il l'arrêta pour s'en charger lui-même, puis il titilla ses seins du bout de la langue. Chacune de ses caresses l'embrasait davantage. Elle se contracta afin de retenir les ondes de plaisir qui la submergeaient.

— Attends !

Elle l'écarta, s'agenouilla sur le siège et se dévêtit totalement.

— Emma, Emma, murmura-t-il en caressant ses courbes. Je ne veux pas prendre de risques une nouvelle fois…

— Il n'y a aucun risque, assura-t-elle en le déshabillant à son tour.

Elle s'assit à califourchon sur ses genoux et l'accueillit en elle. La prenant par les hanches, il la fit onduler en rythme. Elle le suivit à la force de ses cuisses et sombra dans un tourbillon de délices.

Il se cambra, plaqua ses seins sur son torse, la faisant gémir, ivre de plaisir. Elle le sentit se déverser en elle dans un spasme.

— Emma…

Ils demeurèrent enlacés sur le siège du conducteur. Dehors, l'aube se levait, colorant le ciel de tons roses et ocre.

— Je n'avais pas prévu ça, avoua Finn.

— Je sais, mais moi si. Du moins, l'idée m'est venue naturellement quand l'occasion s'est présentée. Merci, Finn.

— Merci à toi, répondit-il en riant. On commence vraiment à être au point, tous les deux.

— Vraiment.

— Bon, si nous ne voulons pas voir une voiture de police débarquer, il faut bouger d'ici.

Elle se redressa à regret et reprit sa place sur son siège. Ils se rhabillèrent entre deux baisers.

— Ça ne t'ennuie pas que j'aille chez Billy ? demanda-t-il.

— Bien sûr que non.

Elle voulait avant tout qu'il progresse dans sa quête, mais elle redoutait qu'une conversation avec Billy ne le prive de ses ultimes illusions concernant son père.

— Emma ? fit-il en lui prenant la main. Tu as dit que je n'avais pas à prendre de précaution avant de faire l'amour. Tu en prends, toi ?

Il était en train de lui demander si elle utilisait un moyen de contraception. Elle se garda de lui dire qu'Orville et elle ne se touchaient plus depuis bien longtemps.

— J'ai été enceinte une fois et j'ai perdu mon bébé, répondit-elle. Par la suite, je ne suis jamais retombée enceinte. D'après les médecins, ça ne m'arrivera sans doute plus jamais.

31.

Billy ouvrit la porte de sa petite maison blanche et proprette, vêtu d'un peignoir à carreaux. Pieds nus, les cheveux en bataille, il ne parut guère étonné de voir Finn devant chez lui.

— J'espère ne pas avoir réveillé Blanche.

— Vous m'avez bien réveillé, moi ! Vous la croyez sourde ? répliqua le policier. Ne vous en faites pas. Blanche sait rester discrète.

— Je peux entrer ?

— Bien sûr.

Il se détourna et laissa Finn le suivre jusqu'à la cuisine.

— Du café ? proposa-t-il en se dirigeant vers la cafetière.

— J'aimerais simplement vous parler. Je suis allé au poste tout à l'heure. Est-ce que vous avez appelé Colin dans la soirée en vous faisant passer pour quelqu'un d'autre ?

— Pourquoi aurais-je fait une chose pareille ? demanda Billy, abasourdi.

— Vous m'avez dit que les affaires de mon père étaient sans doute dans la salle des pièces à conviction. Quelqu'un a téléphoné pour s'en assurer. Je me suis dit que c'était peut-être vous.

— Non, mais j'aimerais bien savoir qui c'était.

— Moi aussi. De toute façon, ça n'a pas servi à grand-chose. Je suis sorti bredouille, moi aussi.

Billy versa du café moulu dans le filtre.

— Pourquoi avez-vous fait ça ?

— Pourquoi pas ?

— Vous n'avez rien à y gagner. Vous ne faites que vous torturer.

— Vous croyez que ma mère n'a pas souffert d'apprendre que son mari s'était suicidé ? Il ne lui restait que quelques semaines à vivre. Ne méritait-elle pas la vérité ?

Le policier mit la cafetière en marche.

— Son mari était mort. Qu'est-ce que je pouvais lui raconter ?

— La vérité, et vous la connaissiez. Mais vous la lui avez cachée.

Lentement, Billy posa les tasses sur la table.

— Qu'est-ce que vous voulez dire ?

Finn avait apporté l'enveloppe. Il jeta les documents sur la toile cirée ornée de cerises. Billy n'osa pas les regarder tout de suite.

— Vous n'avez pas pu mentir sur les documents officiels, mais vous vous êtes trompé, de toute façon. Depuis quand les hypothèses prennent-elles le pas sur un travail d'enquête ?

— Ça suffit, l'arrêta Billy en saisissant les papiers pour les parcourir. J'en sais davantage sur ce travail que la plupart des gens. Où avez-vous obtenu ça ?

— Je ne peux pas vous le révéler.

— Oh si ! C'est facile : il suffit de répondre à ma question.

— Non. Vu les conséquences éventuelles pour vous, il vaut mieux que vous n'insistiez pas.

Billy poussa un profond soupir.

— Il ne s'est pas suicidé, déclara Finn.

— Peut-être.

— Venant de vous, c'est déjà un progrès. Vous avez écrit qu'il y avait eu lutte.

— C'est vrai.

— Mais vous pensez qu'il était en compagnie d'une femme.

— Oui.

— Elle l'a maîtrisé, a pris son arme et l'a abattu.

Billy détourna les yeux vers la porte comme s'il guettait un signe de Blanche. Mais elle n'était pas là.

— Laissez tomber, fit-il. C'est un vieux dossier.

— Pas pour moi. Un an, ce n'est rien. La femme était-elle encore là quand vous êtes arrivé ?

— D'après vous ? Bien sûr que non.

— Mais vous saviez qu'il y avait eu une femme ?

Billy jeta les documents sur la table et désigna la porte du fond.

— Venez donc voir le jardin.

Entre les rangées de pommes de terre, de légumes et de tournesols incongrus, Finn l'écouta lui décrire les « faits » d'un ton morne.

— Les vêtements de Tom étaient en désordre. Il avait le pantalon baissé sur les chevilles, du rouge à lèvres sur le visage et à plusieurs autres endroits.

— Je n'ai vu aucune allusion à du rouge à lèvres dans le rapport d'autopsie, remarqua Finn, tremblant de tous ses membres.

— Je l'ai nettoyé. Ainsi que le sperme, sur les sièges de la voiture.

Il se couvrit les oreilles.

Billy poursuivit, impitoyable :

— Vous voulez la vérité ? J'ai remis ses vêtements à votre père, à grand-peine. C'est alors que j'ai compris que même un zombie remarquerait ce qu'il y avait dans le pantalon et dessus. Alors, je l'ai déshabillé. Les collègues ont cru qu'il avait été retrouvé comme ça. Ils ont cru, sur ma suggestion, qu'il avait ôté son uniforme avant de se suicider. Pour ne pas le maculer de sang. Les gens font parfois des choses étranges avant de se suicider.

— Vous…

Tom Duhon était un homme bien, il aimait sa femme et ses enfants. Il n'était pas un flic pourri qui prenait des femmes dans sa voiture de patrouille.

— Il y aurait eu du sang sur l'uniforme, de toute façon.

— Il était un peu troublé, dit Billy d'un ton presque mécanique. Il n'y a pas pensé en ôtant ses vêtements.

Finn baissa la tête et s'accroupit.

— Je crois que vous avez fait ce que vous jugiez préférable pour votre ami. Mais je crois aussi que vous vous êtes fait une idée fausse.

Billy posa une main sur son épaule.

— Ça ne m'ennuie pas que vous le croyiez, Finn. J'ignore pourquoi tout ça est arrivé, mais l'homme qui est mort ce soir-là était le meilleur. C'était aussi un être humain… Bon sang, j'ignore encore quelle mouche m'a piqué, mais je ne voulais pas que votre mère l'imagine avec une autre femme et se demande si c'était à cause de sa maladie. Je ne pouvais pas. Je vous en prie, Finn, ne remuez pas le passé. Vous avez insisté et j'ai parlé. Je ne voulais pas vous révéler tout ça.

Finn réfléchit.

— Et le lieu ? lança-t-il. Où l'avez-vous découvert ? On parle de terrain vague. Où ça ? Qu'est-ce que ça veut dire ?

— Rien ne vous échappe, observa Billy en regardant les pigeons perchés sur sa clôture. Quelle importance ?

— Répondez à ma question.

— Je vous préférais gamin. Bon, d'accord, au nord, à environ cinquante kilomètres de la ville, au milieu de nulle part. Il s'était écarté de la route.

— Cinquante kilomètres ? Il était très tard, n'est-ce pas ?

— Oui. Il cherchait sûrement à s'éloigner de Pointe Judah. A Wells, personne n'aurait pu le reconnaître.

— Mais il n'est pas allé aussi loin… Vous avez brûlé ses vêtements ? Tout ? Vous lui avez même enlevé son alliance ?

— Ça, c'est le légiste qui s'en est chargé. Elle a été remise à votre mère.

Billy s'interrompit, visiblement hésitant, puis il sortit une clé de sa poche et se dirigea vers une cabane, derrière un treillage couvert de rosiers grimpants.

— Ça ne va pas faciliter les choses, mais si c'est ce que vous voulez… Regardez là-dedans.

— Non, fit Finn, soudain écœuré. Je vous crois. Laissez tomber.

Le policier ouvrit la porte et entra. Les murs étaient tapissés d'étagères sur lesquelles étaient alignées des caisses. Il prit une échelle et attrapa une boîte plus petite.

— C'est le dernier uniforme que Tom ait porté, déclara-t-il en descendant la boîte.

— Vous n'avez pas pu vous en débarrasser. Vous êtes un bon flic.

— Je regrette de ne pas l'avoir fait.

Il plaça la boîte dans les mains de Finn.

— Suivez mon conseil : brûlez-le vous-même. Faites-le pour votre père.

32.

La magnifique demeure de Patrick Damalis ressemblait à un manoir de style Tudor. On racontait qu'il était tombé amoureux de cette architecture pendant ses études à Oxford. De l'avis d'Emma, les arcades et les grandes fenêtres étaient élégantes mais déplacées, de même que les haies de topiaires qui délimitaient la propriété.

D'ordinaire, Emma évitait d'emprunter cette rue, mais elle ne pouvait faire faux bond à Carl Viator. Dieu sait qu'elle aurait largement préféré rester au fond de son lit, à rêver de Finn. Elle essayait de ne pas trop penser à son silence lorsqu'elle lui avait appris qu'elle était stérile. Il avait déploré la perte de son enfant, rien de plus. Puis, après sa visite chez Billy, il s'était renfermé sur lui-même, ne lui adressant que des sourires distants. Il l'avait conduite chez ses parents et s'était assuré qu'elle était en sécurité avant de rentrer chez lui.

Emma ralentit devant l'entrée de la propriété. Une petite porte était pratiquée dans l'immense porte cochère à deux battants décorée de clous noirs. Un détail tout droit issu d'un film d'horreur.

Lorsqu'elle se gara enfin sur le parking, Carl apparut et s'approcha de la Lexus, l'air morose contrairement à son habitude. Impeccablement vêtu, il portait un costume blanc et se mouvait avec l'assurance d'un homme qui ne doute de rien.

Emma descendit de voiture avant qu'il arrive à sa hauteur pour lui ouvrir la portière. Elle verrouilla le véhicule et marcha à sa rencontre.

— Merci d'être venue, Emma, déclara-t-il d'une voix grave. Aie l'air naturel.

Il scruta les alentours.

— Pas de problème, répondit-elle en sentant son inquiétude croître.

Au téléphone, il l'avait invitée à déjeuner. Elle avait tenté de refuser, mais il avait insisté, précisant qu'Orville serait absent du club.

Il la prit par la main, un geste qui la gêna, et l'entraîna à l'intérieur. Elle fut accueillie par un parfum d'encaustique. Les murs du vestibule étaient ornés de boiseries et sur un côté se dressait un escalier majestueux recouvert d'un tapis vert foncé. L'éclairage tamisé créait une atmosphère intime à ce club pour hommes d'un autre temps.

Carl fit un signe de tête à l'employé de la réception, puis il se retourna vers elle.

— Je nous ai installés dans ma suite, expliqua-t-il. Nous serons plus tranquilles. Tu as déjà mangé chez Patrick, n'est-ce pas ?

— Oui. Mais il y a une autre entrée pour le restaurant. Je n'étais jamais venue ici.

Orville n'avait jamais songé à l'emmener avec lui.

— Je doute qu'il existe un autre club de ce genre en dehors de La Nouvelle-Orléans, commenta Carl. Il marche très, très bien.

Existait-il vraiment assez d'hommes fortunés à Pointe Judah pour expliquer ce succès ?

— Certains clients doivent venir de loin.

— Tu serais étonnée, répondit-il avec un sourire de conspirateur. Montons. Je vais te faire visiter.

— Je n'ai su qu'hier soir que certains avaient une suite ici, avoua-t-elle en plissant les yeux pour chasser l'image de Holly assassinée. Quand Orville m'a dit qu'il avait un appartement au club, j'ai reçu un choc.

Enfin, un petit choc, comparé à celui qu'elle avait eu lors de la découverte de Holly.

— Pauvre Holly, commenta Carl en gravissant les marches. Je ne la connaissais pas, mais elle faisait très bien son travail. Personne ne mérite un tel sort.

— Non.

Dans la matinée, elle avait fini par décrocher son téléphone de façon à éviter les importuns qui souhaitaient revenir sur la tragédie soit pour parler, soit pour chercher des détails croustillants.

— Encore un étage. J'aurais préféré être au premier, mais il n'y avait aucune suite disponible.

Elle faillit lui demander où se trouvait celle d'Orville, mais se ravisa.

Quand il la fit entrer dans son antre, une désagréable odeur de cigare lui sauta aux narines. Elle s'avança tout en regardant autour d'elle. La décoration était luxueuse, mais un peu ostentatoire — meubles tapissés de rouge et or, tapis d'Orient négligemment jeté sur le parquet en chêne, gravures accrochées aux boiseries. Au milieu de la pièce, une table était dressée pour deux, avec verres en cristal et argenterie. La fenêtre donnait sur un jardin élégant à l'arrière du bâtiment.

— J'ai dit au serveur que je me chargerais moi-même du service, annonça Carl. J'espère que ça ne t'ennuie pas. Comme ça, nous ne serons pas dérangés.

— Qu'est-ce qui se passe, Carl ? Nous aurions peut-être pu discuter au téléphone.

— Non, fit-il en secouant la tête. Non, ça n'aurait pas été prudent. Assieds-toi.

Il lui désigna une chaise et se pencha pour l'embrasser sur la joue dès qu'elle fut installée.

— Détends-toi. Je vais faire en sorte que tout se passe bien. Tu n'auras pas à t'inquiéter.

Où diable veux-tu en venir ?

— Cocktail de crevettes, annonça-t-il en prenant deux assiettes sous la table.

Elle considéra les entrées avec indifférence. *Qu'il en vienne au fait !* Avec impatience, elle le regarda prendre une bouteille dans un seau à glace et leur servir du vin blanc. Il avait prévu une mise en scène prestigieuse pour cette entrevue à laquelle il tenait tant.

Enfin, il s'assit et commença à manger.

Elle but une gorgée de vin sans toucher à son assiette.

— Mange, dit-il en désignant ses crevettes. Tu es trop maigre.

Bien souvent, il avait entendu Orville lui reprocher d'être trop grosse et ce compliment semblait tout sauf naturel.

— C'est coquet, ici, commenta-t-elle en désignant le reste de la suite.

Elle n'en pouvait plus. Il fallait qu'elle sorte de là.

Carl l'observa et posa son couteau. Il se mit à remuer sur sa chaise.

— Tu n'as pas faim ?

— Non, répondit-elle. Je suis désolée de t'avoir donné tout ce mal pour rien.

— Ne t'inquiète pas. Bon, autant en venir au fait. J'avoue que j'appréhende un peu ce moment.

— Je l'appréhende aussi, même si j'ignore encore ce qui m'attend.

— Quoi qu'il arrive, je veillerai à ce que tout se passe bien pour toi.

— Tu me l'as déjà dit.

Il se racla la gorge.

— Je fais de mon mieux, Emma. Ce matin, j'ai reçu quelque chose qui m'a anéanti. Une enveloppe qui m'était adressée et que quelqu'un a déposée sur le pas de ma porte.

Etrange. Elle avait parlé avec Sandra à la boutique et celle-ci ne lui avait parlé d'aucune livraison troublante.

— J'ignore pourquoi c'est à moi qu'on l'a adressée, mais cela vaut mieux, finalement.

Le ventre noué, elle se mit à tripoter sa fourchette. Le regard de Carl la clouait sur place. C'était pourtant un homme avec qui elle se sentait à l'aise, en général.

— De quoi est-ce que tu parles, Carl ? Je t'en prie, lâche le morceau, et vite. Tu me fais peur !

— Oh, ma chérie…

Se levant, il vint s'agenouiller près d'elle et la prit par les épaules. Doucement, il la serra contre lui.

— N'aie pas peur. Tu comprends ? Tu ne dois pas avoir peur. Regarde-moi dans les yeux et promets-moi de rester calme, parce que je suis là pour toi. Je ne laisserai personne te faire du mal.

Elle releva la tête. Son visage était très proche du sien. Trop proche.

— Promets-le-moi, répéta-t-il.

Elle s'écarta légèrement.

— Arrête, Carl. Tu n'es plus toi-même. Pourquoi te ferais-je une promesse à laquelle je ne comprends rien ?

Il se leva et parut soudain hésitant, au point d'en être désarmant.

— Jamais je n'ai eu à faire une chose pareille et j'espère que c'est la dernière fois. J'ai reçu des photos. Des photos d'Orville avec une femme, précisa-t-il d'un air dégoûté.

Elle fit mine de ne pas comprendre, histoire de gagner du temps.

Il retourna à sa place.

— Je l'admire depuis si longtemps… Encore aujourd'hui, je crois que c'est un homme bien, mais quelque chose a mal tourné. L'ambition, peut-être. La quête de pouvoir…

Comme si c'était nouveau.

— Pourquoi quelqu'un te donnerait-il des photos de lui ? demanda-t-elle.

— Ce sont des photos compromettantes. Je crois qu'il s'agit d'une menace.

— Quel genre de menace ?

Il la considéra avec attention, visiblement étonné par sa réaction.

— Emma, tu n'as pas l'air de comprendre. Si je ne te connaissais pas, je dirais que ça t'est égal.

Il sortit des photos de sa mallette. Elle se rendit vite compte qu'il s'agissait des mêmes clichés.

— C'est le genre de choses qu'il ne faut pas laisser traîner alors qu'Orville se présente au poste de gouverneur. Les hommes en riraient, mais les femmes, elles, risquent de ne pas apprécier. Les femmes n'aiment pas ça, sauf quand ce sont elles qui prennent du bon temps.

Il rougit.

— Excuse-moi. Je fréquente plus d'hommes que de femmes et, parfois, je m'oublie.

— Que peut-on faire ?

— Tu ne veux pas les voir ?

— Je les ai déjà vues, répondit-elle à contrecœur. Je t'en prie, range-les.

— Tu les as vues et tu ne m'en as pas parlé ?

— J'essaie de gérer le problème à ma façon. Et je refuse d'en discuter.

— Sais-tu d'où viennent ces clichés ?

— Non.

— Comment empêcher celui qui les a pris de les utiliser ailleurs ?

— C'est peut-être pour nous faire chanter. Cela dit, je crois que, dans ce cas, il se serait adressé à Orville.

En réalité, elle n'avait pensé qu'aux conséquences que de telles photos allaient avoir sur son couple.

— Tu as raison, admit Carl. J'ai été pris au dépourvu. Je crois que je n'y vois plus très clair.

Il se tut et fronça les sourcils.

— Tu dois être anéantie.

— Orville m'a déçue.

— Déçue ? répéta Carl, ébahi. Tu n'es pas bouleversée ? Vraiment, Emma, je ne te comprends pas. Il risque de jeter aux orties tout ce pour quoi nous avons travaillé, et toi, tu es simplement déçue ?

Apparemment, il s'était attendu à la voir fondre en larmes face à cette trahison.

Elle poussa un soupir.

— Je dois te faire un aveu. Orville et moi avions décidé de rester discrets en attendant les élections, mais tu mérites d'être informé. Nous allons divorcer. La procédure est entamée. Je suppose que ça ne te surprend pas.

— Divorcer ? fit-il en tombant sur sa chaise. Vous étiez déjà sur le point de divorcer ?

— Les photos ont accéléré le processus.

— Bon sang, et Orville ne m'en a pas touché mot ! Je suis son bras droit et il ne m'a pas informé du genre d'obstacle que nous allions devoir affronter !

Il faisait peu de cas de leur bonheur, songea-t-elle, un peu vexée.

— Depuis longtemps déjà, nous n'étions plus heureux ensemble, expliqua-t-elle. Ecoute, Carl, je te suggère de te débarrasser de ces photos et de faire comme si tu ne les avais jamais vues. Pour toi, elles ne changent rien.

— Tu te trompes. Orville a une image à tenir. Si quelqu'un nous a fait parvenir ces clichés, c'est qu'il a l'intention d'en tirer profit. De l'argent, par exemple, ou un avantage politique. Si une affaire comme celle-ci sortait au grand jour, Orville pourrait dire adieu à ses ambitions.

— Au besoin, il déclarera qu'il a commis une erreur. N'est-ce pas ce que font tous les politiciens ? Il peut toujours compter sur la pitié de ses électeurs…

— Oui, s'il était déjà en poste. Or il ne l'est pas. L'opposition va en profiter.

Elle se leva, trop fatiguée et triste pour y réfléchir.

— Je n'ai pas l'intention de rendre ces clichés publics. Et toi non plus, je suppose. Attendons de voir ce qui se passe. S'il y a un maître chanteur dans le coin, nous le saurons bien assez vite.

— Tu parles ! bougonna-t-il avant de la dévisager. Bon

sang, tu es bien plus forte que je ne le pensais. Orville n'a jamais été assez bien pour toi.

— Je croyais que c'était ton meilleur ami.

— Ça ne m'empêche pas d'être objectif. Tu es une femme extraordinaire, tu sais. Puisque c'est ce que tu veux, nous attendrons la suite des événements, capitula-t-il, de mauvaise grâce.

Il se leva à son tour et contempla son assiette à peine entamée.

— Tu n'as rien mangé.

— Je n'ai pas très faim, s'excusa-t-elle en haussant les épaules. Voir le corps de mon amie exposé aux yeux de tous hier m'a coupé l'appétit.

Il parut blessé.

— Tu crois que je suis dur, mais je ne le suis pas. J'imagine que tu as peur, comme toutes les femmes de cette ville. Votre club va sans doute cesser de se réunir.

— Pourquoi ? C'est justement en ce moment que nous avons le plus besoin les unes des autres.

— Emma, reste en dehors de ça. Moi, je ne laisserai plus Sandra y aller. Deux adhérents assassinées… Il est évident qu'il existe un lien. Qu'est-ce que vous faites, là-bas ?

— Qu'est-ce… ? Eh bien, nous nous soutenons, nous rions, nous pleurons. Bref, nous partageons.

— Et vous parlez du seul sujet qui préoccupe les femmes : maigrir, les régimes, ce qu'il faut manger…

— Parfois, oui. C'est plutôt amusant, d'ailleurs.

— Pour une femme ayant ton allure, peut-être. Mais je doute que Suky-Jo trouve ça très drôle.

La conversation devenait surréaliste.

— Tu ne la connais pas. Elle ne prend pas ça au sérieux.

— Peu importe. A mon avis, il y a un mari ou un petit ami qui n'apprécie pas du tout votre sens du partage. Vous devenez trop indépendantes. Et ces morts sont des avertissements pour que ces réunions cessent. Sandra et toi devez en tenir compte.

Elle croyait presque entendre Orville.

— J'apprécie ta sollicitude, mais je vais me contenter d'attendre la suite des événements, décréta-t-elle. J'ai l'intention de démarrer une nouvelle vie.

— Tu me sembles très détendue. Peut-être as-tu déjà des projets ?

— D'abord, reprendre mes études. Dès que j'aurai une situation stable.

Il la rejoignit à la porte.

— Je suis au courant pour les questions financières, dit-il.

— Je me doutais bien qu'Orville t'en parlerait. Je crois qu'il en est assez fier.

— Il devrait avoir honte, plutôt. Si tu as besoin d'aide, n'hésite pas. Je tenterai de le convaincre de changer d'avis.

— Je doute qu'il le fasse.

— Il le ferait pour moi si je menace de rendre l'affaire publique. De toute façon, il ne pourra pas tout dissimuler très longtemps.

Elle le regarda droit dans les yeux.

— Tu penses donc que ces photos suffiraient à mettre fin à sa carrière politique si elles étaient publiées ? Tu ferais tes bagages pour rentrer chez toi ? Tu te consacrerais à tes affaires ?

— C’est Orville qui a tout gâché, pas moi. Le parti aura besoin de moi plus que jamais.

Elle perdait peut-être son objectivité, mais il ne lui paraissait en rien désolé. Au contraire, il semblait même voir dans cette situation une occasion à saisir.

Celle de prendre la place d’Orville, par exemple.

— Bon. Je dois retourner au magasin. Les affaires marchent bien, en ce moment.

— Plus les hommes sauront que tu es là-bas, plus tu auras de clients, ma belle, déclara-t-il avec un sourire charmeur. Du moment qu’ils restent à leur place.

Sans prévenir, il prit son visage entre ses mains et posa la bouche sur la sienne. Elle serra les lèvres. Comprenant son erreur, il émit un grognement de colère et s’écarta en la tenant par les épaules.

— C’est gentil à toi de te préoccuper de mon sort, conclut-elle comme s’il venait de l’embrasser sur la joue. Tu peux compter sur moi pour faire le nécessaire.

33.

Finn battait la mesure du bout des doigts en chantonnant un air de Mardi-Gras tel qu'on le fêtait en Louisiane.

— Arrêtez ! gronda Billy en le foudroyant du regard par-dessus sa tasse de café.

— Je ne fais que suivre la musique.

— Quelle musique ? répliqua-t-il en balayant son bureau du regard.

— Celle que j'ai dans la tête. Alors, si on commençait ce pour quoi vous m'avez convoqué ? Il est tard.

Il n'avait pas revu Emma depuis la veille et comptait bien se rendre chez elle pour s'excuser de sa conduite.

— J'attends que tout le monde soit là, répondit Billy. Vous vous en sortez bien avec… Enfin, vous me comprenez.

Finn tendit les jambes devant lui.

— Ça va, Billy. Je me remets vite, en général.

— Il faut parfois savoir oublier.

— Un jour, peut-être… Quand je connaîtrai la vérité.

— Nom de Dieu ! jura le policier en frappant du poing sur son bureau. Vous êtes vraiment le fils de votre père, vous ! Un vrai bouledogue !

Finn lui adressa un large sourire.

Billy désigna les dossiers posés devant lui.

— J'ai des infos intéressantes. Je ne devrais sans doute pas vous en faire part. Peut-être que je ne vous dirai rien, d'ailleurs.

— Comme vous voudrez.

— D'un autre côté, vous pouvez m'être utile. Je pense que vous avez fourré votre nez là où il ne fallait pas.

— Moi ? fit Finn en écarquillant les yeux.

— Vous vous entendez bien avec la femme du maire, non ?

Il tenta de ne rien laisser paraître de sa surprise.

— Eh bien, on peut dire que vous passez du coq à l'âne !

— Vous l'appréciez et c'est réciproque, n'est-ce pas ?

— Qu'entendez-vous par là ?

Billy afficha un sourire satisfait.

— Je n'ai peut-être rien d'un Sherlock Holmes, mais certains détails ne m'échappent pas. Il y a quelque chose entre vous depuis le premier jour. Vous voulez jouer les briseurs de ménage ? Votre père n'aurait pas approuvé.

— En effet, admit Finn. Mon père croyait aux liens sacrés du mariage, tout comme moi. Mais le mariage cache parfois des choses qui n'ont rien de sacré. Je sais de quoi je parle.

— Oui. Je suis désolé pour ce qui vous est arrivé. Et Mme Lachance ? Elle a fait une mésalliance ?

Il rit.

— Pour ainsi dire. Et c'est tout ce que je vous apprendrai là-dessus. J'en ai déjà trop dit. Il est hors de question que je déclenche des rumeurs. Et elle aussi.

S'ils se revoyaient un jour… Voilà qu'il dramatisait, une fois de plus !

C'est alors qu'un policier la fit entrer dans le bureau. Il se redressa.

— Emma ? Quelque chose ne va pas ?

Vêtue d'une robe rouge au décolleté en V, elle était superbe. Après deux jours de privation, il avait faim d'elle.

— Billy voulait me voir, alors me voici, répondit-elle.

— Sandra Viator a été conduite aux urgences, il y a environ une heure, annonça Billy. On dirait une overdose. Carl étant sorti, elle a appelé le 911 en se rendant compte qu'elle perdait conscience. Elle a eu de la chance. Peut-être pourra-t-elle se faire soigner pour ce problème, maintenant.

— Quel problème ? demanda Emma, le souffle court.

Il croisa le regard de Finn.

— Apparemment, une dépendance aux médicaments. Elle en avait dans son sac.

— Je ferais mieux d'y aller, déclara Emma en se levant. Pourquoi ne pas me l'avoir dit au téléphone ? J'aurais gagné du temps.

— Inutile de vous déplacer. Son mari est en route et elle est sur le point de sortir. Rien ne vaut un bon lavage d'estomac pour se remettre sur pied. Et réfléchir à deux fois avant de recommencer.

Emma se rassit, perplexe.

— Une dépendance aux médicaments ? Ce doit être une erreur.

— Il n'y a pas d'erreur possible. Le labo nous dira bientôt avec précision ce qu'elle a avalé, mais d'après les spécialistes, il s'agirait de cocktails, et pas des cocktails de jus de fruits.

Finn était agacé. Il n'appréciait guère la brutalité avec laquelle le policier avait appris la nouvelle à Emma, comme s'il espérait lui soutirer des informations. Et pourquoi diable les avait-il convoqués ensemble ?

Il lui adressa un sourire rassurant.

— Je crois qu'on en a pour un petit moment, dit-il.

Le téléphone se mit à sonner. Billy prit l'appel. Quelques grommellements plus tard, il raccrocha.

— Le médecin de Sandra affirme ne jamais lui avoir prescrit le moindre médicament pour maigrir, dormir ou garder la forme. Il s'agit d'autres substances. Et, par principe, il ne donne pas d'échantillons.

Emma parut encore plus troublée.

— Vous me le diriez, tous les deux, si Rusty Barnes vous avait contactés ? lança-t-il.

— Au suivant, marmonna Finn. Pourquoi parlez-vous de lui, maintenant ?

— Jusqu'à présent, je n'ai pas réussi à lui mettre le grappin dessus, mais j'y reviendrai. Holly a été tuée de la même façon que Denise. Par injection. Mais elle n'a pas été violée.

Emma ferma les yeux.

— Ça ne m'étonne pas qu'il n'y ait pas eu viol. Rusty n'a pas eu le temps. De plus, il ne voulait sans doute pas nous fournir un autre échantillon d'ADN. Nous sommes supposés croire qu'il n'a rien à voir là-dedans. Holly est peut-être morte uniquement pour le discriminer.

Finn ne le quittait pas des yeux. Le policier était trop détendu pour être honnête.

— Alors, selon vous, Rusty a tué Holly mais ne l'a pas violée pour que la police soupçonne quelqu'un d'autre ?

— Quelque chose dans ce goût-là, oui.

— Je n'en crois rien. Ils ont trouvé deux ADN masculins sur Denise.

— Ils n'en ont trouvé aucun sur Holly, répliqua Billy en fourrant une poignée de pastilles à la menthe dans sa bouche.

— Comment savoir lequel des deux types a cherché à détourner les soupçons ?

— Détourner les soupçons ? Nous ignorons qui est l'autre homme. On n'a établi aucune correspondance.

— Donc, par défaut, c'est Rusty le coupable ? demanda Emma. Je n'y crois pas.

— Vous avez parlé avec Barnes ?

Elle eut exactement la réaction que Finn redoutait : elle rougit et secoua la tête.

— Très bien, commenta Billy comme s'il n'avait pas remarqué son trouble.

Finn aurait aimé la prendre par la main, puis se réjouit de se trouver trop loin d'elle.

— Les gars de la police scientifique travaillent encore sur la fourgonnette. Ils ont relevé plusieurs traces.

— Ce type est négligent.

— On n'a pas grand-chose, précisa Billy. Un cheveu.

— Un cheveu roux foncé, je suppose, avança Emma, narquoise. Ah ! Et Rusty a les cheveux roux foncé. Vous n'êtes pas supposés le vérifier auprès de sa mère, par exemple ? Je me demande si Rusty a une mère.

Finn dissimula son sourire.

Billy, lui, ne semblait pas amusé.

— Je ne dispose pas encore de cette information. Mais j'ai ça.

Il ouvrit le premier dossier posé sur son bureau.

— Il y a sept ans, une actrice a succombé à une injection mortelle. On n'a jamais arrêté le coupable.

Finn se tourna les pouces, attendant la suite.

— C'était l'un de ces films à petit budget avec beaucoup de sexe, pas d'intrigue ni de costumes, et un seul décor.

— Attendez, l'arrêta Emma, vous voulez dire que c'est une actrice qui tournait dans un film porno qu'on a assassinée ?

— Vous comprenez vite.

— J'ignore combien de gens meurent par injection, intervint Finn, mais j'espère qu'il existe un rapport entre ces trois-là.

— Le film a été tourné à environ une heure au nord d'ici.

— Pas possible ! Qu'est-ce que vous avez, là-dessus ?

— Je ne peux pas montrer un dossier à des civils comme ça.

— Bien sûr. Tout comme vous ne pouvez pas convoquer deux civils dans votre bureau pour évoquer une affaire en cours. A moins que ces civils ne détiennent des informations et qu'il faille leur tirer les vers du nez.

Emma lui lança un regard affolé.

— Il faut que je trouve Rusty Barnes, martela Billy. Franchement, je suis sidéré qu'il ait disparu de la sorte. Je ne l'en aurais jamais cru capable.

— En revanche, vous le croyez capable de tuer, répliqua Emma, tendue.

— Ce que je crois, c'est que Denise avait découvert

un document qu'elle n'aurait pas dû voir et l'a confié à Rusty, au cas où.

Finn n'était pas doué pour ces petits jeux.

— Au cas où quoi ? Où il déciderait de la violer et de la tuer ?

— Votre père appréciait Denise, remarqua le policier. Elle était quasiment chez elle, ici.

— Il avait bon goût, fit Emma. Denise était une femme bien.

Il prit une autre poignée de pastilles de menthe.

— Après la réception, vous êtes partie pour la maison des Balou. Vous vous êtes garée non loin du parc de caravanes et avez parlé un moment au téléphone. Puis vous avez fait demi-tour pour partir dans l'autre direction. Mon agent a dû rester en retrait histoire de ne pas se faire remarquer et il a fini par vous perdre. Vous êtes allée au sud de la ville. Le même agent vous a vue revenir plus tard. Qui êtes-vous allée voir, madame Lachance ?

Elle s'humecta les lèvres.

— Pourquoi un agent s'intéresserait-il à mes déplacements ?

— Nous voulions assurer votre sécurité.

— Merci, mais mes déplacements ne regardent que moi.

— Vous ne voulez pas me dire si vous êtes allée voir Rusty ?

Elle ne répondit pas.

— Très bien, fit Billy en feuilletant le dossier. C'est gentil de la part de Rusty de vous avoir transmis les informations concernant votre père, Finn.

Décidément, il était intelligent.

— Vous avez de l'imagination, répliqua Finn.

— Les possibilités étaient assez réduites, vous voyez. En attendant, toute la ville est en émoi. Les gens veulent la peau de l'assassin et j'ai l'intention d'arrêter ce type.

— Nous le souhaitons aussi, assura Emma. Billy, nous n'avons rien à voir avec ces meurtres, et Rusty non plus.

Elle se tut, mais trop tard.

— Et votre interrogatoire de Harold Chandall ?

— Il n'a rien donné. Il a un alibi. Une dame auprès de qui il est allé chercher du réconfort le soir de la mort de Holly.

— Quelle ordure !

Billy la dévisagea en suçant une pastille de menthe.

— Vous n'avez peut-être pas tort à propos de Rusty, mais j'ai raison de penser que vous le couvrez. C'est de l'obstruction à la justice.

— Vous allez nous inculper ? demanda-t-elle d'un ton mal assuré.

— Non, pas aujourd'hui. J'ai d'autres chats à fouetter. Mais je vous conseille d'être prudents, tous les deux. Et tenez-moi au courant de tout ce qui pourrait faire avancer l'enquête. Si je vous considère comme impliqués, je ne suis peut-être pas le seul. Attendez-moi un instant, je reviens tout de suite.

Et il sortit en refermant la porte derrière lui.

— Nous sommes censés consulter ce dossier, déclara Emma.

— Billy est très subtil.

Finn se leva, mais elle fut plus rapide que lui. Elle retourna le dossier et le parcourut tranquillement. Soudain, elle prit Finn par le bras et lui montra une page. La description du cadavre. L'actrice gisait dans une salle de bains, nue, assise sur les toilettes. Il n'y avait aucun élément comestible, mais elle avait été violée.

— L'ADN…

— S'ils conservaient les échantillons convenablement, ils auraient déjà comparé cet ADN avec ceux retrouvés sur Denise.

Ils poursuivirent leur lecture. Le film avait été tourné dans une zone rurale.

— Près de Wells, lut Finn en fronçant les sourcils.

— Exactement, confirma Billy depuis le seuil.

Ils se tournèrent vers lui.

— Le film a été tourné près de Wells, à quarante minutes d'ici. Une demi-heure, même, quand on ne se fait pas prendre pour excès de vitesse.

— Mon père est mort près de Wells.

Le policier secoua la tête.

— Ne compliquez pas les choses. Ce qui est arrivé à votre père l'an dernier n'avait rien à voir avec un meurtre sur un tournage vieux de sept ans.

Il avait sans doute raison.

Billy se rassit derrière son bureau et consulta la feuille qu'il avait rapportée.

— Ça colle, dit-il. On a les prélèvements de l'actrice et ils correspondent avec ceux de Denise.

— Vous parlez du sperme… De l'ADN ? demanda Finn.

— Oui.

Le cœur d'Emma manqua un battement.

— Celui de Rusty ? murmura-t-elle.

— Non, l'autre.

34.

Au volant de la vieille Thunderbird de sa mère qu'il avait gardée intacte dans une grange, Finn filait dans la nuit, Emma à son côté.

— Si Billy découvre que nous sommes partis en mission, nous sommes fichus, déclara-t-elle. Nous aurions dû lui en parler.

— Il ne voulait pas le savoir.

Elle mit un moment à comprendre.

— Tu crois ?

— J'en suis sûr.

— Il ne peut nous impliquer officiellement, mais il nous connaît assez pour savoir quelle sera notre prochaine étape ? Je ne suis pas sûre d'apprécier cette idée. Je préférerais agir dans le secret.

— Tu es secrète, commenta-t-il en riant. Crois-moi sur parole !

— Hum… Je crois que tu me comprends très bien.

Il rit de nouveau.

Ils roulèrent en silence pendant un moment. La route étroite serpentait parmi les arbres. Les phares captaient les troncs des cyprès, du côté du bayou.

— Et s'il n'y a pas de chambre libre à l'auberge ?

demanda Emma. Pas d'auberge ? Je n'ai jamais mis les pieds à Wells.

— De toute façon, nous ne pourrons peut-être pas dormir du tout. Au besoin, tu prendras le siège arrière et je resterai au volant. Je suis gentil, n'est-ce pas ? Chaque minute compte, tu es bien d'accord. Nous devons arriver les premiers aux archives du journal. S'ils en ont. Et c'est toi qui voulais être de retour à Pointe Judah demain, en milieu de journée, non ?

— C'est vrai.

Sur son conseil, elle avait fait appel à Eileen et Annie pour ouvrir le magasin. Non seulement elle leur faisait confiance, mais elle devinait qu'elles avaient besoin de se changer les idées. Toutefois, elle redoutait qu'Orville ne se présente à la boutique afin de leur poser des questions.

— Si seulement Rusty était avec nous, lâcha soudain Finn. Il est plus apte à discuter avec les gens du journal que moi.

Elle aussi se demandait si elle parviendrait à garder son calme, au cas où quelqu'un se montrerait de mauvaise volonté.

— La présence de Rusty aurait été un atout, c'est vrai. Et si nous partions droit dans le mur ?

— S'il fallait renoncer de peur de se trouver dans une impasse, on ne ferait jamais rien, observa Finn. Nous cherchons quelque chose qui n'a pas fait grand bruit dans les médias, à l'époque. Une actrice porno assassinée, alors que les ouragans dévastaient la Floride… Personne ne se souvient de cette fille. Espérons que nous dénicherons tout de même quelque chose. Nous n'avons rien à perdre, de toute façon.

— Si seulement nous trouvions un élément…

— Je m'accroche à cet espoir.

— Tu crois vraiment que Billy espérait que nous viendrions ici ?

— Il préfère ne pas se frotter au shérif de Wells. Ce n'est pas son territoire. Billy me l'a dit quand tu étais aux toilettes. En plus, le shérif n'a pas très bien travaillé à l'époque de l'enquête et il lui avait fallu des renforts. Je suppose qu'il est encore susceptible.

— Ainsi Billy t'a carrément demandé de faire des recherches à Wells ? Je ne croyais pas…

— Non. Il ne faisait que passer le temps en attendant ton retour. Il a simplement parlé de ce qu'il avait entendu dire. Plus que sept kilomètres.

— Ce n'est vraiment pas loin.

Elle regarda les phares balayer la nuit.

— Je pense à quelque chose à propos de Sandra, reprit-elle. Je ne sais pas si je devrais te le confier.

— Tu veux que je t'implore ?

Elle croisa les bras en souriant.

— Tu ne me passes rien, n'est-ce pas ?

Il se tourna vers elle. Les lumières du tableau de bord faisaient scintiller ses yeux noisette.

— Et si c'était John Sims qui lui fournissait les médicaments ?

— John ne lui donnerait pas de cachets. Si quelqu'un l'apprenait, il perdrait son emploi.

— Peut-être qu'elle les lui volait. John est un ami. Il passe au magasin tous les quinze jours, environ, pour dire qu'il est en ville. Il a toujours sa mallette avec lui.

Finn haussa les épaules.

— C'est une idée. Après tout, il faut bien qu'elle se les soit procurés quelque part, ces cachets.

— A moins qu'elle ne se les soit fait prescrire par une foule de médecins différents. Certains donnent peut-être des échantillons.

Le panneau annonçant la ville de Wells apparut à la lueur des phares. Dessus, un elfe vert brandissait une bannière de bienvenue.

— Il n'est pas trop tard, déclara Emma en consultant sa montre. Il y a peut-être quelque chose d'ouvert.

La ville comptait une rue principale et quelques maisons éparpillées, une station-service, une épicerie qui vendait à peu près de tout, de l'alimentation aux pièces détachées d'engins agricoles.

En atteignant l'extrémité de la rue, ils tombèrent sur un bâtiment gris de deux étages, surmonté d'une enseigne d'hôtel-restaurant. L'intérieur était éclairé et quelques personnes étaient assises sur les marches du porche, un verre à la main.

Après s'être garés, Finn et Emma entrèrent. Un petit orchestre local jouait dans la salle du bar. Tous les habitants de la ville y semblaient rassemblés. Beaucoup d'entre eux, dont des enfants, dansaient entre les tables.

— Où sont les chambres ? demanda Finn.

— Je me contenterai du siège arrière de la voiture, répondit Emma. Après avoir dégusté le plat du jour, du jambalaya, apparemment.

Un homme âgé très mince, aux cheveux blancs et bouclés et à la peau bronzée, surgit de derrière le comptoir. Toutes les places du restaurant étant prises, il prit Finn par le bras et le guida hors de la salle, dans le couloir.

— Vous êtes des étrangers, ici, remarqua-t-il en les toisant, le regard vif. Vous voulez rester ?

— Nous l'espérons. Une nuit, seulement.

— Je m'appelle Jim, se présenta-t-il en ouvrant une autre porte. Entrez. On a deux chambres à l'étage, mais l'une d'elles est occupée. Une seule, ça vous suffit ?

Il ne souriait pas, mais Emma devina qu'il plaisantait.

— Ça ira, répondit-elle. C'est combien ?

— Vous réglerez demain matin, après le petit déjeuner. Les suppléments éventuels seront ajoutés sur la note. Faudra remplir le registre. Vous comptez dîner ?

Ils répondirent qu'ils n'y renonceraient pour rien au monde, car l'air embaumait littéralement. Le patron les gratifia d'un sourire radieux. Il les conduisit ensuite dans une chambre, petite mais confortable. La salle de bains donnait dans le couloir, face à l'autre chambre.

Il ne fit pas allusion à l'absence de bagages, même s'ils avaient chacun un sac dans la voiture. Il les laissa en leur promettant le meilleur repas qu'ils aient jamais mangé.

Finn observa le petit lit à deux places.

— L'un de nous devrait peut-être dormir dans la voiture, finalement.

— Nous ne passerons pas assez de temps dans ce lit pour que cela nous gêne, répliqua-t-elle. Allons dîner.

Assis côte à côte au bout d'une table de dix, ils se serrèrent l'un contre l'autre. Aussitôt, on leur servit deux assiettes de fruits de mer qu'ils dégustèrent avec les doigts. Jamais Emma n'avait goûté des crustacés aussi savoureux, arrosés d'une bière délicieuse.

— Si quelqu'un est au courant de quelque chose dans cette ville, c'est ici qu'on le trouvera, murmura Finn à son oreille.

Après l'entrée, elle se laissa entraîner dans une danse

locale par un jeune homme enthousiaste et en nage coiffé d'une casquette de base-ball.

— Vous êtes pas du coin, vous ! lança-t-il.

— Non, répondit-elle sans en dire davantage. C'est très agréable, comme endroit.

— Y'a pas mieux. J'ai toujours habité à Wells et je n'irais ailleurs pour rien au monde.

Il sourit. Son air franc était très rassurant.

— Quel est le titre du journal local ? s'enquit-elle, s'attendant à ce qu'il lui réponde qu'il n'y en avait pas.

— Il s'intitule *Wells*, tout simplement. Il sort toutes les semaines. C'est juste là, à côté. Les responsables aiment bien voir les gens de passage en ville. Si vous allez les voir, ils vous prendront en photo et elle fera la une.

Elle ferait en sorte d'éviter d'être prise en photo, même si seuls les habitants de la ville étaient susceptibles de l'y voir.

De retour à table, elle raconta sa conversation à Finn.

Jim leur apporta le plat de résistance.

— Ce soir, y'a des haricots rouges, des queues de porc et du riz. Ma femme prépare le meilleur jambalaya de la région.

Bien que repus, ils dévorèrent le jambalaya à belles dents.

— Je parie que vous aimez ça, fit un homme assis en face d'eux.

— C'est excellent, en effet.

L'homme hocha la tête.

— Si vous cherchez quelque chose dans le coin, Richie, là-bas, est dans l'immobilier. Il est au courant de tout ce qui se passe, ici, et il ne perd jamais une occasion de bavarder. Naturellement, je veux bien vous aider, si je peux.

Il tendit une grosse main rougeaude.

— Appelez-moi Bull.

Finn se présenta, ainsi qu'Emma, sans préciser leurs noms de famille. Peut-être trouveraient-ils leurs informations facilement, après tout.

Dès qu'ils eurent terminé leur repas, Finn murmura quelques mots à l'oreille d'Emma et prit congé pour partir en quête des locaux du journal.

A travers la vitrine, il aperçut une salle vide dotée d'un comptoir sur toute sa longueur. Derrière le comptoir, une vitre donnait sur une autre pièce où plusieurs personnes s'affairaient.

Il poussa une porte et patienta à la réception, environné d'une odeur rassurante d'encre et de poussière de papier. Dans l'autre pièce, une femme leva la tête et lui fit un signe de la main avant d'accourir à sa rencontre.

— Bonsoir ! lança-t-elle. Je m'appelle Marge. Je peux vous renseigner ?

Il s'expliqua.

— Je pensais bien que quelqu'un d'autre viendrait poser des questions sur le meurtre du film ! s'exclama-t-elle quand il eut terminé. L'autre personne devait revenir, mais ça remonte à des semaines, maintenant.

— Je me demande si je connais cette personne.

Ses chances d'obtenir un nom étaient rares, mais il se devait d'essayer.

Marge se frotta le nez.

— Une jeune femme plutôt jolie. Maintenant que vous me le demandez, je ne suis pas sûre d'avoir retenu son nom. Personne ne s'en souvient. Je lui ai dit que je ne trouverais sans doute pas grand-chose dans les archives. Elle semblait vivement intéressée et m'a dit que je n'imaginais pas combien je lui rendais service. Elle s'exprimait comme quelqu'un du métier. Une journaliste, je veux dire.

Il regretta de ne pas avoir de photo de Denise sur lui. Sans doute Marge aurait-elle reconnu en elle la jeune femme qui s'intéressait au meurtre de l'actrice.

Une demi-heure plus tard, Emma et lui se retrouvèrent dans un grenier poussiéreux, éclairé par de simples ampoules. On leur désigna des rangées de dossiers classés dans l'ordre chronologique. Marge les aida à les parcourir jusqu'à la date approximative du meurtre perpétré sur le tournage.

L'atmosphère était étouffante. Dénuée de ventilateur, la pièce sentait le vieux papier et la poussière.

— Si vous avez besoin de précisions, descendez me chercher, dit Marge entre deux éternuements. Dommage que Belinda ne soit pas morte dans une période plus calme, côté actualité. Vous savez l'importance qu'on accorde à la météo, par ici.

— Merci de votre aide.

— Vous trouverez peut-être plus pratique de poser les dossiers sur la table, avança-t-elle. N'hésitez pas à faire des copies, en bas.

Et elle s'éloigna en éternuant de plus belle.

Emma pliait sous le poids des dossiers. Finn les lui prit des mains.

Ils étudièrent chaque liasse page par page. Enfin, Emma découvrit un article sur le meurtre, avec une photo un peu floue de Belinda. L'article décrivait ce qui avait été découvert, par qui, et précisait qu'une enquête était en cours.

Finn prit la page dans le classeur pour en effectuer une copie. La plupart des pages étaient en double, mais il se refusait à prendre un original.

Deux heures s'écoulèrent. Ils avaient glané très peu d'informations sur l'affaire. Rien ne leur paraissait plus intéressant que la femme décrite par Marge. Soudain, ils entendirent des pas dans l'escalier. Un homme apparut, coiffé d'un chapeau taché. Il leva une main avec un sourire las.

— Marge m'a dit que vous étiez là. Vous aimeriez peut-être feuilleter ça. Je doute que vous y trouviez grand-chose, mais on ne sait jamais.

Il posa un carton entre Emma et Finn et souleva le couvercle. Il était plein de photographies.

— Je les ai prises sur le tournage, expliqua l'homme. C'était intéressant. On en a publié quelques-unes. Mais ensuite, cette créature de rêve a été tuée et on ne se sentait pas le droit d'utiliser tout ça. L'une d'elles vous inspirera peut-être.

Finn le remercia.

— Désolé d'apprendre que vous avez eu le même genre de tragédie par chez vous. J'espère que vous arrêterez le coupable. Et s'il s'agit du même que chez nous, ça nous fera encore plus plaisir.

Emma leva les yeux vers Finn. Ces braves gens les prenaient pour des enquêteurs officiels.

Une fois que l'homme fut reparti, elle déclara :

— Le shérif n'aime peut-être pas les étrangers, mais les locaux nous apprécient. On va faire des copies de tout ce qu'on a et on regardera les photos dans la chambre. Si tu le veux bien. On étouffe, ici.

— Ça me va.

Il n'y avait pas de chaises dans la chambre et ils seraient obligés de s'installer sur le lit. Mais il était prêt à saisir toutes les occasions de se trouver près d'elle.

Dès qu'ils eurent effectué des copies sur l'antique photocopieuse du bureau, ils s'apprêtèrent à partir.

— Attendez ! lança le photographe en leur tendant une carte. J'aurais dû vous dire que je m'appelle Jackson, même si vous ne retiendrez certainement pas mon nom. On est nombreux, par ici.

Il se mit à rire.

— Je voulais vous dire de prendre toutes les photos que vous voulez. Laissez-moi simplement un petit mot pour me dire lesquelles vous avez gardées. Comme ça, je pourrai les remplacer. Elles sont numérotées.

De retour dans la chambre, Emma voulut redescendre chercher ses affaires dans la voiture. Finn l'en empêcha.

— Détends-toi. Je reviens.

Elle s'allongea sur le lit.

— Je suis contente d'être une femme. Etre toujours celui qui protège doit être éreintant.

— Moi aussi, je me réjouis que tu sois une femme, répondit-il, submergé de désir.

En croisant son regard, il se hâta de quitter la chambre.

Dehors, les clients étaient toujours installés sur les marches. Sans doute avaient-ils vidé quelques verres de plus, car ils tapaient du pied à un rythme endiablé, au son de la musique qui filtrait du bar.

— Ils vont jouer jusqu'à quelle heure ? s'enquit Finn en se dirigeant vers la voiture.

— Jamais plus tard qu'on le veut, répondit quelqu'un. Ça devrait se terminer vers midi.

Finn en resta là. Il prit les sacs et retourna à l'intérieur.

Dans le couloir menant à la chambre, il songea à ces heures qu'il allait passer seul en compagnie d'Emma. Non seulement il avait envie d'elle, mais il avait besoin d'elle. Bientôt, elle serait divorcée, elle serait libre. Que deviendraient-ils, à ce moment-là ?

Devant la porte, il prit un sac sous le bras pour glisser la clé dans la serrure. Le ventilateur de la salle de bains cliquetait. Finn l'entendit s'éteindre, puis la porte s'ouvrit.

Rusty Barnes passa la tête dans l'entrebâillement pour scruter le couloir.

35.

Réunis dans la chambre, tous les trois firent le point sur leurs informations. Emma en conclut qu'ils ne savaient pas grand-chose. Rusty connaissait déjà les coupures de journaux, car Denise les possédait.

— C'est pourquoi je suis venu ici, expliqua-t-il. J'espérais découvrir de quoi résoudre les affaires de Pointe Judah. Et me débarrasser de Billy Meche. Il y a plusieurs mois, Denise m'a dit qu'elle tenait une histoire qui passionnerait les lecteurs dans tout le pays. Au fil des jours, elle était de plus en plus enthousiaste, plus confiante. Et puis elle est morte.

Il pencha la tête.

Emma et Finn échangèrent un regard compréhensif et lui laissèrent le temps de se ressaisir.

— C'était en rapport avec votre père, reprit-il en regardant Finn. Si vous saviez combien j'ai eu envie de lire ces documents que j'ai confiés à Emma… Mais je ne pouvais prendre ce risque.

— Pourquoi n'êtes-vous pas venu me voir directement ? demanda Finn.

— Je ne vous connaissais pas. Je ne vous connais toujours pas, d'ailleurs. Mais si Emma vous fait confiance, alors moi aussi. L'assassin n'est pas loin. Il pourrait s'arrêter, mais il va revenir, et je veux sa peau.

— Nous aussi, Rusty, dit Emma.

— Non, vous ne comprenez pas. Je le veux.

— Mais si, je comprends, assura Finn. Restons solidaires et collaborons avec Billy. Il a accès à des données dont nous ne disposons pas.

Rusty n'approuva pas, mais ne protesta pas non plus.

— Ces documents concernaient votre père, n'est-ce pas ?

— Oui. Denise a dû les prendre aux archives.

— Non, répondit Rusty. Je vous l'ai déjà dit, mais vous ne m'avez pas écouté. Elle prétendait qu'il manquait des choses. Comme l'insigne de votre père, et ces documents.

— Alors comment te les es-tu procurés ? s'enquit Emma.

— Grâce à un appel anonyme. C'était une femme. Elle avait peur, mais elle était en colère aussi. Elle a dit que Denise n'aurait pas dû mourir et qu'il devait payer. *Il*. C'est ce que j'ai de mieux, comme identification. Elle possédait des papiers que Finn Duhon devait examiner. C'était elle qui fixait les règles. Elle a ajouté qu'elle saurait si je ne les respectais pas et si je lisais moi-même les documents. Elle m'a assuré que si je jouais au malin, tout serait fichu, alors j'ai suivi ses ordres. Que disaient les documents ?

Finn se leva et leur tourna le dos.

Emma fit signe à Rusty de le laisser tranquille.

— Denise s'entendait bien avec vos parents, Finn. Je crois que votre père aimait la façon dont elle s'intéressait à tout.

Il se racla la gorge.

— Un jour, elle m'a confié qu'il trouvait qu'elle vous ressemblait.

Finn ne dit pas un mot.

— Elle ne croyait pas à la thèse du suicide, continua Rusty en traçant des cercles sur l'édredon de son doigt. Elle ne me confiait pas grand-chose. C'était une journaliste dans l'âme. Elle était discrète. Mais elle me faisait des révélations par bribes, comme pour s'assurer que j'en sache un peu. A la mort de Tom Duhon, elle est devenue complètement obsédée par le dossier. Elle ne dormait plus. Une fois, en pleine nuit, elle m'a dit qu'elle regrettait parfois que Tom n'ait pas laissé tomber l'affaire concernant l'actrice.

— Tom Duhon était vraiment impliqué dans ce dossier ? s'enquit Emma en observant Finn le dos tourné, les bras croisés.

— Oui. Il détestait la façon dont l'enquête avait été menée. Belinda Page avait eu un parcours difficile. Son père était parti quand elle était toute petite et sa mère avait vécu de petits boulots avant de mourir d'un cancer. Belinda est morte à son tour peu de temps après.

— Ma mère aussi était en train de mourir d'un cancer, lâcha Finn qui devait se retrouver en elle.

— Une fois, Denise m'a dit qu'elle pensait que Tom était sur une piste.

— Combien de temps avant sa mort ?

— Pas longtemps, répondit Rusty en levant vivement la tête. Je ne crois pas. Denise aimait votre maman, Finn. Elle allait souvent la voir. Le mari d'Eileen lui menait la vie dure à ce sujet. C'est Denise qui a dit à Eileen de ne pas l'écouter.

— Tant mieux.

— J'ai su quand les choses ont commencé à se préciser.

Denise était tellement exaltée. Elle m'a révélé qu'elle croyait avoir résolu l'affaire… Puis ce salaud l'a tuée.

Finn s'assit par terre, le dos contre le mur, les jambes pliées.

— Parce qu'elle en savait trop, sans doute. Vous êtes certain qu'elle n'a rien dit de plus ? Même un détail ?

Rusty secoua lentement la tête.

— Elle a perdu son libre accès au poste de police à la mort de votre père. Billy Meche a pris sa place et… Enfin, vous savez… Un jour, elle m'a fait une réflexion amusante… Parfois, elle pensait que Billy Meche lui reprochait la mort de Tom. Qu'est-ce qui pouvait lui donner cette idée ?

Emma entendit la tête de Finn heurter le mur.

— J'imagine que Billy avait ses raisons, poursuivit Rusty. Je vais vous dire ce que j'ai, pour les mêmes raisons que Denise. Au cas où il m'arriverait malheur, je refuse que ce que je sais meure avec moi. Quel dommage que Denise m'ait caché des détails…

— Ne dis pas ça, l'arrêta Emma, incapable d'en supporter davantage. Tu vas confier l'enquête à la police, maintenant.

Il lui sourit et lui envoya un baiser.

— Pourquoi ai-je mis aussi longtemps à te trouver ?

Elle ne put soutenir son regard.

— Emma et le maire, c'est terminé, intervint Finn. C'était déjà terminé avant notre rencontre. Je vous dois bien ça, à propos de nous deux.

Rusty se garda de tout commentaire.

D'une voix assurée qui ne trahissait guère d'émotion, Finn expliqua ce que contenaient les documents. A un moment, il s'arrêta au point qu'Emma se demanda s'il allait poursuivre. Mais il reprit son récit, sans omettre le moindre détail. Elle ressentait sa souffrance, même s'il ne croyait pas un mot des conclusions qui avaient été tirées sur son père.

Quand il eut enfin terminé, il se tourna vers Rusty.

— Je veux que vous vous terriez ici, déclara-t-il. Dans votre chambre, si ça ne vous ennuie pas. Uniquement jusqu'à ce que nous vous informions que Billy s'intéresse à autre chose. Comment vous appelle-t-on, ici ?

— Sam Smith.

— Original ! Maintenant, nous allons vous souhaiter bonne nuit. N'utilisez pas votre portable. Ils peuvent vous repérer. Je vous joindrai par un autre moyen.

— J'ai déjà jeté mon portable, répondit Rusty. Loin d'ici. J'utilise des cabines téléphoniques et des pièces.

Sur ces mots, il se leva et prit congé.

Finn se leva à son tour pour s'étendre sur le lit.

Emma se coucha à côté de lui et glissa un bras sous sa nuque afin d'enfouir le visage dans ses cheveux. Elle l'embrassa tendrement en le regardant s'endormir.

Jusqu'aux premières lueurs de l'aube, elle demeura à côté de lui à regarder les photos de Jackson. Le photographe avait souhaité les leur montrer, et elle comprenait pourquoi. Elles étaient excellentes, pleines de joie, débordantes de vie. Il s'agissait du regard d'un photographe de province sur le monde du cinéma, l'univers des apparences. A l'évidence, il s'était bien amusé.

La plupart étaient en noir et blanc. Jackson avait l'œil. Il savait saisir la magie d'un instant — Belinda Page dans un bain de mousse, faisant la moue devant le miroir, le visage admiratif d'un homme, une adolescente impressionnée.

Emma les examina une à une, certaines plusieurs fois. Quelques bouts de papier indiquaient les clichés manquants que Jackson n'avait pas encore remplacés. Heureusement, ils n'étaient pas nombreux.

Elle referma la boîte qu'elle posa à terre. Elle n'avait pas éteint la lumière, et Finn dormait encore. Demain, ils regagneraient Pointe Judah et la course recommencerait. Mais pour l'heure, ils étaient libres, et seuls tous les deux.

Se penchant vers lui, elle effleura ses lèvres des siennes. Il sourit et ouvrit les paupières. Puis il la prit dans ses bras.

36.

— Enfin, te voilà ! s'exclama Eileen dès qu'Emma eut franchi le seuil de la boutique.

— Qu'est-ce qui ne va pas ? Oh, je suis désolée, je n'aurais pas dû vous demander de diriger le magasin alors que vous ignorez où tout est rangé !

— Ce n'est pas le magasin, intervint Annie avec un sourire forcé. Ton mari appelle tous les quarts d'heure depuis l'ouverture. Enfin, ça fait un moment qu'il n'a pas donné signe de vie.

Emma sentit son ventre se nouer.

— Tant pis pour lui, grommela-t-elle en le maudissant en silence.

Il avait décidément le don de savoir quand elle se libérait de son emprise.

— Je vais l'appeler. Tout s'est bien passé ?

— A merveille, répondit Annie, les yeux bouffis à force d'avoir pleuré. Je comprends que tout se vende si bien. Tous les articles sont géniaux !

— Ça, c'est vrai, enchérit Eileen. Le propriétaire est passé également. Il a dit qu'il espérait pouvoir revenir bientôt.

Fronçant les sourcils, Emma posa son sac par terre.

— C'est tout ce qu'il a dit ? Il est passé comme ça ? Etrange, ce n'est pas dans ses habitudes.

— Il a été très gentil.

— Tant mieux.

Elle préférait ne pas se soucier du propriétaire dans l'immédiat. Si Orville avait changé d'avis à propos de la boutique, elle s'en remettrait. N'avait-elle pas survécu à des épreuves plus terribles ?

— Bon, comment allez-vous, toutes les deux ? demanda-t-elle, sachant qu'elles comprendraient à quoi elle faisait allusion.

— Nous avons besoin de parler de Denise et Holly, répondit Annie. Sinon, leur absence ne serait qu'une raison d'être triste. C'est épouvantable.

Eileen hocha la tête.

— Annie veille à ce que je ne me replie pas sur moi-même. Emma…

— Oui ?

— Chuck ne reviendra pas.

— Ah bon ? Je croyais qu'il devait venir sous peu ?

— Il a changé d'avis. Il prétend ne jamais avoir eu l'occasion de faire tout ce qu'il voulait, être entravé par sa famille. Enfin, tu connais la chanson. Il veut avancer.

— Je suis désolée…

— Pas moi ! assura la jeune femme avec fougue. Cet homme n'a jamais été un vrai mari, pour moi.

— Finn est au courant ?

Elle sourit.

— Je lui annoncerai la nouvelle dès que je le verrai. Ça ne changera pas grand-chose, sauf sur le plan financier. Chuck ne devra subvenir aux besoins d'Aaron que pendant un an. Mais je peux travailler.

— Nous en reparlerons, promit Emma. Je ferais bien d'appeler Orville, maintenant.

Elle gagna l'arrière-boutique et referma la porte derrière elle. Quand elle joignit le bureau de son mari, on l'informa qu'il était sorti pour quelques heures.

Un peu à contrecœur, elle appela Carl, qui prit aussitôt la communication.

— Bonjour, Emma. Quel plaisir de t'entendre ! Je m'y suis mal pris, l'autre jour. Je...

— Laisse tomber. Nous traversons tous une période un peu particulière. Tu sais pourquoi Orville a essayé de me joindre toute la matinée ?

Il y eut un petit silence, puis il demanda :

— Tu n'étais pas là ?

Quel curieux, celui-là !

— Non. Mais je suis à la boutique en ce moment et j'espérais pouvoir lui parler.

Elle n'avait aucune intention de justifier ses déplacements auprès de lui.

— Comment va Sandra ? J'aimerais la voir dès que possible.

Cette fois, le silence se prolongea.

— Elle va bien. Mais elle a honte et refuse de sortir de la maison. Tu vas sans doute devoir te déplacer. Elle ne répond pas au téléphone.

Emma poussa un soupir.

— J'aurais dû me rendre compte que ça n'allait pas.

— Et moi, donc ! Mais elle cachait très bien son jeu. Va la voir, Emma. Elle a besoin de toi.

— Très bien, j'y vais. Alors, tu sais ce qu'Orville me veut ?

Carl éclata d'un rire désagréable.

— Je le crains, ma belle. Nous avons perdu Oakdale face à un autre acheteur. Il est fou de rage.

Elle aurait aimé ressentir de la peine, mais s'en révéla incapable.

— Je vois. Vous trouverez une autre propriété, comme toujours. Et je peux dire adieu à la boutique. Enfin…

— As-tu parlé à quelqu'un du petit supplément prévu pour le propriétaire ? Tu sais, ce bonus qu'il pensait obtenir, la petite valeur ajoutée dont je t'ai parlé ? L'actuel directeur de l'urbanisme a eu vent d'une fuite et menace de nous poursuivre en justice, alors il a fallu étouffer l'affaire en vitesse. Orville doit rester irréprochable, en ce moment.

Carl rit un peu trop fort.

— Je n'ai rien dit à personne, répondit-elle. Cette idée ne m'aurait même pas effleurée.

— Tu vas avoir du mal à en persuader Orville.

— Pourquoi ?

— Il te le dira lui-même. Pour ma part, je me réjouis de ce qui s'est passé. Cet arrangement ne m'enchantait guère.

Emma vit son reflet dans le miroir et leva les yeux au ciel.

— Je vais voir Sandra immédiatement.

Les Viator vivaient non loin du terrain de golf, mais pas dans la même rue qu'Orville. Emma aurait préféré ne pas se rendre dans le quartier, mais son amie avait besoin d'elle. Et puis, Eileen et Annie étaient ravies de garder le magasin à sa place.

En pensant à Finn, elle déglutit nerveusement. Il avait refusé de lui promettre de ne pas s'impliquer plus dans les affaires de meurtre. Il avait aussi refusé qu'elle reste avec lui, sous prétexte qu'elle avait dit avoir du travail. Or lui aussi avait des affaires à régler.

Ce soir, quand il s'attendrait à ce qu'elle soit disponible, ce serait à son tour de résister. Angela avait organisé une réunion. Emma n'avait guère envie de s'y rendre, mais elle savait qu'elles devaient toutes faire leur deuil ensemble.

Elle longea la rue jusqu'à apercevoir la maison des Viator. De style classique, la bâtisse se dressait sur trois niveaux. C'était l'une des plus vastes demeures de ce quartier résidentiel et Sandra en était très fière. Orville, lui, la considérait avec dédain, allant jusqu'à suggérer que les Viator vivaient au-dessus de leurs moyens.

Elle s'engagea dans l'allée circulaire et se gara devant la porte cochère, à l'ombre.

Naturellement, personne ne répondit à son coup de sonnette. Elle sentit son moral sombrer. Comment aider une amie chère dont on ne comprenait pas vraiment le problème ? Pourvu que Sandra se confie à elle, qu'elle lui révèle ce qui l'avait poussée à se faire du mal.

Emma possédait une clé de la maison, tout comme Sandra en avait une de chez Orville. Contournant le bâtiment, elle décida de passer par la cuisine. Elle n'eut pas besoin de sa clé : la porte n'était pas verrouillée. A l'intérieur, elle découvrit un gâteau au parfum appétissant en train de refroidir et un bol de glaçage jaune. Emma s'en réjouit. Sandra considérait la pâtisserie comme sa spécialité, mais elle ne s'y livrait que lorsqu'elle était de bonne humeur.

— Sandra ! appela-t-elle en goûtant le glaçage au citron du bout du doigt.

Elle franchit une porte vitrée en direction du coin

repas. Les reliefs du petit déjeuner étaient toujours sur la table. La gouvernante devait être en retard.

Emma poursuivit son chemin à travers les pièces. Le reste de la maison ne montrait aucun signe de vie de Sandra.

— Cette maison est trop vaste, murmura-t-elle. On ne devrait pas se perdre chez soi.

En levant les yeux vers l'escalier monumental, elle vit Bijou, le teckel nain de son amie, dévaler les marches. Le ventre rebondi de la chienne touchait presque le tapis persan. Elle vint faire la fête à Emma, qui la souleva dans ses bras. L'animal se lova aussitôt contre elle.

Sandra était décidément distraite. Elle avait abandonné son gâteau en cours de préparation pour disparaître. Sans doute se prélassait-elle dans son bain, à lire un roman.

Câlinant Bijou, Emma monta à l'étage et entra dans la suite parentale du couple avant d'entendre un bruit. Elle se figea sur la moquette couleur pêche : un couple moite s'ébattait contre un secrétaire, devant l'une des deux fenêtres de la chambre.

Contre un ciel d'un bleu intense, Emma vit se profiler Orville, les fesses posées sur le secrétaire, la tête rejetée en arrière, agrippé au bord du meuble pour ne pas perdre l'équilibre face aux assauts de Sandra agenouillée devant lui.

Sandra en plein soleil constituait un charmant spectacle. Au bord d'une piscine, elle aurait fait suffisamment diversion pour couvrir un meurtre. Ses cheveux noirs aux reflets bleutés, sa peau cuivrée et son rouge à lèvres couleur corail éclipsaient le fier attribut d'Orville.

Bijou se mit à hurler à la mort.

37.

— Tu veux du champagne ? proposa Emma d'une petite voix.

Finn monta vivement les marches menant à la galerie pour la rejoindre.

— Je te cherchais. Tu ne réponds pas au téléphone.

Se balançant avec son pied droit, elle se prélassait dans un fauteuil à bascule, une flûte de champagne serrée sur sa poitrine.

Elle lui adressa un sourire vague. Il eut du mal à se concentrer sur son visage, car son petit haut et son short bleu marine lui donnaient des idées.

— Tu es là depuis combien de temps ? Eileen et Annie s'amusent bien au magasin. Elles adorent ça. Mais tu leur avais dit que tu y retournerais cet après-midi.

— C'est encore l'après-midi.

Il alla s'asseoir près d'elle.

— Mais tu es là, pas au magasin. Raconte-moi ce qui ne va pas.

— Carl Viator m'a tendu un piège.

Elle leva sa flûte pour contempler les bulles de champagne.

— Ne t'en fais pas. J'en ai bu deux gorgées et elles ne

m'ont pas fait de bien. Je suis trop furieuse, surtout contre moi-même d'avoir été aussi stupide.

— Comment ça, un piège ?

— Je suis allée le trouver tout de suite après et il n'a pas nié.

Elle fixa les arbres du jardin. Teddy sauta sur ses genoux. Elle l'embrassa sur la tête, puis il s'en alla. Finn aurait aimé prendre sa place.

Parfois, tenir sa langue portait ses fruits. Comme en ce moment, songea-t-il. Il faillit lui prendre la main, mais se ravisa.

— Je me demande comment j'ai fait pour être aussi aveugle. Carl déteste Orville, mais j'ignore depuis combien de temps. Je crois qu'il cherche à l'anéantir. Je parie que c'est lui qui a veillé à ce que cette transaction immobilière lui passe sous le nez.

— Ça te pose un problème ?

— Tu plaisantes ? Je suis déçue que Carl soit un tel crétin, lui aussi. Il a fait en sorte que je surprenne Orville avec son amie si peu farouche. Celle des photos.

Finn retint son souffle.

— J'ai accusé Carl d'avoir pris ces photos. Il n'a pas avoué, mais il n'a pas nié non plus. L'autre jour, il a prétendu en avoir reçu une série. Il voulait voir ma réaction. Je sais que c'est lui. Maintenant, je me dis que c'était sans doute lui, le cow-boy. Le salaud.

Nom de Dieu !

— Pourquoi aurait-il fait ça ? Emmy, tu te trompes peut-être.

Elle but sa troisième gorgée de champagne et fronça le nez.

— Un mauvais millésime, sans doute, commenta-t-elle.

Carl a agi comme ça parce qu'il était blessé. Il voulait que je souffre autant que lui. Que je me sente trahie, comme lui.

Finn voulut lui prendre la flûte des mains, mais elle l'écarta.

— Je croyais que tu avais une journée chargée.

— J'ai fini. C'est moi qui ai acheté Oakdale, ajouta-t-il, ravi.

Elle eut un sourire mystérieux. Ce n'était pas exactement la réaction qu'il espérait.

— Je n'étais sur le coup que depuis quelques jours et je pensais n'avoir aucune chance. Le propriétaire m'avait dit qu'il avait déjà reçu une offre très alléchante. Mais aujourd'hui, nous avons eu un entretien au cours duquel il m'a annoncé qu'il me vendait son bien. Comme ça. Il ne reste plus que les formalités à accomplir. Mes gens s'en occupent.

— J'ignorais que tu avais des « gens », remarqua-t-elle, les yeux plissés.

— C'est une façon de parler. Comme j'avais décidé de me fixer ici… Emma, ne me regarde pas ainsi.

— Je suis contente pour toi, dit-elle sans cesser de le fixer.

— Excuse-moi, je ne voulais pas détourner la conversation, mais tu m'as posé la question. Tu viens de recevoir un choc effroyable et je ne fais rien pour t'aider à le surmonter. Dis-moi tout, ma belle.

En arrivant, il ne rêvait que d'une chose : lui parler d'Oakdale.

Elle poussa un soupir et reporta son regard sur sa flûte.

— Avec l'aide de Carl, j'ai surpris Orville et Sandra

en flagrant délit, nus comme des vers, en train de copuler au soleil.

— Ils étaient dehors ?

— Non. Le soleil inondait la chambre de Sandra, enfin, la chambre de Sandra et Carl.

Que dire ? Il la prit doucement par les épaules. Elle était crispée. Sans prévenir, elle lança sa flûte par-dessus la rampe.

— Tu es blessée, c'est normal, murmura-t-il. Se savoir trompée est une chose, mais assister à la scène en est une autre. Et avec une amie, en plus.

— Je suis contente de les avoir surpris. Ils n'avaient nulle part où se cacher ! J'ai adoré cet instant…

— Je n'aimerais pas être ton ennemi, commenta-t-il avec un sourire.

Son téléphone portable se mit à sonner. Il faillit ne pas répondre, mais c'était Billy.

— Oui, Billy ?

— Alors, qu'avez-vous déniché d'intéressant ?

Il sourit.

— Rien de neuf. Enfin, rien que nous n'ayons déjà deviné. Le tournage de ce film a manifestement fait grand bruit à Wells.

Emma leva vers lui un regard amusé.

— J'ai du nouveau, annonça le policier. John Sims semble s'être envolé, lui aussi. C'est une véritable épidémie en ce moment. Les hommes disparaissent de Pointe Judah. Je voulais lui parler de Sandra, lui demander s'il lui manquait des médicaments sans qu'il s'en soit rendu compte… mais il a filé.

— John se déplace beaucoup.

— Pas pour cette entreprise de produits pharmaceutiques, en tout cas. Je me suis renseigné : il ne travaille plus pour eux depuis plus d'un an.

Finn se frotta le front.

— Qu'est-ce que c'est que cette histoire ? Ce type ment ?

— Peut-être a-t-il honte d'avouer qu'il s'est fait virer, suggéra Billy. Je vais rester au bureau très tard, ce soir. Si vous avez envie de faire un saut, apportez donc une bouteille.

Finn coupa la communication sans plus de commentaires et informa Emma des derniers développements concernant John.

— Billy a-t-il vérifié qu'il travaillait pour une autre entreprise ?

— Je ne sais pas.

Telle qu'il la connaissait, Emma n'allait sans doute pas laisser cette question sans réponse.

Elle se leva et s'étira pour son plus grand plaisir.

— Reste si tu veux, proposa-t-elle. Il y a un tas de choses à manger si tu as envie de préparer un repas.

— Tu n'as pas faim ? demanda-t-il, étonné.

— Je sors, ce soir. J'ai une réunion.

Elle ajouta avec un soupir :

— Si ça continue, il ne restera personne à réunir…

Il se leva d'un bond.

— Ne dis pas ça ! Bon sang, tu me sidères, parfois ! s'exclama-t-il, en colère. Où vas-tu ? Qui sera présent ?

— Excuse-moi, mais je suis prise, ce soir.

— Et ça ne me regarde pas, c'est ça ? fulmina-t-il.

Pourquoi ne comprenait-elle pas qu'il avait de bonnes raisons de se soucier de l'endroit où elle se trouvait à tout instant ?

— Je me rends à une réunion du club, répliqua-t-elle, les mains sur les hanches. D'après toi, où pourrais-je aller ?

Il était un dur, un guerrier. Les guerriers n'avaient pas d'angoisses de ce genre. Alors pourquoi avait-il le ventre aussi atrocement noué ?

— Je ne pense pas que ce soit une bonne idée, commença-t-il prudemment. Ne te méprends pas. Je sais que je n'ai aucun droit de te donner d'ordres, mais…

— Tu as raison.

— Emmy, deux membres de ce groupe ont… Tu sais ce qui s'est passé. Ça t'ennuierait tant de faire attention à toi ?

Elle se hissa sur la pointe des pieds et l'embrassa. Avant qu'il ait pu l'enlacer et profiter de la situation, elle s'écarta.

— Ne t'inquiète pas. Je serai entre amies.

38.

Emma entra en trombe chez Angela.

— Désolée d'être en retard ! lança-t-elle en évitant son regard pour ne pas y lire de reproches. J'ai été un peu débordée ces derniers jours.

— Tu n'es pas en retard, répondit Angela, la voix plus rauque que de coutume. Tu es même la première. Merci d'être venue.

Elle tendit les bras. Emma l'étreignit.

— Comment se fait-il que tu ouvres toi-même la porte ? s'enquit-elle en l'observant. En général, c'est Mme Merryfield qui s'en charge. Dois-je en conclure que tu te sens mieux ? Je sais combien tu as dû te faire violence pour venir me voir, à la mort de Denise. Ça a dû être très dur pour toi.

— Parfois, il faut se dépasser. Entre et viens te changer.

Un peu nerveuse, elle l'arrêta.

— Asseyons-nous d'abord. Je me sens fatiguée, ce soir.

— Nous portons toujours notre peignoir, répliqua Angela. Il fait partie intégrante de notre groupe, un groupe très soudé.

— Ce sont des larmes que je vois dans tes yeux ?

Angela baissa la tête. Elle couvrait sa joue balafrée de ses cheveux.

— J'ai l'impression que tout ce que nous partagions est en train de partir à la dérive. La solidarité, la compréhension… Cette affection profonde qui nous a permis de partager des expériences que nous n'aurions partagées avec personne d'autre.

— Viens, lui dit Emma, il faut qu'on parle.

Elle se rendit directement dans le salon, ôta ses sandales et se lova sur un divan. Angela la suivit lentement, sans cesser de se tripoter les cheveux pour masquer ses cicatrices.

— Je croyais que tu ne le faisais plus, s'étonna Emma en fronçant les sourcils.

— Quoi ?

— Te cacher les traces sur ton visage. Je pensais que travailler là-dessus avait été l'une des premières missions de notre groupe.

— Aurais-je dû subir ces opérations de chirurgie réparatrice, selon toi ? C'est encore possible, je suppose.

Elles en avaient déjà parlé, il y avait bien longtemps. A l'époque, Angela avait catégoriquement refusé de se faire opérer de nouveau.

— Qu'en penses-tu ? Serais-je plus digne d'être aimée si je n'étais pas défigurée ?

Emma détestait cette attitude négative.

— Tu es la seule qui puisse prendre une décision aussi grave. Si tu as recours à la chirurgie, il faut que ce soit pour toi-même, pas parce que ça fera une différence aux yeux des autres.

— Parce que tu te maquilles pour toi-même ? Et c'est pour toi-même que tu portes des tenues légères et sexy ?

— Je ne te reconnais pas, Angela, répliqua Emma un peu sèchement. Tu sais bien que les qualités humaines sont ce qui compte le plus, à mes yeux.

Angela détourna les yeux.

— Excuse-moi. Je ne sais plus ce que je raconte. Je suis à côté de la plaque. Nous nous sommes très peu vues, ces dernières semaines. Quand je vous appelle, vous avez toutes de bons prétextes pour ne pas venir.

— Tu m'as appelée ce soir, et je suis là. Je suis sûre que les autres viendront aussi. C'est une période un peu particulière. Nous cherchons toutes à expliquer ces événements inexplicables.

— Regarde-moi. Regarde-moi dans les yeux et dis-moi que tes sentiments à mon égard n'ont pas changé.

Emma ressentit soudain de l'effroi, ce qui était ridicule.

— Rien n'a changé, assura-t-elle. Sauf que Denise et Holly sont mortes. Et que nous sommes en deuil. Il faut du temps pour faire son deuil. Je pense à elles tous les jours, en me demandant ce que j'aurais pu faire pour éviter ça.

— Tu n'aurais rien pu faire. Ne dis pas de bêtises.

— Je suppose que non, admit-elle en posant son sac par terre. Mais je le regrette. Quand les autres seront là, il faudra en parler. Nous n'en avons pas eu l'occasion jusqu'à ce soir, alors cesse de te sentir négligée. Comment pourrions-nous t'ignorer ? Sans toi, nous ne serions pas ensemble. Imagine à côté de quoi nous serions passées.

Enfin, Angela sourit.

— Oh oui !

— Ça y est, je me souviens de ce que je voulais te

demander. C'est à propos de John. Quand l'as-tu vu pour la dernière fois ?

— Pourquoi ?

— Billy pense qu'il a peut-être quitté la ville. Il a perdu son emploi, il y a un certain temps déjà, et maintenant, il a peur que nous le sachions, car il a honte. Enfin, c'est plus ou moins ce que suggère Billy.

Apparemment indignée, Angela se leva pour faire les cent pas, puis elle se plaça devant elle.

— John ne ferait rien de tel ! Je ne le vois pas beaucoup, c'est vrai, mais c'est un gentleman, un homme honnête. Depuis que je loue cette maison, et cela fait des années, il n'a pas prononcé une seule parole déplacée. Combien de propriétaires permettent à leur locataire d'agrandir une maison et de creuser une piscine ? Il est très attentionné.

— Tu as augmenté la valeur de son bien immobilier en réglant la facture de ces travaux, et il demeure propriétaire de la maison.

Angela pinça les lèvres avec un soupir.

— Je te croyais différente. Je ne t'imaginais pas du genre à porter des jugements sur les autres. En général, tu sais reconnaître les êtres d'exception là où d'autres ne voient rien du tout.

Déstabilisée par sa critique, Emma croisa les bras. Elle avait froid et se sentait mal à l'aise.

Angela passa de l'autre côté de la table basse. Elle sortit des allumettes d'un tiroir et alluma des bougies.

— Je suis inquiète, avoua-t-elle en éteignant l'allumette. Peut-être que John est malade, chez lui, dans l'impossibilité de répondre au téléphone ? Et s'il était mort ?

— Mais non ! s'écria Emma, horrifiée. Je t'en prie,

ne parle pas comme ça, pas après ce que nous avons enduré.

Angela jeta la boîte d'allumettes.

— Je ne l'ai pas vu depuis… Voyons, quand était-ce ?

Elle se retourna à plusieurs reprises.

— J'ai oublié.

— Pour moi, c'était à la réception d'Orville, déclara Emma après avoir réfléchi. Il était présent lors de cette soirée épouvantable. Il a été formidable, comme toujours.

— Naturellement, je n'y étais pas.

— Ça ne t'aurait pas plu. Enfin, je veux dire, il y avait trop de bruit, trop de monde…

— Tu penses grand bien de John, n'est-ce pas ? reprit Angela. J'ai bien vu combien vous étiez proches, tous les deux.

— En effet, admit Emma en se tournant vers la porte. Les autres sont vraiment en retard. Tu es sûre de nous avoir indiqué la même heure à toutes ?

— Lynnette et Frances seront en retard parce qu'elles ont des rendez-vous dans le salon. Avec Suky-Jo, justement. Tu as prévenu Sandra, n'est-ce pas ? Je n'ai pas réussi à la joindre.

Emma serra les dents.

— Sandra n'est pas disponible.

— Et Eileen ?

— Non. Je croyais… Je n'y ai pas pensé. Elle n'aurait peut-être pas voulu venir ce soir, alors c'est sans doute mieux ainsi. Elle ne partage pas les mêmes souvenirs que nous. Il vaut mieux que nous restions entre anciennes.

— Du moins ce qu'il en reste, commenta Angela en tripotant ses gants roses.

Emma se leva, de plus en plus mal à l'aise.

— Pourquoi ai-je l'impression que tu cherches à me blesser ? Nous ne devrions pas nous infliger ce genre d'épreuves.

— Tu es si susceptible ! Tu passes trop de temps à te regarder le nombril.

— Je vois, fit Emma en prenant une profonde inspiration. Ton comportement est vraiment trop pénible. Je vais m'en aller. Nous nous reverrons quand nous irons mieux toutes les deux.

Angela la retint par le bras.

— Pardonne-moi, Emma ! Vraiment, je regrette. Je suis bouleversée par tous ces événements. Je n'arrive pas à m'en remettre.

— C'est normal.

— Tu m'en veux ?

Emma soupira.

— Non, non. On oublie.

— Tu dois être impatiente que la procédure de divorce soit entamée pour démarrer une nouvelle vie.

Elle fit tourner son alliance autour de son annulaire.

— Oui. C'est fou comme un couple peut se briser rapidement.

— Mais c'est ce que tu veux, non ? Allez, ne fais pas semblant d'être triste. Je trouve toujours que tu es quelqu'un de bien, tu sais.

— Je ne suis pas triste.

Son alliance la gênait. Elle se promit de l'enlever en sortant.

— Tu veux bien venir avec moi chez John pour voir si tout va bien ? demanda Angela.

— Je t'ai dit qu'il n'était pas chez lui.

— Billy n'en est pas sûr, et toi non plus. J'ai sa clé, en cas de besoin.

— On ne peut pas… Non, je n'entrerai pas chez John sans y avoir été invitée.

Angela hocha la tête.

— Bien sûr… C'est à moi de le faire. Eh bien, rentre chez toi. Je m'en sortirai très bien toute seule.

— Tu es drôle, commenta Emma malgré elle. Un peu comme une mère qui cherche à culpabiliser son enfant pour l'obliger à faire quelque chose.

— Je…

— Ecoute, la coupa-t-elle avec un sourire, si tu juges bon de vérifier que John n'est pas allongé par terre avec les deux jambes cassées, pas de problème. Si seulement certaines des autres étaient là… On se sent plus en sécurité à plusieurs.

Angela ouvrit le tiroir de la table basse et se mit à genoux pour en examiner le contenu. Elle trouva une clé qu'elle brandit.

— On va jeter un coup d'œil, c'est tout. Je laisserai un mot à John pour lui expliquer. S'il se fâche, tant pis. Il devrait nous être reconnaissant de nous soucier de lui.

— Dépêchons-nous, la pressa Emma avec nervosité. Toute cette histoire me joue sur les nerfs. Je ferais une piètre cambrioleuse.

Il fallait être désespéré pour accepter de tenir compagnie à un vieux flic parce qu'on n'avait rien d'autre à faire. Ou que l'on ne pouvait faire ce que l'on voulait.

— Excellent whisky, déclara Finn. Merci.

Il avait oublié d'apporter une bouteille, mais Billy avait sorti la sienne.

— De temps en temps, un homme mérite ce qu'il y a de mieux. C'est mon père qui m'a dit ça, il y a bien longtemps, même s'il n'était pas homme à se contenter de la médiocrité.

Finn savoura l'alcool ambré.

— Je m'attendais plutôt à boire votre jus de chaussette.

— Il est très bon, mon café, mon garçon. Vous êtes incapable de reconnaître la qualité. Mais ça, c'est autre chose…

Billy recula sur son siège derrière son bureau métallique et posa son verre sur son ventre.

— Je recherche toujours John Sims. J'ai installé des barrages, lancé un avis de recherche sur la voiture. Rien.

— Si vous êtes vraiment inquiet, demandez un mandat d'amener.

— C'est ce que je ferais si Sandra Viator voulait bien avouer que Sims lui fournissait des médicaments. Or elle nie en bloc. Elle affirme qu'elle n'a pas fait d'overdose, qu'elle était simplement bouleversée par ces meurtres et qu'elle est hypersensible, surtout sur le plan digestif.

— Et les échantillons ?

— Quelqu'un les aurait déposés dans son sac, soit par accident, soit pour la compromettre. Je ne m'en étais jamais rendu compte, mais cette femme a quelque chose de pathétique. Elle ne s'intéresse qu'aux apparences. J'ai appelé Carl. Il m'a dit qu'elle allait bien à sa connaissance. J'ignore ce qu'il entendait par là.

Finn devait à Billy certaines informations.

— Je vous remercie de m'avoir remis l'uniforme de mon père. Je suis en train de le faire analyser. S'ils trouvent de l'ADN, je ferai une comparaison avec le mien.

Billy pinça les lèvres.

— Je regrette que vous vous soyez infligé ça, et à moi aussi. J'aurais préféré oublier.

— Je serai le seul à connaître les résultats. Avec vous, si vous voulez. Je devais accorder à mon père une chance de se défendre.

— Vous avez une drôle de façon de l'exprimer.

— Vous me comprenez. Et si ce que vous avez découvert sur le siège de la voiture s'y trouvait déjà quand mon père est monté à bord ? C'est plausible.

— Vous cherchez la petite bête, mais je vous suis.

Finn planta son regard dans le sien.

— Billy, je crois que vous voulez la vérité autant que moi.

— Pourquoi pas ? admit Billy d'un air maussade. Votre mère ne peut plus souffrir, désormais. Je vais avoir le FBI sur le dos dès demain matin. Autant m'habituer à ce que quelqu'un remette en cause mes décisions.

— Vous allez arriver à le supporter ?

— Je l'espère. Au cas où vous sauriez où se trouve Rusty : s'il ne rapplique pas, d'autres que moi le soupçonneront.

La sonnerie de l'Interphone l'interrompit. Il appuya dessus avec rage.

— Nom de Dieu ! Quoi encore ?

— On peut révéler une adresse ? s'enquit une voix depuis la réception. Il y a un monsieur qui cherche une adresse en ville. Il a le nom de la personne.

Il eut une grimace de lassitude.

— Ce type a ses papiers ? Et une raison de vouloir connaître cette adresse ? Il veut bien qu'on se renseigne sur lui avant de lui fournir l'information ?

Son correspondant toussota.

— Il dit que oui. Il cherche Finn Duhon. Un dénommé Jackson.

— Attendez une minute.

Billy coupa l'Interphone et se tourna vers Finn :

— Vous connaissez un certain Jackson ?

— Euh… non, je ne crois pas.

— Très bien, alors il n'aura pas votre adresse.

Finn se leva.

— Je vais aller jeter un coup d'œil, au cas où.

Billy haussa les épaules et reporta son attention sur ses documents et son verre de whisky.

A la réception, l'homme portait un chapeau clair maculé de sueur. Le photographe de Wells.

— Quelle chance ! s'exclama-t-il avec un large sourire. J'ignorais que vous fréquentiez cet endroit.

— Ravi de vous voir, Jackson, répondit Finn en lui serrant la main. Venez, je vais vous présenter un ami.

L'invitant dans le bureau de Billy, il se chargea des présentations, expliquant que Jackson avait connu Belinda Page.

— Je ne la connaissais pas vraiment, corrigea Jackson en rougissant. J'ai simplement pris des photos sur le plateau pour le journal.

Des centaines de clichés, songea Finn. Sans doute avait-il succombé au charme de la jolie Belinda.

— C'est pour ça que je suis venu. Je me rends à Toussaint, mais je me suis dit que je passerais vous voir en chemin. Emma a aimé les photos. En les récupérant, j'ai regardé si elle avait noté le numéro de celles qu'elle souhaitait. Il y en avait plusieurs que je n'avais pas encore remplacées depuis la dernière fois que quelqu'un les avait regardées… C'est-à-dire Denise.

Le sourire de bienvenue de Billy s'effaça.

— Denise Steen ?

— Oui. Je sais ce qui s'est passé. Comme pour Belinda… Bref, je voulais les déposer pour Emma, puisqu'elles lui plaisent tant.

Finn prit l'enveloppe. Jackson était-il vraiment en route pour Toussaint à cette heure de la nuit ? Il se garda de lui poser la question.

— Je veillerai à les lui remettre, assura-t-il. Je peux y jeter un coup d'œil ?

— Bien sûr.

— Vos photos sont superbes. J'ai vu celles qu'Emma avait sélectionnées à mon intention. J'aime bien celle où quelqu'un souffle des bulles sur Belinda Page.

— Moi aussi. Bon, je vais y aller.

Il quitta le bureau. Finn songea qu'il avait oublié de lui dire quelque chose, mais il n'arrivait pas à se rappeler quoi.

— Elles ont été prises sur le tournage, près de Wells, expliqua-t-il à Billy. Je suppose que vous avez vu un tas de photos de Belinda Page.

— Pas vraiment. Je n'avais pas grand-chose à voir avec l'enquête.

Finn lui remit les clichés et se plaça derrière lui pour les regarder.

— C'est la rue principale de Wells. J'ignorais qu'ils avaient tourné là-bas. Elle semble différente. Ils ont changé les enseignes des commerces.

Billy grommela des paroles incompréhensibles et observa un cliché de Belinda en train de faire le pitre devant le miroir. Elle avait les joues gonflées et les yeux écarquillés.

— On dirait qu'elle ne se prenait pas au sérieux, commenta-t-il. Une qualité que j'apprécie.

— Moi aussi.

Finn regarda avec attention la jeune femme et son maquilleur qui se reflétait dans le miroir. Elle faisait rire les autres aussi.

La photo suivante lui ressemblait.

Il tendit la main au-dessus de l'épaule de Billy pour l'empêcher de passer à la suivante.

— Faites voir.

Il prit le cliché, et le précédent, le suivant, et les compara. Aussitôt, de la sueur perla sur son front.

— Merde... Regardez, Billy !

— Quoi ? fit le policier en les examinant à son tour.

Très vite, il se leva et désigna les personnages.

— Cette femme, là, la petite, avec ses boucles rousses... C'est Mme Merryfield qui travaille chez Angela. On dirait qu'elle était coiffeuse.

Finn ne l'avait même pas remarquée.

— Et le type avec la barbe qui maquille Belinda, c'est John Sims.

La maison de John et celle que louait Angela étaient plus proches qu'Emma ne se l'était imaginé. De grands bambous les séparaient, mais l'allée n'était pas très longue.

— Ce n'est vraiment pas loin, commenta-t-elle tandis qu'Angela se penchait pour ouvrir la porte. Je suis étonnée que les grands-parents de John aient obtenu un permis de construire.

— Tu parles comme la femme du maire.

Elles pénétrèrent dans la cuisine qui semblait ne jamais servir.

— Un maniaque de la propreté, nota Emma en refermant la porte.

— Il est propre, c'est tout. Il est comme ça pour tout. Fais attention.

— John ! Tu es là ?

— Ne crie pas ainsi, fit Angela en se retournant, une main sur sa poitrine. Tu m'as fait peur !

— Pourquoi ? Nous cherchons John, non ? Je ne veux pas fouiner dans sa maison si ce n'est pas nécessaire.

Angela ne cessait de se toucher les cheveux.

— Je vais trop loin avec toi, murmura-t-elle. Tu vas cesser de m'aimer. Voilà pourquoi je n'avais jamais tenté de me faire des amis, auparavant. J'avais peur que mes problèmes soient un obstacle.

Elle a besoin de se faire soigner.

— Tu réagis mal parce que tu es sortie de chez toi, la rassura-t-elle. Détends-toi. Ça ne prendra que peu de temps. Je crois vraiment que John n'est pas là.

— Je ne suis pas malade, répliqua Angela. Ne crois pas ça. C'est ce que tu penses, je le sais. Je le vois dans tes yeux.

Emma regarda en direction de la porte d'entrée.

— Il vaut mieux rentrer, Angela. Tu ne te sens pas bien.

— Mais non, pas du tout ! En fait, si. Quand je cède à la panique, je ne vaux rien. Tu as raison. On va se dépêcher. Passe la première, d'accord ?

— Bien sûr.

Elle n'en avait pas envie, mais elle était prête à tout pour gérer au mieux cette situation délicate.

Au rez-de-chaussée, les meubles étaient démodés. Tout était propre et net, mais désuet. Sur les guéridons étaient exposées des photos de famille en noir et blanc. Des napperons au crochet ornaient les fauteuils et le canapé bon marché.

Angela secoua la tête.

— Il n'a jamais changé le mobilier, expliqua-t-elle tout bas. Il dit qu'il veut tout garder en l'état pour ne pas oublier.

— Oublier quoi ?

— Je l'ignore. Bon, il reste l'étage et le cagibi, au fond. On commence par quoi ?

Ni l'un ni l'autre.

— On ne devrait pas… Je suis sûre que John est en voyage.

— Moi aussi, mais je ne me le pardonnerais jamais si j'étais venue jusqu'ici pour le manquer. Il a peut-être eu un malaise.

— Tout peut arriver, c'est vrai.

— Reste ici, lui ordonna Angela. Je reviens tout de suite.

Elle monta. Emma entendit ses pas au-dessus de sa tête et des claquements de porte.

Après quelques minutes, Angela réapparut, souriante.

— Tout va bien ? s'enquit Emma. Tu sembles aller mieux.

— C'est vrai. Désolée, Emma, j'ignore ce qui m'a pris, tout à l'heure.

Dans la cuisine, Angela marqua un temps d'arrêt.

— La remise est par là, déclara-t-elle en désignant l'une des deux portes avec un frisson. Il y a sûrement des souris, là-dedans. Je ne crois pas que John s'en serve.

Emma n'osa lui faire remarquer que, si John ne l'utilisait pas, il ne servait à rien de regarder à l'intérieur.

Angela tourna la poignée. La porte ne s'ouvrit pas.

— Elle est fermée à clé.

— Tant mieux. Il ne s'enfermerait pas, tout de même.

— Non, admit Angela avec l'esquisse d'un sourire.

Toutefois, elle semblait pensive. Elle sortit une clé de sa poche. La porte s'ouvrit enfin.

— Je savais bien qu'il m'avait dit que la clé fonctionnait avec les deux portes.

Elle appuya sur l'interrupteur.

— Ça va ? demanda Emma.

— Je pense.

Angela entra et s'éloigna vers la gauche.

Emma se promit de ne plus jamais venir à une réunion du club seule. Angela avait beaucoup œuvré pour les réunir en tant que groupe, mais elles l'avaient aussi beaucoup aidée en retour. De telles expéditions n'étaient ni amusantes ni rassurantes.

Emma entendit un cri étouffé, comme si quelqu'un avait bâillonné Angela.

Son cœur s'emballa. Elle songea au pistolet qu'elle avait dans son sac à main. Au moins, elle avait pensé à s'en munir, avant de venir.

— Angela ? appela-t-elle en glissant une main dans son sac.

Elle sortit son arme et pénétra dans la remise.

Se plaquant au mur, elle scruta la pénombre en quête d'un mouvement. La lampe qu'Angela avait allumée se trouvait juste au-dessus d'elle. Impossible de dire s'il y en avait une autre à gauche.

Emma avança doucement et se pencha en avant. Aussitôt, quelqu'un lui couvrit la tête d'un sac et lui serra le cou.

Elle trébucha.

Un coup de feu partit.

— Salope ! Salope ! cria une voix masculine.

Un violent coup au poignet la priva de toute sensation… et de son pistolet.

39.

Rusty Barnes entra dans le bureau de Billy et tendit les poignets.

— Vous pouvez me passer les menottes tout de suite.

— Personne ne vous a intercepté quand vous êtes entré ? s'enquit Finn. Ça signifie sans doute que vous n'êtes pas recherché.

Il empocha les clés qu'il avait laissées sur le bureau de Billy et vérifia qu'il n'avait rien oublié durant son moment de trouble.

— Vous croyez ? fit Rusty. Où est Billy ?

— Vous êtes hors de cause, Rusty. C'est John Sims qui se retrouve sur la sellette. Billy pourra vous le confirmer. Je n'ai pas le temps de vous expliquer.

— John ?

Exaspéré, Finn le foudroya du regard.

— Je dois aller chercher quelqu'un. Ça ne va pas lui plaire, et Billy va s'énerver, pensant que je me mêle des affaires de la police, mais je n'ai pas le choix.

— Où est Billy ? répéta Rusty.

— Il est parti chercher un mandat de perquisition pour fouiller la maison de John. C'est une véritable chasse à l'homme. Ecoutez, Rusty, je n'ai pas le temps de bavarder.

Je suis juste venu chercher mes clés. Allez donc à la réception dire à quelqu'un d'avertir Billy de votre passage. Ensuite, vous attendrez.

Rusty sourit.

— Quoi ? fit Finn.

— Pourquoi faut-il toujours que vous me disiez ce que je dois faire ?

Il fit mine de lui donner un coup de poing.

— Je vais chercher Emma.

S'il le pouvait, il la cacherait le temps que Sims soit capturé et enfermé.

Il lui caressait le cou là où le sac touchait sa peau. Ses pouces s'insinuèrent entre ses omoplates, ses doigts palpèrent sa colonne vertébrale, ses vertèbres cervicales.

Des doigts tremblants.

Elle serra les dents. Ses jambes menaçaient de se dérober sous elle à tout moment tellement elle tremblait.

Il se mit à chantonner.

Elle le sentit se déplacer. Surtout ne pas crier. En trahissant sa peur, elle risquait de l'exciter davantage.

Où était John ? Cet homme l'avait-il tué ?

Elle perçut des plaintes étouffées. Il avait fait quelque chose à Angela. Elle remua les mains. Aussitôt, elle sentit les liens qui lui serraient les poignets pénétrer dans sa chair. Tout à l'heure, en essayant de lui assener un coup de pied, elle avait perdu une sandale. Pour la punir, il lui avait marché sur le pied tout en posant sa bouche humide entre ses seins.

— Je t'aime, dit-il.

Elle entendit un bourdonnement dans ses oreilles. Elle

tremblait si fort que ses genoux cédèrent. C'est au prix d'un immense effort qu'elle parvint à rester debout.

— Je t'aime depuis la première seconde où j'ai posé les yeux sur toi. Pourquoi m'as-tu mené la vie aussi dure ?

Elle s'efforça de contrôler sa panique.

— Je voulais t'aider à te débarrasser de lui. Je t'ai apporté de l'argent, mais tu l'as remis à la police. Tu leur as parlé de moi, alors que je voulais seulement t'aimer.

Le cow-boy. C'était lui, pas Carl.

Angela se mit à tousser. Le sang d'Emma ne fit qu'un tour. De toute évidence, son amie était bâillonnée. Si elle s'étouffait, elle allait mourir.

— Laisse-la partir, dit-elle d'un ton qui se voulait ferme.

L'homme rit.

— Tu te soucies des autres. C'est ce qui fait de toi un être d'exception. Tout le monde s'intéresse à soi-même. Pas toi.

Un frisson la traversa. Elle connaissait cette voix.

— Il est encore temps pour nous deux, poursuivit-il. Ils ne sont pas au courant pour moi. On peut s'en aller loin d'ici, très loin. J'ai pris ton passeport chez tes parents. Ça fait des jours que je l'ai, mais tu ne t'en es pas rendu compte. Et j'ai brûlé ton acte de mariage. Tu vois ? Tu n'es plus mariée avec lui.

Devait-elle l'appeler par son nom ? Allait-il se fâcher parce qu'elle l'avait reconnu ?

— John… C'est toi, n'est-ce pas ?

Elle n'avait pas d'autre solution que d'espérer ne pas s'être trompée.

— Oui, répondit-il. Je voulais te faire quitter Pointe Judah sans être obligé de t'infliger ça, mais Finn Duhon a débarqué. Tu t'es amourachée de lui. Tu m'as ignoré pour l'accueillir, lui.

— Je ne t'ai jamais ignoré, John. Tu es mon ami.

Il ressentait son désespoir, elle en était sûre.

— Seulement l'un de tes amis, cracha-t-il. Je voulais être le seul, et je le serai quand nous serons partis d'ici pour toujours.

Tant qu'il penserait qu'elle allait partir avec lui, elle avait une chance de s'en sortir. Avec Angela. Si cette comédie durait assez longtemps, quelqu'un viendrait les chercher. Peut-être les autres filles membres du club viendraient-elles chez John en ne trouvant pas Angela à la maison…

Elle tenta de se remémorer des détails qu'elle aurait oubliés. Non, jamais elle n'avait donné à John le moindre signe d'intérêt pour lui.

Angela toussa de nouveau.

— Elle va s'étouffer ! s'écria Emma.

— Laisse tomber. Moi je l'ai déjà oubliée.

Les mains de John passèrent de son cou à ses épaules. Il lui caressa les bras et l'attira vers lui pour lui lécher la peau, la mordiller, avant de descendre vers la naissance de ses seins.

Il ne portait pas de chemise.

— John, où irons-nous ?

— C'est une surprise.

Il lui massa le dos, les épaules, les reins.

Si seulement elle s'était changée, avant de se rendre chez Angela… Mais la journée avait été humide et elle avait eu peur d'avoir trop chaud.

Ses yeux s'embuèrent de larmes sans qu'elle sache pourquoi. Elle avait envie de prendre la main de Finn, de sentir le contact de sa peau.

Elle ne supportait pas d'être dans les bras de cet homme qui ne lui inspirait que de la pitié et du dégoût. Il posa une main sur sa hanche et entreprit de lui palper les fesses.

Dans la maison, une porte claqua. Des pas précipités résonnèrent dans la cuisine.

— Tais-toi, murmura John. Pas un bruit.

Ils entendirent les pas parcourir toute la maison, puis gravir les marches.

Il la serra très fort contre lui. Soudain, elle se sentit prise de nausée. John n'avait pas seulement enlevé sa chemise, il était entièrement nu. Elle sentait son membre lisse et gonflé de désir contre son avant-bras.

— John ?

La voix était lointaine, mais Emma reconnut celle d'une femme. Une amie ? Pourquoi personne ne venait à sa rescousse ?

Les pas redescendirent.

— John, tu es là ?

Sandra.

Une main plaquée sur la bouche d'Emma, il l'entraîna en arrière. Elle tendit ses mains entravées en avant pour ne pas tomber. Il recula rapidement et la poussa dans un recoin.

— Ne bouge pas d'ici, ordonna-t-il.

Sur ces mots, il lui fit un croche-pied et la rattrapa au moment où elle tombait, de façon à la faire asseoir par terre. Sa main resta sur son visage, puis il fourra un chiffon dans sa bouche et le maintint avec du ruban adhésif. Enfin, il accrocha sa cheville à son poignet à l'aide de menottes.

— Je n'aime pas faire ça, mais il le faut. Je reviens tout de suite.

Son bâillon lui donnait des haut-le-cœur. Elle crut qu'elle allait vomir.

Luttant contre la panique, elle s'efforça d'apaiser son esprit. Ce n'était pas en se débattant qu'elle parviendrait à se libérer. Elle détendit ses muscles autant que possible. Ses jambes étaient repliées contre sa poitrine, ce qui rendait sa respiration difficile.

— Mets-toi sur le côté, murmura-t-il. Ne bouge pas et tout ira bien.

Il semblait si… raisonnable.

Emma avait le cœur battant, le corps endolori. Quant à Angela, elle s'était tue.

— John ?

Cette fois, Sandra se trouvait dans la cuisine. Il s'écarta d'Emma pour aller ouvrir la porte.

— J'arrive.

Emma sentit un courant d'air envahir la remise.

— Qu'est-ce que tu fais là-dedans ? Je n'y vois rien. Allume la lumière.

Il ne répondit pas.

— Dieu merci, je t'ai trouvé ! Si la porte avait été fermée à clé, je ne sais pas ce que j'aurais fait. Il faut que je parte au plus vite. Allez, John, sors de là. La Lexus d'Emma est garée devant chez Angela. Si elle me voit, je suis morte.

Il ne répondit pas.

— Arrête de jouer avec moi. Je suis venue pour t'aider. La police a des doutes pour les médicaments. Ils m'ont demandé si c'était toi qui me les fournissais.

Emma entendait la respiration saccadée de John.

— Entre, imbécile, gronda-t-il.

Sandra poussa un cri.

— Qu'est-ce qui te prend ? Lâche-moi… Tu me fais mal. John, tu es tout nu ! Qu'est-ce que tu fais ?

— J'ai envie, marmonna-t-il, les dents serrées. Qu'est-ce que tu leur as raconté sur moi ? Ils ont appelé. Ils n'ont pas cessé d'appeler. Puis ils sont venus frapper à ma porte. Tout ça, c'est ta faute. J'avais des projets. Tout était parfait, et tu as tout gâché !

— Je ne leur ai rien dit. Lâche-moi.

— Tu aimes que je te fasse mal, hein ? Tu as toujours aimé ça.

— Non, répondit-elle, en larmes. Je n'ai jamais aimé ça. Je t'en prie, ne me fais plus mal. On peut le faire ici. Tu me feras tout ce que tu voudras, mais ne me fais pas mal.

A chaque souffle, Emma sentait le sac se plaquer contre ses narines.

— Qu'est-ce qui se passe ? répliqua-t-il d'un ton haineux. Il te faut encore des cachets, salope ? Tu as déjà fini ceux que je t'avais donnés ?

— La police me les a pris, gémit Sandra. Il a fallu que je leur dise que j'ignorais d'où ils venaient, qu'ils n'étaient pas à moi. Alors, ils les ont gardés. Ils ont dit que tu avais perdu ton emploi parce que tu volais des médicaments. De toutes sortes. Ils sont revenus aujourd'hui en affirmant que tu étais dangereux. Je ne leur ai rien dit. Je te le jure ! John, il me faut des cachets !

La conversation s'arrêta.

Emma avait du mal à déglutir. La sueur se mit à lui couler au coin des yeux. Elle compta les secondes. Cinq minutes au moins s'écoulèrent. Puis d'autres. Et encore d'autres.

Pas un son… Jusqu'à ce que la porte de la remise se referme tout doucement.

John et Sandra étaient sortis. Il ne lui restait plus qu'à attendre. Quelqu'un finirait bien par la retrouver.

Aux deux extrémités de l'allée, hors de vue de la propriété de John, étaient garées des voitures de patrouille, ainsi que des voitures banalisées. Des hommes en civil — sûrement les agents du FBI — s'entretenaient avec les policiers en uniforme. De temps à autre, Billy désignait la maison. Tous avaient l'air concentré sur leur mission.

Une fois de plus, Finn appela le portable d'Emma. Il l'appelait toutes les cinq minutes. En vain. Elle ne répondait pas non plus chez les Balou. Il avait même tenté sa chance chez Orville, sans succès.

En désespoir de cause, il avait joint plusieurs membres du club des Secrets. Aucune réunion n'était prévue pour ce soir-là.

Malgré le rassemblement de policiers qui excluait tout intrus, il s'approcha de Billy et lui demanda de se mettre en quête d'Emma. Sa requête lui valut une série de moues impatientes.

— Laissez tomber, O.K. ? Nous savons ce que nous avons à faire.

— Merci.

Finn avait au contraire la certitude qu'ils ne savaient pas ce qu'ils faisaient. Et il avait passé trop d'années à réagir à la menace pour demeurer en retrait en espérant que d'autres résolvent l'affaire. Parce que la voiture de John avait disparu, les policiers pensaient que lui aussi s'était volatilisé. Leur souci principal était de sécuriser la zone et de fouiller sa maison.

Si Emma se trouvait dans le secteur, ce dont il n'avait aucune preuve, il fallait qu'elle sorte de là.

Un agent arriva en courant.

— On s'est approché de l'autre maison, annonça-t-il.

— Il n'y a personne chez Angela ? s'enquit Billy en observant Finn du coin de l'œil.

— Il y a des voitures garées près de la maison.

— Combien de voitures ?

— Trois. Une fourgonnette, une Mercedes et un 4x4 Lexus.

Finn eut l'impression de recevoir un coup de poignard en plein cœur. Qu'était devenue sa maîtrise légendaire ?

— Angela possède une fourgonnette, lança-t-il à Billy. Pour la Mercedes, je ne sais pas, mais nous savons tous les deux qui conduit une Lexus. De quelle couleur est-elle ?

— Beige.

Le poignard s'enfonça un peu plus.

— Pas de panique, martela Billy. Tout est sous contrôle. D'après ce qu'on sait de leurs réunions, elles ont sans doute décrété un silence radio pendant qu'elle s'étalent de la cire sur le derrière.

Finn serra les poings dans ses poches.

— Bon, je serai dans ma voiture si vous me cherchez.

Menteur.

La sonnerie de son portable retentit.

Il décrocha et écouta son correspondant.

— Merci. Je sais, mais c'est… Merci beaucoup.

Il rangea son téléphone sous l'œil scrutateur de Billy.

— J'ai envoyé l'uniforme de mon père au labo, lui expliqua-t-il. D'après le rapport préliminaire, il y a concordance entre les prélèvements effectués sur Belinda Page, Denise Steen et ce que vous avez trouvé dans la voiture et qui a taché l'uniforme. Ils ont déjà examiné des échantillons ADN de moi-même et d'Eileen. En aucun cas mon père n'est impliqué. Il est simplement la victime d'un tueur en série.

Il s'arrêta le temps de reprendre son souffle.

— Billy, je crois que mon père l'avait démasqué et que quelque chose a mal tourné. Il est mort, mais on ne m'enlèvera pas de l'idée qu'il avait résolu l'affaire.

John lui ôta les menottes.

— Je suis désolé, chérie. Sois patiente. Je dois me dépêcher.

Il s'écarta d'elle pour s'habiller.

Il comptait l'emmener avec lui.

— On y va, annonça-t-il en la levant.

Lorsqu'il lui ôta le sac qui couvrait sa tête, elle cligna des paupières, aveuglée par la lumière. Des lampes halogènes éclairaient le réduit tapissé de miroirs. Un tabouret haut était posé près d'un comptoir jonché de tubes et de pinceaux. Il y avait un petit réfrigérateur dans un coin et une rangée de tiroirs longeait le mur, sous le comptoir. Reportant son regard sur John, elle s'aperçut qu'il avait les cheveux plaqués sur la tête, comme s'ils étaient gominés. Il portait un pantalon de coton blanc et une chemise.

Sur le sol, à une extrémité du comptoir, une ombre

bougea et se déploya. Un paquet en forme de momie entouré de ruban adhésif.

— Elle bouge ! s'exclama John en riant.

Ce devait être Angela. Emma pencha la tête et gémit.

John observa la silhouette qui gigotait.

— Je sais, ton cœur tendre souffre pour elle. Mais elle m'a trahi. Elle est passée de l'autre côté. Elle voulait que tu aies une mauvaise opinion de moi. C'est elle qui t'a donné les archives sur Tom Duhon, hein ? Elle prétend que non, mais je ne la crois pas.

Emma secoua la tête.

— Elle les a prises au poste de police pendant que Mme Valenti avait le dos tourné, comme je le lui avais dit. Mais ensuite, elle s'est fâchée contre moi et les a remises à quelqu'un d'autre. Tu es sûre que ce n'était pas toi ?

Une fois encore, elle secoua la tête.

— Dommage. Il faut que je les récupère.

Soigneusement, il prit une boîte en cuir noir dans un tiroir. Elle semblait contenir des instruments de dessin. Il souleva le couvercle et lui montra son contenu avec révérence : une seringue hypodermique était posée sur du satin blanc maculé de quelques taches de sang.

Elle fixa l'aiguille. Se droguait-il ? Allait-il devenir encore plus fou quand il aurait eu sa dose ?

— Mes employeurs ont mis du temps à me soupçonner de voler des médicaments, commenta-t-il en caressant la seringue. Mais ils n'ont jamais su, pour ça. Et personne ne s'est rendu compte qu'elle manquait. Il n'y a que les cachets. Je ne les prenais que pour les échanger contre ce dont j'avais besoin. Tu crois qu'ils ont été déraisonnables de porter plainte ?

Elle opina, les yeux embués de larmes.

Il lui adressa un sourire radieux et posa son coffret. Puis il la fit asseoir sur le comptoir.

— Je vais t'enlever ce bâillon, mais tu ne feras pas de bruit, d'accord ?

Elle hocha la tête.

Sans ménagement, il arracha le ruban adhésif puis la débarrassa du chiffon.

— On va prendre la fourgonnette. Les bagages sont déjà dans le coffre. Nous serons très heureux, tu vas voir. Mais la police est dehors. On va devoir faire attention. Une chance qu'ils ne connaissent pas le chemin au milieu des bambous.

Son visage se tordit en un rictus.

— Je ne supporte pas le bruit qu'ils font quand ils frappent à la porte. *Ma porte*.

Dès qu'ils seraient dehors, elle crierait.

John la fixait. Il s'approcha au point qu'elle sentit son souffle sur son visage.

— Un baiser pour la route, l'implora-t-il. Je t'en prie, mon amour…

Il voulut glisser la langue entre ses lèvres.

Surtout, ne pas vomir. S'il parvenait à insinuer la langue dans sa bouche, elle se jura de le mordre.

Voyant Angela rouler sur elle-même, il s'écarta et alla lui donner un coup de pied. Elle émit une sorte de gargouillis.

— Ne bouge pas, ordonna-t-il à Emma.

Pendant un instant, il disparut dans un passage menant à la cuisine. A son retour, il portait un peignoir de soie rose et des mitaines roses au crochet. Il fit tomber une perruque blonde près d'Emma.

Devant son expression médusée, il sourit.

— Tu vas voir un véritable artiste, Emma. Je suis le meilleur du monde.

De sous la perruque, il sortit un objet fin et caoutchouteux. Un masque.

En quelques secondes, il enfila la peau brûlée d'Angela, ajusta les orbites, les narines, la bouche, les oreilles. Puis il appliqua du mascara sur ses cils et posa la perruque sur son crâne. Ensuite, ce fut le tour des mains. Avec adresse, il s'appliqua de longs ongles roses.

Il détourna un peu la tête, fit tomber une mèche blonde, puis recula en riant, les bras écartés.

— Alors ?

Elle en resta bouche bée. Incroyable. John Sims et Angela ne faisaient qu'un ! Les souvenirs resurgirent, les réunions autour du bassin, nues, à jouer avec des lotions et des crèmes, à rire, à s'amuser... Mais Angela n'était autre que John. Il les avait vues dans ce qu'elles avaient de plus vulnérable, il avait regardé leur corps, les avait désirées.

Elle se tourna vers la silhouette gisant à terre. Qui... ?

— Ne t'en fais pas pour ça, dit John.

Il ouvrit le réfrigérateur et en sortit deux flacons. Après avoir rempli la seringue, il projeta en l'air un petit jet de liquide.

Emma était pétrifiée.

Une injection mortelle. Il avait décidé de la tuer, comme les autres.

— Où est Sandra ? demanda-t-elle malgré elle.

— Tu devrais te mêler de tes affaires, répliqua-t-il avec une grimace amère. Si tu savais ce qu'elle a fait pour m'aider, tu te moquerais bien de son sort. Je vais veiller à ce qu'elle ne fasse plus de tort à personne.

Elle sentit de la sueur couler dans ses yeux.

— Et là, qui est-ce ? Je t'en prie, tu dois me le dire.

— Très bien, chérie.

Il s'agenouilla et libéra la tête de Mme Merryfield, qui cligna des paupières.

— Ote-lui son bâillon, insista Emma. Qu'est-ce qu'elle t'a donc fait ?

— Elle voulait que je me fasse prendre. Elle n'a pas pu me dénoncer elle-même, mais après toutes ces années, elle voulait me voir souffrir.

Mme Merryfield ferma les yeux. John la saisit par les cheveux et se mit à lui secouer la tête.

— J'aurais dû te tuer depuis longtemps ! cria-t-il. C'est à cause de toi qu'il a fallu que je tue Denise, pour qu'elle ne me dénonce pas.

Emma s'aperçut que Mme Merryfield pleurait en silence. Ses larmes coulaient sur l'arête de son nez avant de tomber par terre.

Laissant la gouvernante, John alla ouvrir un autre tiroir et en sortit un sac en papier marron caché derrière.

— Emma, je veux que tu partages mes trésors, mes triomphes.

Tenant toujours sa seringue, il se mit à genoux devant elle et vida le sac d'une main. Un autre sac en sortit. L'assortiment qu'il contenait la stupéfia.

Il brandit une bague.

— Tu t'en souviens ? Elle n'est pas très sophistiquée, mais quand Harold l'a passée au doigt de sa femme, il croyait encore qu'il la rendrait heureuse. Tu vois les trois petits rubis ? C'est ce que choisissent la plupart des hommes. Avant, il l'aimait, mais elle l'a castré. On le sait.

Elle se mit à trembler.

Il lui montra ensuite un bracelet de quartz rose.

— Elle m'a demandé de ne pas le jeter parce qu'il lui apportait la paix. Je lui ai répondu qu'elle allait avoir toute la paix du monde.

— Il était à Denise, murmura-t-elle.

Il rangea le bijou dans le sac dont il sortit un objet plus grand.

— Voilà le plus dur à prendre. Et le plus beau.

C'était un insigne de policier. Elle n'eut pas besoin de lui demander à qui il appartenait.

— Il était à mes trousses. Ce soir-là, c'était lui ou moi. S'il n'avait pas dérapé, c'est moi qui serais mort. C'est sa faute si Denise en savait trop.

Seigneur, il fallait que s'arrête cette horreur !

John semblait avoir oublié les policiers, dehors. Sa voix était rêveuse, mais pas rauque comme celle d'Angela, qui s'était soi-disant « brûlé les cordes vocales ».

— Regarde ça. C'était la deuxième. Belinda, la belle Belinda si stupide… Il aurait suffi qu'elle me regarde, qu'elle me voie, qu'elle se donne à moi. Mais elle a regardé ailleurs. Elle faisait les yeux doux à un moins-que-rien, un photographe raté.

Sur une chaîne en argent était accrochée une bouteille finement ciselée.

— Quand on dévisse le bouchon, on trouve un petit anneau qui sert à faire des bulles. Comme ça, elle pouvait porter des bulles autour de son cou à tout moment. C'est ce plouc de photographe qui le lui avait offert. Je le lui ai repris. Et je l'ai eue, elle.

*
* *

Le camouflage n'était pas un concept inconnu de Finn, mais sa grande taille représentait un handicap. Vêtu d'une combinaison blanche à capuche qu'il avait dérobée à l'arrière d'une fourgonnette de la police, il avait déjà croisé trois agents.

Il avait entendu les flics dire que frapper à la porte de John n'avait rien donné. L'homme était considéré comme armé et dangereux. S'il se trouvait bien dans sa maison, ce dont ils semblaient douter, il devait faire l'objet de toutes les précautions.

Finn n'eut aucun mal à entrer dans le jardin d'Angela. Il fit le tour de la maison, tête baissée, comme s'il cherchait des indices, jusqu'à un écran de bambous. Il ne pouvait se frayer un chemin parmi les tiges, de peur d'attirer l'attention.

Il continua à tourner autour de la maison, jusqu'à ce qu'il se rapproche le plus possible de la demeure de Sims.

Un chemin étroit s'ouvrit au milieu des bambous. Finn jaugea la densité des plantes pour savoir s'il pourrait s'y cacher au besoin. Puis il marcha d'un pas vif jusqu'à la maison. A sa grande stupeur, il constata que la porte était ouverte.

Il sortit son Beretta et poussa la porte d'un doigt. Dans la cuisine, une femme gisait à terre. Du sang dégoulinait d'une blessure à la tempe, maculant son visage.

Finn lui prit le pouls. Sandra Viator était inconsciente, mais vivante. La Mercedes, se rappela-t-il. C'était la sienne.

— Arrête ! fit une voix non loin de là.

La voix d'Emma.

En silence, il partit dans sa direction.

— John, je t'en prie. Lâche-la, le supplia-t-elle avant de se mettre à hurler.

Finn s'approcha des deux portes de la cuisine. C'était de derrière l'une d'elles que provenait la voix d'Emma. D'instinct, il choisit la porte qui pouvait être fermée à clé et tourna la poignée prudemment. Les gonds étaient bien huilés, de sorte qu'il ne fit aucun bruit.

Un court passage partait vers la gauche, éclairé par une lumière vive.

— Ils essaient d'entrer, fit une voix d'homme — celle de Sims. Tu les as entendus à la porte. Ils ne vont pas tarder à entrer de force. Nous allons sortir par là où tu es entrée. Puis nous passerons par l'autre maison pour gagner la fourgonnette. Si je dois te prendre en otage, je le ferai, crois-moi.

— Tu ne t'en tireras pas, répliqua Emma.

Finn pria pour qu'elle tienne sa langue de façon à éviter d'énerver son ravisseur.

— Je t'ai dit de me faire confiance. Tais-toi ou je te remets ton bâillon. Je suis obligé de m'occuper d'elle, tu comprends. Elle en sait trop et elle est prête à me faire du mal quel qu'en soit le prix.

Finn refoula ses émotions jusqu'à ne plus rien ressentir.

D'un seul pas souple, il atteignit le passage, puis entra dans la lumière venant de la gauche. Il perçut un mouvement à sa droite.

— John, ce qui est arrivé n'est pas sa faute, plaidait Emma.

— Tout est sa faute ! Elle préférait Connie. Elle disait que non, mais je le savais, et Connie aussi.

Emma ne répondit pas.

— Cette femme couchée par terre, tu ignores qui c'est, n'est-ce pas ? Si je lui ai laissé la vie sauve si longtemps, c'est parce que c'est ma mère. Mais elle préférait ma sœur.

— Je suis sûre que ce n'était qu'une impression…

Finn écoutait Emma, impressionné par sa façon d'essayer de consoler celui-là même qui l'avait agressée. S'il voulait contrecarrer les projets de Sims, il fallait qu'il garde une totale maîtrise de ses émotions.

— Ne fais pas ça, John. Sors et laisse-la.

— Je veux qu'elle sente arriver la mort. Je l'ai prévenue. Regarde.

Finn aurait aimé voir ce qui se passait, lui aussi. Mais il craignait d'intervenir trop tôt et de mettre la vie d'Emma et de l'autre femme en danger.

— C'est un capteur de rêves, commenta Emma. Il est joli. J'en avais un, moi aussi.

— Tu veux celui-ci, chérie ? Tu pourras en avoir autant que tu voudras. Je les accrocherai au-dessus de notre lit pour qu'ils captent nos rêves. Celui-ci appartenait à Connie.

Elle attendit deux secondes avant de reprendre la parole.

— Tu as tué ta sœur ? demanda-t-elle d'une voix faible.

— Elle a glissé, répondit-il vivement.

Il semblait agité.

— Elle est tombée dans le bayou et n'a pas pu en sortir. Elle a essayé, mais elle retombait chaque fois. Une tragédie. Elle ne savait pas nager, vois-tu, alors elle s'est noyée. Elle n'avait que quinze ans. Ensuite, j'ai dû être à la fois un fils et une fille pour maman. Mais elle ne cessait de pleurer Connie. Parce qu'elle la préférait.

C'est ce moment-là que Finn choisit pour passer enfin la

tête hors du passage. Il balaya la zone des yeux. Fronçant les sourcils, il brandit son arme, puis la rabaissa, ébahi.

— Je n'ai plus besoin d'elle, déclara la voix de John dans la bouche d'Angela.

Angela en rose, avec ses cheveux blonds en bataille.

Non, pas Angela. John.

John agenouillé au-dessus de la femme qu'il disait être sa mère. Dans sa main droite scintillait une seringue prête à plonger dans sa chair.

— Finn ! cria Emma.

Il ne se permit pas de la regarder.

Il y eut un coup de feu et la main de John explosa pour ne faire plus qu'une masse ensanglantée. Son hurlement résonna sur les murs tapissés de miroirs.

Finn tendit un bras. Emma se leva tant bien que mal, les poignets entravés, pour se précipiter vers lui.

Le visage tordu de douleur, de la bave sur le menton, John se tenait le poignet d'où pendait sa main mutilée. Des gouttes de poison brillaient sur son bras et l'aiguille de la seringue avait transpercé un doigt.

Des voix s'élevèrent dans la cuisine. Les flics. Billy aboyait des ordres. Ils venaient de trouver Sandra.

Sous les yeux d'Emma et Finn, John s'écroula en avant en se tenant la main.

— Le produit doit avoir pénétré sa chair, avança Emma en se blottissant dans les bras de Finn.

— Ils parviendront à le sauver, j'imagine.

Voyant Billy apparaître sur le seuil de la pièce, arme au poing, il l'interpella :

— Billy, il a besoin de soins, et vite ! A moins que vous ne vouliez économiser un paquet d'argent public en le laissant crever ici.

40.

Quand ils furent enfin autorisés à rentrer chez eux, Finn et Emma quittèrent le poste de police côte à côte, mais à distance l'un de l'autre.

Ils marchaient comme s'ils avaient peur d'être trop proches, ou comme deux connaissances prêtes à partir chacun de leur côté.

Ce qu'ils firent, dans leurs véhicules respectifs.

Une heure plus tard, installé sur la galerie de sa maison, Finn se laissait caresser par le vent tiède. Il contemplait le ciel étoilé en pensant à Emma.

En quittant le commissariat, elle avait paru hésiter. Elle s'était raclé la gorge comme pour parler, mais s'était contentée de :

— Bonsoir, Finn. Merci pour tout.

Nom de Dieu.

Merci pour tout ? Il ne venait tout de même pas de l'aider à changer une roue !

Et moi, qu'est-ce que j'ai dit ? Qu'ai-je fait pour effacer ce sentiment de malaise, une fois la pression retombée ? J'ai dit : « Je t'en prie. Bonne nuit, Emma. »

Se levant de son fauteuil à bascule, il ôta sa chemise. Toutes les pièces du puzzle étaient enfin rassemblées.

Mme Merryfield avait reconnu avoir caché les documents derrière le téléviseur de Rusty. Elle voulait se laver de ce qu'elle savait sur son fils, mais tenait à s'assurer que John n'apprendrait jamais qu'elle l'avait trahi.

Elle avait présenté ses excuses et, malgré sa colère, Finn avait pitié d'elle. Le sens du détail de John le sidérait. Jusqu'aux fleurs qu'il avait fait livrer lors de la réunion du club des Secrets. Tout visait à déstabiliser Emma, et son plan avait fonctionné.

Soudain, il perçut un mouvement dans la pénombre. Un bruissement, plutôt. La nuit, de nombreuses créatures rampaient dans la nature. Pourtant, il garda son pistolet à portée de main avant de se tourner en direction du bruit.

Emma apparut. Il ne vit d'abord que sa tête, en contrebas de la galerie.

— Il fait très sombre, ici, remarqua-t-elle. J'ai failli m'en aller en constatant que tu ne m'ouvrais pas la porte.

Finn se leva.

— Je t'avais dit de ne pas t'approcher de moi en douce, répliqua-t-il avec un sourire.

— C'est pourquoi je faisais tant de bruit. J'ai tapé du pied par terre, mais tu n'as rien entendu à cause de l'herbe qui pousse partout. Tu ne connais donc pas le désherbage ?

— Tu me cherches ?

— Moi ? Pas du tout ! Laisse pousser tes mauvaises herbes, si ça te chante !

Elle atteignit les marches et s'arrêta, pensive.

— Il y a un détail qui m'échappe. Cette vieille Cadillac qui a heurté les toilettes de chantier, juste avant qu'on retrouve Denise…

— Je sais. Je t'avais bien dit qu'elle était un peu trop voyante, et c'était vrai. John a forcé sa propre mère à coopérer. Tu l'as entendu m'accuser d'avoir anéanti ses projets parce que je n'étais pas à ma place, non ? Rien ne devait faire obstacle à ses ambitions.

— C'est un malade.

— Je crois qu'il est pire que ça, corrigea Finn. Tu étais censée te trouver toute seule, cet après-midi-là. Il comptait te faire une peur bleue à un moment où tu n'avais personne auprès de qui te réfugier. Sauf lui. Il avait tout prévu.

— Je me réjouis qu'il ne s'en tire pas en mourant avant d'être jugé, déclara-t-elle avec un frisson. Enfin, je ne veux pas y penser. Pour l'instant, du moins.

— Dans ce cas, n'en parlons plus.

Il l'entendit soupirer.

— Tu préfères que je reste ici et que je passe mon temps à crier ou bien tu me laisses monter te rejoindre ?

Il descendit les marches à sa rencontre et se plaça juste devant elle.

— Comment se fait-il que tu sois bien plus intelligente que moi ?

— Ce doit être parce que je suis une femme.

Il médita un instant.

— Tu es plus futée parce que tu savais qu'on tenait quelque chose en quittant la ville, ce matin. Et tu as été la première à trouver ce qu'il fallait faire ensuite. En dehors de ça, tu n'as pas fait mieux que moi.

— Je pensais peut-être que c'était à toi de faire le premier pas.

Elle ne savait pas vraiment quoi penser, mais ne pouvait rester loin de lui, sauf s'il le lui ordonnait.

— Je me sens mal, avoua Finn.

Elle inclina la tête et leva les yeux vers lui. La lune éclairait son visage.

— Mais non.

— Euh… Comment le sais-tu ?

— Tu souris.

— Toi aussi.

Leurs corps se touchaient presque.

— Le salaud, maugréa-t-il.

Il lui prit les mains et embrassa ses paumes. Emma se sentit défaillir.

— Nous devrions respecter le protocole, protesta-t-elle.

— Quoi ?

— Le protocole.

— Je sais ce que protocole veut dire, mais je ne vois pas le rapport…

Elle tenta de garder son sérieux.

— Il faut montrer l'exemple. Je suis une femme mariée. Il est temps que je m'achète une conduite.

— A qui veux-tu montrer l'exemple ?

Elle se mordit la lèvre et regarda autour d'elle.

— Aux étoiles.

— Si tu le dis.

Il la souleva dans ses bras et gravit les marches pour la déposer sur la balancelle, un peu plus brutalement qu'il ne l'aurait souhaité.

— Tu sais, j'avais l'intention de te rejoindre chez toi, dit-il.

— Bien sûr.

Que signifiait ce badinage ? Ne représentaient-ils donc l'un pour l'autre qu'une aventure sensuelle et distrayante ?

— C'est pour ça que tu étais là, à contempler les étoiles ?

— Je m'en voulais à mort d'avoir été un tel imbécile en sortant du poste.

— J'étais mal à l'aise, reconnut-elle en toute franchise.

— Hum… Moi aussi.

Il s'assit devant elle.

— Tu sais quoi ? Je comprends où était le problème. Pas mal, non ?

— Je suis impressionnée.

— C'est fini, Emmy. Toute cette épreuve… C'est ce qui me troublait.

Il se sentit soudain plus léger, presque euphorique.

— Nous voilà soulagés d'un grand poids. Tu sais quoi ?

— Non, mais tu vas me le dire.

— Tu vas divorcer.

Elle se tut.

— J'ai dit une bêtise ?

— Non. Je ne m'attendais pas à être ici, ce soir, c'est tout. Presque divorcée. Et je m'attendais encore moins à être avec toi.

— Tant mieux. Pourquoi diable ne suis-je pas allé chez toi avant que tu viennes ? Tu as marqué un point.

Elle n'avait nullement l'impression de le dépasser.

— Je suis heureuse d'être ici.

— Qu'est-ce que tu portes ?

— Le vieux peignoir de bain de ma mère.

Il l'examina de plus près.

— Pas très sexy. Tu avais froid ?

— Non. Et maintenant, j'ai chaud. Je ne voulais pas venir ici en chemise de nuit.

Il posa une main sur sa cuisse, la faisant sursauter.

— Tant mieux. Je préfère les chemises de nuit. On gagne du temps.

Elle se redressa et croisa les bras.

— Je parlais du protocole, bien entendu.

Il se mit à lui caresser la jambe, s'attardant derrière son genou.

— Il est trop tard pour ça et je m'en réjouis, madame.

Il posa la tête sur son épaule et l'enlaça. Sans lui laisser le temps de réagir, il l'embrassa dans le cou.

Sa présence la rendait heureuse.

— J'ai vraiment de plus en plus chaud, dit-elle. Il faut que j'enlève ce peignoir.

Ce qu'elle fit, avec son aide.

— Ecoute, Emmy, il faut que je te dise que je suis désolé pour Sandra. Quelle déception quand on est trahi par un ami…

— Hmm…

— Je suppose qu'elle ne travaillera plus avec toi ?

Emma tapota son torse musclé.

— Quoi ? fit-il. Tu cherches à attirer mon attention ?

— Ce n'est pas drôle. Il paraît que Carl va se présenter aux élections municipales quand Orville sera sénateur. Parce que tu sais qu'il va réussir. Il va trouver un moyen de se tirer vainqueur de ce bourbier.

— Orville sera peut-être président, mais il t'a perdue. Le malheur des uns fait le bonheur des autres.

La reprenant dans ses bras, il s'assit et la déposa sur ses genoux. Elle l'enlaça.

Sa peau semblait plus sombre, en contraste avec sa chemise de nuit. Il appréciait beaucoup ce spectacle.

— Je t'aime, Emmy.

Elle retint son souffle.

— Merci… Oh, Finn…

— Quoi ?

— As-tu déjà eu peur d'être heureux ?

— Pas ce soir.

Elle se lova contre lui.

— Tu sais déjà que je t'aime.

— Maintenant que tu me le dis, oui.

Il se mit à rire.

— J'avais bien l'impression que ce sentiment était réciproque. Certains diraient que je vais vite en besogne, mais j'aimerais t'épouser, si tu l'acceptes. Nous pourrions fixer une date. Le lendemain de ton divorce ?

Elle s'esclaffa à son tour.

— Laisse-moi réfléchir… D'accord. Ça me plairait. Et merci beaucoup.

Toutefois, il restait un sujet qu'ils ne pouvaient ignorer.

— Tu as dit un jour que tu regrettais de ne pas avoir d'enfants, commença-t-elle. Je ne voudrais pas…

Il posa un doigt sur sa bouche et l'embrassa longuement. Elle enroula les bras autour de son cou. Aussitôt, ses mamelons se dressèrent sous le fin tissu de la chemise de nuit.

— Emmy, écoute-moi : soit nous aurons des enfants, soit nous n'en aurons pas, mais ce ne sera pas faute d'avoir essayé. Il existe d'autres moyens d'avoir des enfants.

Elle sourit.

— Je t'aime. Je crois que je vais vite devenir lassante à force de te le répéter.

— Tu ne m'aimeras jamais autant que je t'aime.

— Bon, fit-elle en se raclant la gorge, ne crois pas que je suis intéressée ou que je ne pense qu'à moi, mais que comptes-tu faire d'Oakdale ?

Il réprima un petit rire.

— Je ne sais pas… Je vais y réfléchir. Un homme doit travailler. Enfin, je parle pour moi.

Elle leva les yeux vers lui, étonnée.

— Pourquoi acheter un bien immobilier qui vaut une fortune sans savoir ce que tu vas en faire ?

— Tu régentes déjà ma vie en me demandant de justifier mes actes ? répliqua-t-il, amusé. C'est simple, ma belle. Je voulais acheter cette boutique pour toi, mais ce type refusait de vendre la boutique seule. Alors, j'ai dû acquérir l'ensemble.

En vente ce mois-ci :

Noires visions - Heather Graham • N°274

Enquêtrice dans une agence privée, Darcy Tremayne possède le don de « voir » des images du passé. Un don effrayant, qu'elle a toujours su maîtriser – jusqu'à son arrivée à Melody House, un vieux manoir en Virginie, où ses visions la font assister à une série de crimes dont le coupable n'a pas été retrouvé...

Expiation - Sharon Sala • N°275

Un homme décapité. Un cadavre déterré. Douze personnes portées disparues.

Pour January DeLena, journaliste à Washington, il ne peut s'agir d'une coïncidence. Surtout quand un prêcheur inquiétant hante les rues de la ville, animé par un désir fanatique de rédemption...

A l'heure où la mort rôde - Laurie Breton • N°276

Ecrivain réputé, Faith Pelletier pensait ne jamais retourner à Serenity, la ville du Maine où elle a grandi. Mais lorsqu'elle apprend que sa cousine Chelsea, une journaliste, y a été retrouvée morte et que l'enquête a conclu à un suicide, elle n'hésite pas un instant. Même si les années les ont éloignées, Faith sait que jamais Chelsea n'aurait laissé seule sa fille de quinze ans. Et ses soupçons se confirment lorsqu'elle découvre que sa cousine enquêtait sur une affaire criminelle de nature à ébranler toute la ville...

Dans l'ombre du tueur - Stella Cameron • N°277

Lorsqu'elle découvre au bord d'une route le cadavre de Denise Steen, une amie journaliste, Emma Lachance accuse le choc : comme elle, la victime faisait partie d'un club d'émancipation féminine mal accepté par la société conservatrice de Pointe Judah, en Louisiane. Et lorsqu'une autre femme du club est retrouvée assassinée, la peur grandit en elle...

La promesse d'un été - Susan Wiggs • N°278

Venue passer l'été dans le cottage que possède sa famille au bord d'un lac idyllique, dans l'Etat de Washington, Kate entend bien se consacrer pleinement à son jeune fils, tout en réfléchissant à sa vocation de journaliste. Mais sa rencontre avec une adolescente en fuite et un nouveau voisin au passé tourmenté va bouleverser sa vie à jamais...

La princesse celte - Helen Kirkman • N°279

Angleterre, an de grâce 716.

Athelbrand le Saxon s'avança, superbe dans sa cape noire. Son regard capta celui de la femme qui lui faisait face. Alina était aussi belle que dans son souvenir... Dès leur première rencontre, la princesse celte l'avait fasciné. Son visage semblait celui d'un ange, mais sa chevelure et ses yeux noirs évoquaient le mystère de la nuit, la violence de la passion. Pour elle, il avait tout sacrifié – en vain, car Alina l'avait trahi, le condamnant au déshonneur et à l'exil. Mais à présent, rétabli dans ses droits, il était venu chercher son dû. L'heure de la vengeance avait sonné...

Miami Confidential - Christiane Heggan • N°175 *(réédition)*

Journaliste d'investigation, Kelly Robolo a su gagner le respect de tous, dans son journal comme dans la police. Mais tous lui tournent le dos lorsqu'un policier trouve la mort dans une affaire où elle s'était impliquée. C'est pourtant au meilleur ami du policier disparu, l'inspecteur Nick McBride, qu'elle fait appel, quelque temps plus tard, pour l'aider à retrouver le mari de sa meilleure amie mystérieusement disparu lors d'un voyage d'affaires à Miami. Celui-ci se trouvait dans un motel miteux quand une bombe a explosé. Règlement de comptes ou mise en scène macabre ?

Composé et édité par les
éditions Harlequin
Achevé d'imprimer en décembre 2006

BUSSIÈRE
GROUPE CPI

à Saint-Amand-Montrond (Cher)
Dépôt légal : janvier 2007
N° d'imprimeur : 62210 — N° d'éditeur : 12553

Imprimé en France